미국의 신자유주의 실험

미국의 신자유주의 실험

이준구

문우사
MoonWoo

차 례

프롤로그

미국 40대 대통령 자리에 오른 레이건R. Reagan은 1981년 1월 취임식 석상에서 정부에 대한 자신의 견해를 이렇게 단정적으로 표명했다.

> "정부는 우리의 문제에 대한 해답이 아닙니다. 정부가 바로 문제입니다."
>
> Government is not the solution to our problem; government is the problem.

신자유주의적 신념을 의문의 여지없이 드러낸 이 발언은 미국의 보수주의자들이 즐겨 인용하는 문장이 되었다. 그의 이 연설이 있은 이후 정부는 악덕vice이며 시장은 미덕virtue이라는 신자유주의 이념의 광풍이 미국뿐 아니라 전 세계를 거세게 휩쓸고 지나갔다.

특히 지지부진한 경제성장으로 인해 많은 경제적, 사회적 문제들이 분출되어 나오는 곳일수록 신자유주의의 마력은 더욱 큰 힘을 발휘했다. 한때 세계의 리더로 군림했으나 독일과 일본의 추격에 쫓겨 머지않아 2등 국가로 전락하지나 않을까 걱정하던 미국에서 신자유주의의 영향력이 특히 컸던 것은 전혀 우연이 아니다. 정부를 희생양으로 삼아 모든 문제에 대한 책임을 떠넘기는 것처럼 편리한 일은 없다. 어차피 정부는 비효율성의 대명사처럼 여겨지고 있기 때문에, 정부 개입에 모든 책임을 떠밀어 버리면 어느 누구도 감히 이의를 제기하기가 힘들어진다.

물론 현실에서 불필요한 정부 개입이 문제를 일으키는 경우가 자주 있기는 하다. 그렇다고 해서 시장에 모든 일을 내맡기면 경제가 아무 문제없이 잘 굴러갈 수 있다는 보장이 있는 것도 아니다. 시장에 모든 일을 내맡기는 체제가 가장 효율적이라는 믿음은 마치 진공상태처럼 모든 조건이 통제된 상황에서만 성립할 수 있는 가공의 신념일 뿐이다. 더군다나 케인즈 경제이론과 복지국가 이념이 등장한 이래, 정부의 개입 없이 시장이 모든 일을 도맡아서 처리해본 경험은 그 어디에서도 찾아보기 힘든 상황이다. 따라서 어떤 구체적인 실증적 근거 위에서 모든 일을 시장에 내맡기는 체제의 미덕을 입증할 수는 없는 일이다.

뒤돌아보면 제2차 세계대전의 피해 복구와 관련된 세계 경제의 전반적 호황은 1960년대로 끝났고 70년대부터는 새로운 환경에 직면하게 되었다. 피해 복구와 관련된 활발한 수요가 더 이상 존재하지 않게 되었을 뿐 아니라, 경제가 성숙단계에 진입하면서 새로운 투자 수요를 찾기 힘들어지게 되었기 때문이다. 이와 같은 여건하에서 1950년대나 60년대의 높은 경제성장률이 계속 유지되기는 아주 어려운 일일 수밖에 없었다. 그러나 높은 성장률에 익숙해 있던 사람들은 경제에 어떤 심각한 문제가 있기 때문에 성장률이 떨어진 것으로 인식하고 있었다.

성장률이 갑작스럽게 떨어진 이유를 찾기 위해 고심하던 당시의 사람들은 모든 문제의 근원이 정부의 지나친 비대화에 있다는 진단을 의문의 여지가 없는 정답으로 받아들였다. 불필요한 규제로 기업들의 손발을 묶고 터무니없이 무거운 세금 부담으로 열심히 일하고 투자할 의욕을 꺾는다면 당연히 경제가 활력을 잃고 비틀거릴 수밖에 없다. 실제로 그런 일이 일어나고 있는지와는 상관없이, 과도한 규제와 무거운 세금 부담을 모든 문제의 근원으로 몰아버리는 것은 매우 효과적인 설득의 방법이었다.

1980년대 미국의 레이거노믹스Reaganomics와 영국의 대처리즘Thatcherism의 등장은 이제 신자유주의적 이념이 단지 논의의 대상에 머무는 것이 아니라 정책의 기조로서 굳게 자리 잡기 시작했음을 뜻한다. 레이건 대통령은 집권하자마자 대대적인 규제 철폐와 감세를 실천에 옮기기 시작했다. 그의 임기 8년 동안 두 차례에 걸친 조세개혁 작업을 통해 70%였던 최고소득세율은 절반도 못 되는 수준인 28%로 대폭 낮아졌다. 어느 나라의 어떤 대통령이나 수상이라 할지라도 이 정도의 대규모 감세를 실천에 옮긴 전례가 거의 없었다. 이와 비슷한 시기에 대처M. Thatcher 수상 역시 영국 경제를 회생시킨다는 명분으로 비슷한 정도의 대규모 감세를 실천에 옮겼다.

레이건 행정부에 의한 감세정책의 바람이 한 차례 휩쓸고 간 이후, 2000년대에는 부시G. W. Bush 행정부에 의한 감세정책의 두 번째 바람이 거세게 불었다. 만약 이 두 차례에 걸친 대대적인 신자유주의적 감세정책이 성공을 거두었다면 지금의 미국 경제는 종전과 판이하게 달라져 있었을 것이다. 그러나 누가 어떤 잣대로 판단한다 해도, 지금의 미국 경제가 1980년대 이전에 비해 눈에 띄게 강화된 체질을 갖고 있다는 결론을 내기는 지극히 어려울 것이라고 생각한다. 감세정책의 바람이 거세게 휩쓸고 간 후의 미국 경제에서 발견할 수 있는 것은 걷잡을 수 없는 속도로 진행되고 있는 양극화의 추세일 뿐이다.

글로벌 금융위기의 발생과 함께 이제 신자유주의정책에 대한 환상은 어느 정도 깨져버린 상태가 되었다. 세계의 모든 나라들이 규제 철폐와 세금 감면만이 만병통치약은 아니라는 진실을 서서히 깨달아 가고 있다. 그러나 보수층과 경제계를 중심으로 우리 사회 일각에는 아직도 신자유주의정책에 대한 미련이 강하게 남아 있는 것을 볼 수 있다. 그 한 예로 감세는 미덕이고 증세는 악덕이라는 단순하고 맹목적인 논리를 우리 사회 이곳저곳에서 발견하게 된다.

오래전 미국에서 이미 실패작으로 판명된 감세정책의 실험이 2008년 새삼스럽게 우리나라에서 재연된 우스꽝스럽기 짝이 없는 일이 벌어진 바 있다. 정부가 사회복지 프로그램의 대폭 확충을 약속하면서도 증세는 결코 하지 않겠다고 손사래를 치는 이유가 과연 어디에 있을까? 신자유주의 이념에 대한 맹신으로 인해 정부지출의 증가는 조세수입 증가로 충당되어야 마땅하다는 평범한 상식마저 실종된 상태다.

나는 정년을 맞기 전 몇 년의 기간 동안 미국의 신자유주의정책에 대해 여러 편의 논문을 썼다. 우리 사회에도 여러 가지 문제가 산처럼 쌓여 있는 상황에서 왜 남의 나라 일에 그렇게 큰 관심을 쏟느냐고 나무라는 사람이 있을지 모른다. 그러나 미국의 신자유주의정책을 연구하는 나에게는 그것이 순전히 남의 나라 일에 그치는 것이 아니었다. 우리 사회를 잘못된 방향으로 이끌어 가는 정책들의 배경에 바로 미국의 신자유주의정책이 도사리고 있음을 잘 알고 있었기 때문이다. 사대주의에 사로잡힌 우리 정치인들의 분별없는 '미국 따라 하기'로 인해 우리 사회가 어처구니없는 방향으로 표류해 가는 것을 보며 미국의 신자유주의정책을 심도 있게 분석해 보고 싶은 마음이 생겼다.

세계 제1의 대국인 미국은 배울 점이 많은 나라인 것이 사실이다. 그러나 절대로 닮아서는 안 되는 단점도 많이 갖고 있는 나라다. 특히 보수세력이 정치와 사회의 헤게모니를 잡으면서 최상위 1%에 속하는 '가진 자의 천국'이 된 미국 사회는 결코 닮고 싶지 않은 단점 투성이가 되어 가고 있다. 보수세력이 연거푸 두 번에 걸쳐 정권을 장악한 후 우리나라가 어느새 이곳저곳에서 미국의 나쁜 점들을 닮아가고 있는 것을 발견할 수 있다. 그렇기 때문에 미국 사회가 안고 있는 문제에 대해 남의 집 불 구경하듯 편한 마음이 결코 될 수 없는 것이다.

이 책은 내가 2011년부터 2015년에 이르는 기간 동안 쓴 아래 네 편의 논문을 재구성하고 살을 덧붙여 만들었다.

"신자유주의적 개혁의 이상과 현실," 『경제논집』(50권 3호), 2011년 12월, pp.159~182.

"미국의 감세정책 실험: 과연 경제 살리기에 성공했는가?" 『경제논집』(51권 2호), 2012년 12월, pp.207~261.

"미국 사회, 무엇이 '신도금시대'의 도래를 가져왔나?" 『경제논집』(52권 1호), 2013년 6월, pp.1~49.

"미국의 승자독식정치와 그 귀결," 『경제논집』(54권 1호), 2015년 6월, pp.3~74.

애당초 미국의 신자유주의정책에 대한 총체적 평가라는 큰 그림 아래서 이 논문들을 썼지만, 하나의 책으로 묶는 과정에서 논리 전개의 일관성을 위해 상당한 교통정리가 필요했다. 그리고 경제학의 전문지식이 없는 일반 독자들을 위해 너무 이론적인 논의는 과감하게 솎아내는 결단을 내렸다. 정책에 관심이 있는 사람이라면 누구나 전공과 관계없이 읽을 수 있는 책을 만들려고 노력했지만, 이 노력이 얼마나 성공을 거두었는지는 독자들의 판단에 맡겨 두기로 한다.

제1장

신자유주의의 광풍이 휩쓸고 간 미국 사회

제1장

미국 사람들뿐 아니라 다른 나라 사람들에게도 미국은 언제나 기회의 땅으로 인식되어 왔다. 가난한 이민자의 자녀로 태어났다 하더라도 열심히 노력하기만 하면 얼마든지 상층부로 이동할 수 있다는 '미국의 꿈'American dream은 미국 사회에 가장 깊게 뿌리박고 있는 신화 중 하나다. 이와 같은 신화는 미국이 무척 평등한 사회라는 인상을 주기 십상이지만, 실제로 미국의 소득분배 상태를 자세히 들여다보면 비슷한 수준에 있는 다른 나라들보다 훨씬 더 불평등하다는 놀라운 사실을 발견하게 된다. 단지 현재의 분배상태가 불평등한 데 그치는 것이 아니라, 가난한 사람이 상층부로 이동할 수 있는 기회까지 크게 제한되어 있는 사회가 되어 버렸다.

미국 역사상 분배상태가 가장 불평등한 상황에 이르렀던 것은 1920년대 대공황 발생 직전의 시기다. 주로 이민자들로 구성된 독립 당시의 미국 사회는 비교적 평등한 상태에서 출발했지만, 19세기 후반 남북전쟁이 끝나고 본격적인 산업화 단계에 들어서면서 급속도로 부의 집중이 이루어지기 시작했다. 흔히 '강도귀족'robber baron이라고 불리는 소수 산업자본가의 수중에 막대한 부가 집중되는 한편, 대다수의 노동자들과 농민들은 성장의 과실에서 소외되어 계속 궁핍화의 길을 걷고 있었다. 산업자본가들은 정치권력까지 자신의 지배하에 놓음으로써 미국 사회 전체에 막강한 영향력을 행사하고 있었다. 이와 같은 정경유착구조는 1900년대에 들어오면서도 계속 미국 사회를 지배해 사상 초유의 불평등한 분배상태를 만들어 내게 되었다.

그러나 1920년대 말 대공황의 발생, 그리고 그 와중에 집권하게 된 루스벨트F. D. Roosevelt 대통령의 뉴딜New Deal정책으로 인해 이와 같은 상황에 일대 변화가 일어나게 된다. 그때까지 유지되어 오던 불평등화 기조가 일거에 평등화기조로 반전되는 대격변이 일어났던 것이다. 제2차 세계대전의 발발은 평등화의 기조를 한층 더 강화하는 계기가 되었으며, 이와 같은 평등화의 기조는 대전이 끝난 후에도 계속 이어졌다. 보수세력은 기회 있을 때마다 뉴딜정책의 전복을 시도했지만, 시대의 대세를 막기에는 역부족이었다. 그 결과 1960년대에 이르러서는 분배상태가 눈에 띄게 평등해졌고, 바야흐로 '중산층의 사회' 시대가 본격적으로 열리게 되었다.

노벨경제학상을 수상한 쿠즈네츠S. Kuznets는 1955년 소득분배이론에 중요한 이정표가 된 한 논문을 발표했다. 이 논문에서 그는 경제성장의 단계에 따라 분배상태가 정형화된 양상을 보이면서 변화한다는 가설을 제기했다. '역-U자 가설'inverted-U hypothesis로 알려진 그의 가설에 따르면, 경제성장의 초기단계에서는 분배상태의 불평등성이 점차 심화되어 가다가 성숙단계에 이르면 평등화로의 반전이 일어난다는 것이다. 그렇기 때문에 시간이 흐름에 따라 불평등의 정도가 어떻게 변화하는지를 추적해 보면 U자를 뒤집어 놓은 모양의 그래프를 얻을 수 있다는 것이 이 가설의 핵심이었다. 쿠즈네츠는 미국을 위시한 주요 국가들의 경험에서 이와 같은 전형적 양상을 도출한 것인데, 문제는 과연 이것이 자본주의경제가 발전해 나가는 양상에 대한 일반적인 이론으로 성립할 수 있는지의 여부에 있다.

쿠즈네츠가 그 논문을 쓴 1950년대의 시각에서 본다면 경제성장의 단계와 분배상태 사이에 그와 같은 관계가 존재한다는 결론을 내릴 수 있었을지 모른다. 피케티(T. Piketty, 2014)가 말하고 있듯, 미국뿐 아니라 유럽의 다른 나라들도 1900년대 초까지 불평등성의 정도가 지속적으로 높아지는 것을 경험한 바 있다. 이와 같은 불평등화의 추세는 두 번에 걸친 세계대전으로 인해 평등화의 추세로 반전되었다는 것이 그의 지적이다.

만약 이것이 사실이라면 역-U자 가설은 자본주의경제 발전과정에 대한 일반적인 이론이 될 수 없다. 왜냐하면 자본주의경제 내부에 존재하는 동력에 의해 초기단계의 불평등화가 성숙단계의 평등화로 반전되는 것이 아니기 때문이다. 자본주의의 내부 동력이 아닌 두 번에 걸친 세계대전이라는 외생적 요인이 그와 같은 반전을 가져온 주요인이었던 셈이었다. 쿠즈네츠의 가설은 자본주의경제가 성숙단계에 이르면 거의 자동적으로 평등화로의 반전이 일어날 것을 기대하게 만들지만, 반드시 그렇게 되어야 할 당위성은 없다는 것이 피케티의 주장이다.

1970년대 말 이래 미국을 위시한 세계 여러 나라에서 관찰된 분배상태의 변화 양상은 쿠즈네츠의 가설에 의심을 품게 만드는 또 다른 요인이다. 대부분의 나라에서 분배상태의 평등화 추세가 끝나고 다시 불평등화의 추세가 나타나기 시작했는데, 이것은 쿠즈네츠가설이 전혀 설명할 수 없는 현상이었다.

피케티는 자본주의경제가 본질적으로 불평등이 심화되는 경향을 갖는다는 점을 지적했다. 그는 최근의 불평등화의 추세에 대해 두 번에 걸친 세계대전의 충격이 완전히 가시고 각국 경제가 정상적인 궤도로 돌아오면서 자연스럽게 나타난 현상이라고 보았다. 그 이유가 무엇이든 많은 나라에서 나타나고 있는 불평등화의 경향은 자본주의경제가 성숙단계에 들어오면서 평등화의 경향이 나타난다는 쿠즈네츠가설에 의심을 품도록 만들기에 충분한 이유가 된다.

이와 같은 불평등성 심화 현상과 관련해 특히 우리의 관심을 끄는 것은 미국의 경우이다. 미국 사회에서의 불평등화로의 반전은 매우 극적인 성격을 가져 1970년대 말에서 2000년대 말에 이르는 불과 30년의 기간 동안 지난 40년 이상 진행되어 온 평등화의 효과를 완전히 상쇄하기에 이르렀다. 2000년대 말에 들어오면서 미국 사회의 불평등도는 그것이 가장 높았던 1920년대 말 대공황 전야의 수준으로 되돌아간 것을 볼 수 있다. 소득계층 최상위 1%가 점유하는 소득의 비율은 1928년 23.9%로 정점을 찍은 바 있다. 1976년에는 8.9%로 가장 낮은 수준으로 떨어졌다가 그 뒤 급격하게 오르기 시작해 2007년에는 23.5%까지 뛰어올라 간발의 차로 1928년의 수준에 육박하게 되었다.[1)]

그렇다면 비슷한 상황에 있는 여러 나라들 가운데서 왜 유독 미국만 이처럼 극적인 불평등화로의 반전을 경험하게 되었을까? 경제학자들은 미국 사회에서 1970년대 말 이래 불평등성이 급격하게 더 커진 데 대해 여러 가지 가설을 제기하고 있지만, 그중에서 상황 전체를 만족스러운 정도로 충분히 설명해 주는 것은 존재하지 않는 실정이다. 경제학자들은 최근에 나타난 숙련편향기술진보나 세계화의 진전 혹은 정보화에 따른 슈퍼스타의 등장 등을 불평등성 심화의 주요인으로 지목했다. 뿐만 아니라 경영자권력가설처럼 경제학자들과는 조금 다른 시각에서 불평등 심화의 근본 원인을 찾으려는 시도도 있었다. 그러나 다음 장에서 자세히 논의하겠지만, 어떤 가설이든 최근 미국 사회에서 진행되어 온 불평등성 심화의 한 단면만을 설명해 주고 있을 뿐 종합적인 설명에 이르지는 못한다는 한계를 갖는다.

불평등성의 심화는 분명 경제적 현상이며, 따라서 경제학적 분석의 대상이다. 그러나 그 현상을 일으킨 원인을 경제와 경제학의 테두리 안에서만 찾으려 할 필요는 없다. 경제적 여건뿐 아니라 사회적, 정치적 여건도 불평등성의 심화에 중대한 영향을 미칠 수 있기 때문이다. 좀 더 넓은 시각에서 보면, 최근 미국 사회에서 관찰할 수 있는 불평등성의 심화는 사회와 정치의 보수화와 아주 밀접한 관련을 갖는 현상임을 간파할 수 있다. 1980년 레이건R. Reagan의 대통령 당선을 계기로 그동안 수세에 몰려 있던 보수세력은 미국 정치에서 확실한 우위를 점하게 되었다. 1981년에서 2009년에 이르는 기간 중 클린턴B. Clinton 대통령의 8년을 제외한 나머지는 보수적인 공화당이 계속 집권하고 있던 시기였다.

보수세력은 정국의 주도권을 잡자마자 평등주의적인 뉴딜정책의 유산을 청산하는 작업에 착수했다. 줄기차게 '작은 정부'를 부르짖어 온 이들은 정부의 개입 폭을 줄여 민간부문의 활력을 높일 수 있다는 명분하에 파격적인 감세, 정부지출 감축, 그리고 규제완화를 추진했다. 우리가 신자유주의정책이라고 부르는 이런 정책기조가 실제로 경제의 활력을 더 크게 만드는지의 여부는 논란의 여지가 있지만, 불평등성의 심화라는 부작용을 가져온다는 것은 의심의 여지가 없는 사실이다. 감세와 규제완화는 주로 기업과 부유층에 직접적 혜택을 가져다주는 한편, 정부지출, 특히 사회보장 관련 지출의 감소는 빈곤층에게 직접적 타격을 입히기 때문이다.

정치학자 해커-파이어슨(J. Hacker and P. Pierson, 2010)은 공화당의 장기 집권으로 인해 미국 사회에 '승자독식정치'winner-take-all politics가 자리 잡게 되었다고 말한다. 승자독식정치란 부자를 더욱 부유하게 만드는 한편 중·저소득층을 더욱 가난하게 만드는 정치를 뜻한다. 일부 보수성향의 인사들은 최근 들어 미국 사회의 불평등성이 심화되었다는 사실 그 자체를 부정하려 들지만, 너무나도 많은 통계지표들이 모두 한결같이 불평등성의 심화를 말해 주고 있기 때문에 그들의 주장은 신빙성을 결여하고 있다. 또한 그들은 불평등성의 심화가 정부의 정책이 아닌 경제 그 자체의 역학관계 변화로 인해 발생했음을 강조해 공화당의 집권과 무관함을 강조하고 있지만, 보수세력의 정국 주도권 장악이 불평등 심화의 결정적 원인이 되었다는 것을 입증하는 수많은 증거들이 존재하고 있다.

최근 몇십 년 동안의 미국처럼 보수세력의 정국 주도권 장악이 장기간에 걸쳐 확실하게 이루어진 나라의 사례를 찾아보기 힘들다. 또한 미국처럼 경제의 모든 분야에 걸쳐 신자유주의정책을 열정적으로 추구한 나라의 사례를 찾기도 힘든 실정이다. 그렇기 때문에 바로 이와 같은 차이가 미국 사회에서 유독 다른 나라들에 비해 불평등성의 심화가 훨씬 더 빠르게, 그리고 더 큰 정도로 일어난 결정적 이유라는 해석이 큰 설득력을 갖게 된다. 경제학자들이 즐겨 들고 있는 여러 가지 불평등화 요인들은 미국과 다른 나라들 사이의 차이를 제대로 설명해 주지 못하는 한계를 갖고 있다. 그러나 사회와 정치의 보수화라는 측면에서 보면 미국은 다른 나라와 확연하게 구분되는 특징을 갖고 있으며, 바로 이 점이 미국 사회에서 진행되어 온 불평등성 심화의 본질을 이해하는 열쇠가 될 수 있다.

그렇다면 다음으로 떠오르는 의문은 미국에서 보수세력이 확고한 헤게모니를 쥐게 된 이유가 과연 무엇인지가 된다. 1950년대와 60년대만 하더라도 뉴딜정책의 영향이 아직도 미국 사회 곳곳에 남아 있었기 때문에 공화당을 중심으로 한 보수세력은 거의 존재감이 없었던 것이 사실이다. 1953년 아이젠하워D. Eisenhower의 대통령 당선으로 20년 만에 처음으로 공화당이 집권했지만, 뉴딜정책의 기조를 뒤엎는다는 것은 상상조차 할 수 없는 일이었다. 케네디J. Kennedy, 존슨L. Johnson 대통령 시대에 이르러 진보세력은 전성기를 구가하고 있었으며, 보수적 이념은 일종의 이단으로 취급될 정도였다. 1968년 강경보수 성향의 닉슨R. Nixon이 대통령에 당선되었지만, 오늘날의 관점에서 볼 때 그가 추구한 정책은 민주당 대통령의 그것과 거의 구별이 되지 않는 진보적 성향을 띠고 있었다.

이와 같은 기본구도는 1980년 레이건이 대통령 선거에서 압승을 거둠으로써 일거에 뒤바뀌게 된다. 소위 '레이건혁명'Reagan Revolution이라고 불리는 보수기조로의 전환은 뉴딜정책의 유산을 완벽하게 청산하기에 이르렀으며, 이를 계기로 보수파가 정국의 주도세력으로 화려하게 부상하기 시작했다. 뒤돌아보면 레이건혁명은 바로 그 시점에서 필연적으로 일어날 수밖에 없는 일이었는지도 모른다.

1960년대 후반으로부터 70년대에 이르는 기간 동안 음지에서 절치부심하던 보수세력은 국면 전환을 위해 힘을 모아 열정적인 노력을 기울였고, 그와 같은 끈질긴 노력의 결과 엄청난 잠재력을 비축하게 되었다. 그 잠재력의 분출이 바로 레이건혁명이었고, 이 점에서 볼 때 레이건혁명은 하나의 필연이었다고 볼 수 있는 것이다.

불평등성 심화의 결정적 원인으로 작용한 집권 보수세력의 신자유주의적 승자독식정치는 침체상태에 빠진 미국 경제에 활력을 불어넣는다는 것을 주요한 명분으로 삼고 있었다. 경제가 활성화되면 고용이 늘어나 중·저소득계층에 광범한 이득을 가져다주리라는 것이 신자유주의정책의 주요 명분이었다. 부유층에 주어진 특혜가 경제의 활성화를 가져오고 이를 통해 중·저소득계층에게 이득을 가져다준다는 낙수효과trickle-down effect가 신자유주의정책을 정당화해 주는 최대의 논리적 근거였던 것이다. 그러나 신자유주의자들이 앵무새처럼 즐겨 부르짖던 낙수효과는 발생할 기미조차 보이지 않았다. 지난 몇십 년 동안 미국 사회가 줄기차게 불평등성 심화의 길을 달려왔다는 것은 그들이 말하는 낙수효과라는 것이 한낱 말장난에 지나지 않았음을 분명하게 보여주고 있다.

그렇다면 신자유주의정책이 미국 경제를 활성화시키는 데는 어느 정도 효과를 발휘한 것일까? 미국 경제를 활성화시키는 데 성공했지만 분배구조상의 문제 때문에 불평등성이 심화되는 결과가 빚어졌다는 주장이 제기될 가능성이 있다. 만약 이것이 사실이라면 신자유주의정책은 최소한의 정당성을 인정받을 수 있을지도 모른다. 일단 파이를 키워 놓았으니 적절한 재분배정책을 통해 언젠가는 중·저소득계층에게도 혜택이 돌아갈 수 있다는 논리가 성립될 수 있기 때문이다. 그 경우 낙수효과가 당장 나타나지 않았다 해서 정책이 완전한 실패로 돌아간 것은 아니라는 변명이 어느 정도 통할 수 있는 상황이 된다.

신자유주의자들의 입장에서 볼 때 경제의 활력을 되살리는 데 핵심적인 역할을 하는 것은 감세정책이다. 너무 무거운 세금 부담이 경제의 활력을 좀먹는 주요인이라는 것이 그들의 신념이기 때문이다. 정권을 장악한 레이건 행정부는 침체상태에 빠진 경제에 활력을 불어넣을 수 있는 결정적 승부수로 감세정책을 선택했다. 취임 직후 Economic Recovery Tax Act를 통한 조세개혁 조처를 통해 사상 유례없이 큰 폭의 감세를 실천에 옮기게 되는데, 이 감세정책은 당시 야당이었던 민주당도 감히 반대할 엄두조차 내지 못할 정도로 폭넓은 대중의 지지를 받고 있었다.

신자유주의자들이 주장하는 바에 따르면, 감세정책은 경제의 체질 그 자체를 바꾸어 경제의 잠재성장률을 높이는 결과를 가져오게 된다. 그들은 너무 무거운 세금 부담이 사람들의 근로의욕에 나쁜 영향을 줄 뿐 아니라, 미래를 위한 저축과 투자에도 나쁜 영향을 준다고 본다. 따라서 감세정책을 통해 더 열심히 일하게 만드는 동시에 더 적극적으로 저축하고 투자하도록 부추김으로써 경제성장의 잠재력이 더 커질 수 있다는 것이 그들의 믿음이다. 그러나 표면적인 관찰만으로도 감세정책으로 인해 미국 경제의 잠재성장률이 한 차원 더 높은 수준으로 올라갔다는 징후는 전혀 찾아보기 힘든 상황이다.

감세정책이 경제를 활성화시키지도 못하고 재정적자와 양극화를 심화시키는 결과만 가져왔다는 비판이 들끓고 있는 가운데서도 감세론자들은 감세의 효과가 분명히 있었다는 주장을 굽히지 않았다. 이 논쟁을 잠재울 수 있는 유일한 방법은 감세정책이 구체적으로 노동 공급, 저축, 투자에 어떤 영향을 미쳤는지를 엄밀하게 분석해 보는 것밖에 없다.

만약 실증분석의 결과 감세정책으로 인해 노동 공급, 저축, 투자가 현저하게 증가되었음이 드러난다면 감세론자들의 주장에 정당성을 부여할 수 있다. 그러나 감세정책에도 불구하고 이렇다 할 변화가 일어나지 않았다면 감세론자들의 주장은 아무런 설득력을 갖지 못하게 된다. 일부 이견이 있기는 하지만, 압도적 다수의 실증연구 결과는 감세정책이 노동 공급, 저축, 투자에 이렇다 할 영향을 미치지 못했다는 것으로 집약된다.

감세정책과 더불어 신자유주의적 승자독식정치의 또 다른 중심축을 이루고 있는 것이 바로 규제완화deregulation다. 정부의 간섭을 받지 않고 시장메커니즘이 완벽한 자유를 누릴 때 효율성이 극대화될 수 있다는 신자유주의 도그마가 바로 규제완화의 요구로 이어지는 것이다. 어느 나라가 되었든 간에 규제 중에는 실제로 기업의 발목을 잡아 경제의 활력을 떨어뜨리는 부작용을 일으키는 것이 많이 포함되어 있는 것이 사실이다. 이 점에서 본다면 대담한 규제완화를 통해 경제의 활력을 높일 수 있는 소지가 분명히 있다. 그러나 규제가 단지 기업의 이윤추구에 걸림돌이 된다는 이유에서 이를 거추장스럽게 여겨 규제완화를 부르짖는 측면도 분명 있다. 다시 말해 기업의 이기적 동기에서 나온 규제완화의 요구도 상당 부분 섞여 있다는 뜻이다.

레이건 행정부로부터 시작된 역대 공화당 정권은 친기업적 규제완화에 팔을 걷어붙였다. 이와 같은 규제완화의 발걸음은 특히 금융산업 관련 규제에서 더욱 빨랐고, 그 결과 월스트리트Wall Street는 마치 고삐 풀린 망아지와도 같은 자유를 누리게 되었다. 새로운 금융기법이 줄지어 등장하는 상황에서 그와 같은 과감한 규제완화의 행보는 매우 큰 위험을 잉태하고 있었다.

해커-파이어슨(J. Hacker and P. Pierson, 2010)은 소위 금융혁신financial innovation이라고 부르는 것이 실상은 남의 돈을 갖고 하는 좀 더 기발하고 위험한 도박에 지나지 않는다고 지적한 바 있다. 월스트리트가 고안해낸 새로운 금융기법은 고객에게 뜻하지 않은 손실을 가져다 줄 수도 있고, 금융기관의 재무건전성에 심각한 위협을 가져다 줄 수도 있었다. 그렇기 때문에 계속 등장하는 금융혁신을 적절히 통제하기 위해 정부의 감독이 더욱 강화되어야 마땅한 상황에서 오히려 줄줄이 규제를 푸는 어처구니없는 일이 벌어졌던 것이다.

세계 금융시장을 거의 멜트다운 직전의 상황까지 몰고 간 2008년의 글로벌 금융위기는 어설픈 신자유주의적 규제완화가 빚어낸 비극이었다. 글로벌 금융위기가 촉발된 원인이 무엇이냐를 둘러싸고 여러 가지 견해가 대립하고 있지만, 월스트리트의 탐욕을 제대로 규제하지 못한 것이 결정적 원인 중 하나였다는 점에 대해서는 별 이견이 없다. 위기 발생 이후 미국 의회에서 금융산업에 대한 규제를 강화하는 취지의 도드-프랭크법안Dodd-Frank Act이 서둘러 통과된 것을 보면 섣부른 규제완화에 대한 반성의 정서가 매우 보편적이었음을 알 수 있다.

경제의 활력을 되살릴 비방으로 선전되고 있던 감세정책과 규제완화는 이렇다 할 성과를 내지 못했을 뿐 아니라 재정적자와 금융위기 같은 문제를 일으키는 원인이 되었다. 이들에 이은 또 하나의 신자유주의정책 실험도 실패로 돌아가고 말았는데, 부시G. W. Bush 대통령이 야심차게 밀어붙였던 교육개혁 프로그램이 바로 그것이다. 그는 대통령으로 취임하자마자 자신이 주지사로 재임했던 텍사스 주와 비슷한 방식으로 교육개혁을 추구하는 No Child Left Behind NCLB 법안을 통과시키기 위해 전력을 기울였다. 이 법안에 기초한 NCLB 정책의 핵심을 구성하는 것은 '성과에 기초한 책임'이라는 원칙이며, 이는 부시 행정부가 추진한 교육개혁의 상징처럼 여겨지고 있다.

성과에 기초한 책임 원칙은 학교와 교사에게 강력한 유인을 제공함으로써 교육을 개혁할 수 있다는 신자유주의적 발상에 그 뿌리를 두고 있다. 그러나 이런 방식으로 교육개혁을 이루려는 시도는 약속된 결과를 가져다주는 데 실패했다. 성과 평가의 기초가 되는 시험의 성적은 향상된 것으로 나타났지만, 그것이 진정한 의미에서의 교육의 질 향상을 뜻하는 것은 아니었다. 여러 가지 증거에 비추어 판단해 볼 때, 성적의 향상은 성적 그 자체를 올리려는 학교와 교사의 노력이 가져온 결과에 불과했다는 결론이 나온다. 그 과정에서 교육의 질이 획기적으로 개선되지는 못하고 오히려 교육의 내용이 왜곡되는 부작용만 생겨났다고 볼 수 있다. 객관적인 수치로는 평가할 수 없는 측면을 많이 갖고 있는 교육을 시험 성적 수치만에 의해 개혁하려는 과욕이 그런 실망스러운 결과를 가져온 것이다.

감세와 규제완화를 주축으로 하는 신자유주의정책은 활력을 잃고 허우적거리는 경제를 되살릴 수 있는 유일한 길인 것처럼 사람들 머리에 각인되었다. 그러나 거의 30년에 걸친 미국의 신자유주의정책 실험은 막대한 재정적자와 미국 역사상 최악의 불평등한 분배상태라는 불행한 유산만을 남긴 채 역사의 뒤안길로 물러나는 운명을 맞았다. 신자유주의정책의 친부자·친기업 정책기조는 가진 자의 배만 불려 줬을 뿐 중산층과 빈곤층의 삶에는 손톱만큼의 개선도 가져다주지 못했다. 승자독식정치에 의해 계속 심각한 양상으로 치달려온 사회의 양극화는 결국 1% 대 99% 사이의 대결구도라는 극심한 사회적 갈등을 빚기에 이르렀다.

미국의 신자유주의정책 실험이 시작된 배경으로부터 그것이 미국 사회에 가져온 귀결에 이르기까지의 과정에 대한 총체적 평가를 시도하고 있는 이 책의 내용을 미리 간략하게 설명해 보면 다음과 같다. 우선 다음 장에서는 최근 미국 사회의 불평등성이 극도로 심화되어 역사상 분배상태가 가장 나빴던 1920년대의 상황으로 회귀한 것에 대한 설명으로부터 시작해, 왜 그와 같은 일이 일어나게 되었는지를 여러 각도에서 분석하는 작업이 이어진다. 현대 경제에서 보편적으로 작용하는 불평등화의 요인만으로는 유독 불평등성의 심화가 두드러진 미국의 상황을 제대로 설명하기 힘들다. 그렇기 때문에 미국만의 독특한 여건이 무엇이었는가를 경제적 측면뿐 아니라 제도적, 정치적 측면에서도 고찰해 보려고 한다.

제3장에서는 미국 사회와 정치의 보수화가 구체적으로 어떤 경로를 통해 불평등성의 심화를 가져왔는지를 밝혀 보려고 한다. 정국의 주도권을 장악한 공화당이 추구한 정책이 왜 승자독식의 성격을 갖게 되었는지를 밝히는 것이 이 장의 주안점이라는 말이다. 무엇보다 우선 승자독식정치는 감세와 사회복지지출 감축에 의한 재정의 재분배기능 약화를 통해 불평등성 심화의 직접적 원인을 제공했다. 뿐만 아니라 노동조합 활동에 대한 유형무형의 방해와 인색하기 짝이 없는 최저임금제도의 운영도 중·저소득계층을 압박하는 요인으로 작용했다. 이와 더불어 보수정권하에서 끊임없이 이루어진 친기업적 규제완화도 불평등성을 심화시킨 중요한 원인이 되었음을 부정하기 힘들다.

그렇다면 어떤 이유로 미국 사회에서 승자독식정치가 등장하게 되었는지 그 배경이 궁금하지 않을 수 없다. 이 의문에 대한 답을 찾으려 하는 것이 제4장에서의 논의다. 1960년대 초만 하더라도 거의 존재감이 없던 보수세력이 미국 사회와 정치의 헤게모니를 쥐게 된 과정은 마치 하나의 거대한 드라마와도 같다. 경제계 인사들을 주축으로 이루어진 경제적 보수세력은 풀뿌리 보수주의운동에서 출발한 사회-문화적 보수세력과 손을 잡음으로써 미국 사회를 좌우할 수 있는 세력으로 급성장하게 된다. 여기에 다시 신종교우파가 가세함으로 인해 미국 사회 전반을 아우르는 보수대연합의 결성이 이루어진다. 이와 같은 보수대연합의 결성, 그리고 이것에 의해 레이건혁명이 이루어지기까지의 과정에 대한 논의가 이 장의 주제다.

신자유주의정책 실험이 극도의 불평등성을 가져왔지만 최소한 침체된 미국 경제에 활력을 불어넣어 주는 데 성공을 거두었다면 이에 대한 평가가 약간 달라질 수 있다. 그렇다면 불평등성의 심화가 효율성을 제고하기 위한 노력에 수반되는 불가피한 대가라는 해석이 가능해지기 때문이다. 그러나 제5장에서의 논의는 감세정책을 주축으로 한 신자유주의정책의 실험이 경제에 활력을 불어넣어 주는 데 아무런 역할을 하지 못했음을 밝혀 주고 있다. 감세정책을 지지했던 신자유주의자들의 주장과는 달리, 감세정책은 노동의 공급을 늘리는 데뿐 아니라 저축이나 투자를 늘리는 데도 이렇다 할 역할을 하지 못했다. 결과적으로 신자유주의정책의 실험은 효율성과 공평성의 측면 모두에서 낙제점을 면하지 못하는 것으로 드러났다.

제6장의 주제는 신자유주의적 발상에 기초한 공공부문 개혁의 노력이 과연 기대한 성과를 거두었는지를 평가해 보는 일이다. 이 장에서는 부시 행정부가 야심차게 출범시킨 NCLB 정책을 예로 들어, 강력한 유인을 제공함으로써 공공부문을 개혁할 수 있다는 신자유주의자들의 주장이 타당성을 갖는지 검증하고 있다. 그러나 신자유주의자들의 주장과 달리 이 정책은 숱한 부작용만 가져왔을 뿐 학생들의 학습 능력을 개선하는 데는 아무런 효과도 거두지 못한 것으로 드러났다.

한마디로 말해 미국의 신자유주의정책 실험은 총체적 실패로 끝나고 말았다. 어느 한 측면에서나마 긍정적 효과를 거두었다고 평가해주기 힘든 총체적 실패라고 단정할 수밖에 없다. 그런데도 신자유주의자들은 투항을 거부하고 신자유주의정책의 공과에 대한 논쟁을 끊임없이 이어 가고 있다. 그렇기 때문에 신자유주의정책의 실험이 일단락된 지금의 상황에서도 이 책에서 제기하고 있는 의문들은 아직도 계속 탐구해볼 가치가 있다고 말할 수 있다.

제2장

'신도금시대'의 도래

제2장

지난 30여 년 동안 미국 근로자들의 명목소득은 물가상승의 속도를 따라잡지 못할 정도로 더디게 증가해 실질적으로는 종전보다 더 못살게 된 저소득층 가구가 대량으로 만들어졌다. 경제성장과 생산성의 향상에도 불구하고 중·저소득층의 실질소득은 1970년대의 수준에서 제자리걸음을 하고 있었다. 반면에 고소득층의 소득 증가 속도는 전례 없이 빨라 경제성장과 생산성 향상의 과실이 거의 모두 이들에게 돌아가는 결과가 빚어졌다. 이와 같은 불평등성 심화의 결과, 세계 최고의 소득수준을 자랑하는 미국이 빈곤율 15%로 개발도상국에 가까운 수준의 빈곤인구를 껴안고 살아야 하는 처지가 되었다.

1970년대 말부터 본격적으로 가속화되기 시작한 소득분배 불평등의 심화는 특히 최상위 소득계층의 약진이 두드러지는 양상을 보였다. 1970년대 말만 해도 전체 소득 중 최상위 소득계층 1%가 차지하는 몫이 10% 내외였는데, 30년이 지난 2010년대에 들어오면서 그 두 배에 이르는 20%의 수준으로 뛰어오르게 되었다. 최상위 0.01%의 약진은 한층 더 두드러져, 1%를 약간 넘던 수준에 있던 그들의 몫이 같은 기간 동안 네 배나 되는 5%대로 뛰어오른 것을 볼 수 있다. 고작 1만 6천 가구 내외의 엄청난 부자들이 미국 전체 소득의 5%나 되는 몫을 차지하고 있다는 사실은 미국 사회의 양극화가 어떤 상황에까지 이르렀는지를 잘 말해 주고 있다.

이와 같은 극심한 양극화의 진전으로 인해 '신도금시대'New Gilded Age 혹은 '제2의 도금시대'Second Gilded Age가 도래했다는 말까지 나오게 되었다.[1)] 19세기 말의 미국 사회를 가리켜 도금시대Gilded Age라고 부르는데, 미국 경제가 눈부신 성장을 거듭하는 과정에서 '강도귀족' robber baron으로 불리던 소수의 기업가들이 엄청난 규모의 부를 축적한 반면 가난한 이민자와 노동자, 농민들은 더욱 가난해져 가고 있던 시기였다.[2)] 놀라운 경제발전을 이룩한 황금시대Golden Age인 것처럼 보이지만, 실제로 그 찬란한 황금빛은 도금된 겉모습에 불과했다는 뜻에서 그런 이름이 붙여진 것이다.

사실 19세기 말의 미국 사회는 이런저런 문제로 인해 곪아 터져 가는 양상을 보이고 있었다. 새로이 등장한 산업자본가들은 수단과 방법을 가리지 않고 부를 끌어모으는 데 혈안이 되어 있었다. 당대의 사람들은 때때로 법을 무시하는 행위까지도 서슴지 않는 그들을 가리켜 강도귀족이라고 불렀던 것이다. 경제발전의 과실이 극소수의 산업자본가 수중에 집중된 나머지 노동자와 농민들의 삶은 오히려 예전보다 더 팍팍해져 갔던 역설적인 시기였다. 1세기 반이 지난 지금 미국 사회에서 그때에 버금가는 부의 집중과 양극화가 다시 나타나고 있다는 점에서 새로운 도금시대의 도래를 말하게 된 것이다.

흥미로운 점은 1970년대 중반까지 거의 40년에 걸쳐 이어지던 장기적 평등화 추세가 70년대 말에 들어오면서 갑작스럽게 역전되는 양상을 보였다는 사실이다. 뉴딜정책이 본격적으로 그 효과를 발휘했던 1940년대에 들어서면서 미국의 소득 격차가 크게 줄어들기 시작했다. 1940년에서 1950년에 이르는 10년이란 비교적 짧은 기간 동안 상위층과 하위층 노동자 사이의 임금 격차는 큰 폭으로 줄어들었다. 골딘-마고(C. Goldin and R. Margo, 1992)는 그때를 가리켜 '대압축'Great Compression의 시기라고 불렀는데, 비록 그 속도가 크게 느려지기는 했지만 이와 같은 평등화의 추세는 1970년대까지 계속 이어졌다.

그러나 이 장기간에 걸친 평등화의 성과는 1980년대의 불평등성 심화로 인해 거의 완벽하게 무로 돌아가고 말았다. 1980년대 말에 이르러 상위층과 하위층 노동자 사이의 임금 격차는 1940년의 수준으로 되돌아간 것을 볼 수 있다. 거의 40년에 걸친 대압축기에 이루어진 평등화의 성과가 불과 10년 만에 물거품이 되고 말았던 것이다. 이와 같은 불평등성의 심화는 1980년대에서만 볼 수 있었던 특수한 상황이 아니었고, 최근에 이르기까지 줄곧 계속되고 있는 일반적 경향으로 굳어지게 되었다. 지난 40여 년간에 걸친 지속적 불평등성의 심화로 인해 지금 미국 사회는 역사상 가장 불평등한 분배의 상태를 향해 치닫고 있는 상황이다.

미국의 소득분배, 얼마나 불평등해졌는가?

미국 사회가 1970년대 말부터 급격한 불평등성 심화의 길을 걷게 된 사실에 제일 먼저 주목하고 이를 정책과제로 제기한 사람은 바로 크루그먼(P. Krugman, 1992)이었다. 그는 1989년의 미국 (명목)중위소득 median income이 10년 전인 1979년에 비해 고작 4.9% 더 높은 수준에 불과했다는 점을 들어 분배상태에 심각한 문제가 발생하고 있음을 지적했다. 이는 그 기간 동안 연간 0.4%밖에 안 되는 비율로 중위소득이 증가했다는 뜻으로, 물가상승을 감안하면 전형적인 근로자 가구의 실질소득은 줄곧 내리막길을 걸었다는 것으로 해석될 수 있다.

이 연간 0.4%라는 성장률은 그 기간 동안의 미국 국민소득 평균 성장률에 훨씬 더 못 미치는 수준임은 물론, 평균 1%에 이르는 노동생산성 향상의 비율에도 못 미치는 수준이었다. 르바이-테민(F. Levy and P. Temin, 2007)이 제시한 수치는 생산성 향상속도와 중위소득 성장속도 사이의 괴리를 한층 더 극적으로 보여 준다. 이들에 따르면 1980년부터 2005년 사이의 기간 동안 생산성은 71%나 상승한 데 비해, 정규직 근로자의 주간소득 중위값은 고작 14%밖에 커지지 않았다고 한다. 그 기간 동안의 중위소득 성장속도가 생산성 향상속도의 고작 1/5 정도에 지나지 않았던 것이다.

그렇다면 노동생산성 향상의 과실은 과연 누구에게로 귀속되었느냐는 의문이 제기될 수 있다. 크루그먼은 같은 기간 동안 평균소득average income에 어떤 변화가 왔는지를 살펴보면 이에 대한 대답을 찾을 수 있다고 말한다. 그는 1979년에서 1989년에 이르는 기간 동안 중위소득이 4.9% 늘어난 데 비해 평균소득은 11%나 되는 비율로 늘어났다는 점에 주목했다. 고소득층의 소득이 상대적으로 더 빨리 커질수록 평균소득이 중위소득보다 더 빠른 속도로 커지게 된다. 이처럼 둘 사이의 격차가 두 배 이상 컸다는 것은 그 기간 동안 일어난 생산성 향상의 과실이 거의 모두 고소득층에게 돌아갔다는 것을 뜻한다.

크루그먼의 계산에 따르면 1979년에서 1989년에 이르는 기간 동안 이루어진 평균소득 증가의 70%에 이르는 부분이 최상위 1%에게 돌아갔다고 한다. 반면에 그 기간 동안 상위 10% 선에서 20% 선에 이르는 소득구간에 속하는 사람들의 (세후) 소득은 오히려 줄어든 것으로 나타났다고 말한다. 다시 말해 최상위 소득계층에 속하는 극소수의 사람을 제외하면 심지어 상위 소득계층에 속하는 사람들조차 성장의 과실을 제대로 누리지 못했다는 뜻이다. 상위 소득계층에 속하는 사람들조차 그런 처지였다면 중·하위 소득계층에 속한 사람들이 처한 상황에 대해서는 구태여 말할 필요조차 없을 것이다.

생산성 향상의 과실이 고소득층에 주로 돌아갔다는 주장은 듀베커-고든(I. Dew-Becker and R. Gordon, 2005)에 의해서도 제기되었다. 이들이 분석 대상으로 삼은 것은 1995년부터 2004년에 이르는 기간인데, 그 이전의 기간에 대해 크루그먼이 관찰한 것과 비슷한 현상을 이들도 발견했다는 사실이 흥미롭다. 이들에 따르면 중위소득이 그 기간 동안 고작 연간 0.9%밖에 안 되는 비율로 증가했는데, 이는 같은 기간 동안의 비농업민간기업non-farm private business의 연간 노동생산성 상승률 2.9%에 훨씬 못 미치는 수준이다. 특히 1999년에서 2004년에 걸친 5년의 기간 동안에는 중위소득이 3.8% 감소되는 현상까지 나타났다고 한다.

듀베커-고든이 미국 국세청Internal Revenue Service; IRS의 마이크로 데이터를 분석한 결과는 이보다 한층 더 충격적이다. 1966년에서 2001년의 기간 동안 경제 전체의 생산성 상승률을 초과하는 실질소득의 증가를 기록한 것은 오직 상위 10%의 소득계층에 불과한 것으로 드러났기 때문이다. 이는 나머지 90%의 사람들이 생산성 향상의 혜택을 누리지 못한 채 소외되는 결과가 나타났음을 뜻한다. 이렇게 고소득층의 실질소득이 특히 빠르게 커진 결과 상위 10%의 사람들이 1966년부터

2001년까지의 기간 동안 발생한 실질소득 증가분 중 무려 45%나 가져가게 되었다는 것이 그들의 해석이다. 특히 고소득층으로 갈수록 약진이 두드러져, 같은 기간 동안 최상위 1%의 소득계층이 가져간 몫은 총소득 증가분의 21.3%에 이른다고 한다.[3)]

이처럼 1970년대 말을 분기점으로 하여 장기적 평등화의 추세가 급격한 불평등화의 추세로 반전된 양상은 피케티-사에즈(T. Piketty and E. Saez, 2003)의 1913년에서 1998년까지의 기간에 이르는 장기분석에서 한층 더 분명하게 드러나고 있다. IRS 데이터에 기초하고 있는 이 연구는 소득세제도가 처음 시작된 1913년에서 지금에 이르는 기간 동안 미국 소득분배의 변화 추이를 치밀하게 분석한 것으로, 이 방면의 고전적 연구로서 널리 인용되고 있다. 그들은 얼마 후 분석 대상 기간을 2002년까지로 연장한 후속연구를 수행해 2007년에 발표한 바 있는데, 이를 보면 미국 소득분배의 장기추세가 과연 어떤 것인지를 한눈에 조망해 볼 수 있다.[4)]

[그림 2-1]은 피케티-사에즈(T. Piketty and E. Saez, 2007a)의 논문에 제시된 Table 5A.1을 이용해 그린 그림으로, 1927년부터 2002년에 이르는 기간 동안 최상위 10%, 1%, 0.01%의 소득계층이 차지하는 소득의 몫이 변화해 온 추이를 보여 주고 있다.[5)] 상위 소득계층의 몫이 빨리 커질수록 불평등의 심화가 더욱 급격하게 진행되고 있음을 뜻하는데, 그림을 보면 1970년대 말 이래 최상위 10%의 몫보다는 최상위 1%의 몫이 상대적으로 더 빨리 커지는 한편, 최상위 0.01%의 몫은 최상위 1%의 몫보다 한층 더 빠른 속도로 커져 온 것을 관찰할 수 있다.[6)] 즉 소득 사다리의 위쪽에 위치해 있는 사람일수록 더욱 빠른 속도로 그 몫을 늘려왔다는 뜻으로, 소득계층 최상층부가 바로 양극화의

[그림 2-1] 상위 소득계층 점유비율의 변화 추이

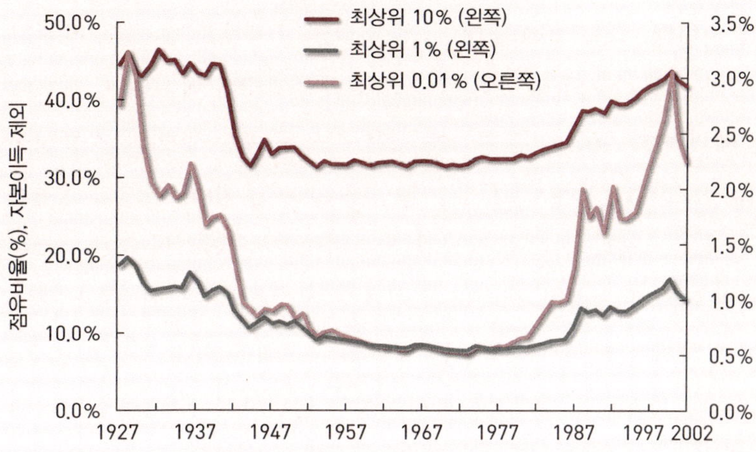

자료 : Thomas Piketty and Emmanuel Saez(2007a), Table 5A.1

진원지였음을 시사해 주고 있다.

이 그림을 보면 지난 80여 년에 이르는 기간 동안 미국 소득분배의 장기추세는 대체로 평평한 U자의 패턴을 보인다는 것을 알 수 있다. 미국 경제는 대공황과 제2차 세계대전을 거치면서 급격한 평등화의 길을 걸었고, 이와 같은 평등화의 추세는 골딘-마고가 대압축 기간이라고 부른 1940년대를 지나 1960년대까지 지속되었다. 그 뒤 1970년대까지는 소득분배 상태가 비교적 안정된 추세를 보이다가 1970년대 말부터 급격한 불평등 심화의 추세를 보이기 시작했다. 이와 같은 불평등 심화로의 반전이 시작된 지 불과 10여 년이 지난 1980년대 말에는 1930년대의 분배상황으로 돌아가게 된 것을 볼 수 있다.

보수적 성향의 학자들은 피케티-사에즈의 연구가 기초하고 있는 소득세 납부 관련 데이터가 갖는 특성 때문에 분배상태의 진실이 왜곡되어 전달될 수 있다고 지적했다. 레이놀즈(A. Reynolds, 2007)가 그 대표적 예인데, 그는 1980년대 이래 미국의 조세제도가 크게 바뀌고 이에 따라 소득신고의 양상이 달라졌기 때문에 IRS 데이터에 기초해 소득분배의 변화 양상을 분석하는 것은 잘못된 결론에 이를 가능성이 크다고 지적한다. 그에 따르면 1970년대 말 이래 미국의 분배상태가 계속 불평등성 심화의 길을 달려왔다는 피케티-사에즈의 결론은 잘못된 것이며, 좀 더 적절한 데이터에 기초해 분석해 보면 실제로는 불평등성이 그다지 심화되지 않았다는 결론이 나온다고 한다.

그러나 1970년대 말 이후 불평등성이 급격하게 심화되어 왔다는 분석 결과가 IRS 데이터에 기초한 것이기 때문에 믿을 수 없다는 레이놀즈의 지적은 별 설득력이 없다. 다른 데이터를 이용해 소득분배의 변화 추이를 분석해 보아도 그와 똑같은 결론에 이르는 것이 분명하기 때문이다. 예를 들어 캐롤리(L. Karoly, 1993)는 Current Population Survey라는 전혀 다른 데이터를 사용해 분배상황의 변화 추이를 분석했는데, 70년대 중반 이후 분명한 불평등 심화 현상을 관찰할 수 있다는 결론을 내리고 있다. 그에 따르면 소득분포상 상위 10% 선에 있는 (부유한) 가구는 1979년에서 1987년에 이르는 기간 동안 실질소득이 14% 증가한 반면, 하위 10% 선에 있는 (빈곤한) 가구의 경우에는 6%가 줄어들었다고 한다.

미국 소득분배의 변화 추이가 평평한 U자의 패턴을 보이고 있으며 1970년대 말부터 급격한 불평등의 심화가 나타나기 시작했다는 것은 어느 통계자료로도 쉽게 확인할 수 있는 사실이다. [그림 2-2]는 U.S. Census Bureau가 작성한 *Historical Income Tables*에서 인용한 1947년

[그림 2-2] 1947~2011년도 가족소득 분배의 불평등도 변화 추이

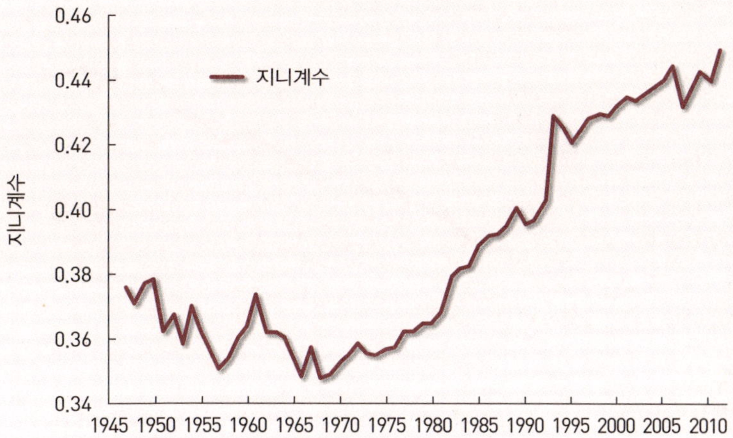

자료 : U.S. Census Bureau, *Historical Income Tables*, Table F-4

부터 2011년까지의 지니계수 변화 추이를 보여 주고 있다. 이를 보면 처음에는 지니계수의 값이 점차 작아지는 추세를 보이다가 한동안 안정된 수준에 머물고 있었으며, 1970년대 말부터 엄청나게 빠른 속도로 커져 왔다는 것을 볼 수 있다.[7] 이와 같은 상승추세는 2000년대 들어와서도 멈추지 않고 계속되는 것으로 나타나고 있다.

[그림 2-3]은 똑같은 출처에서 인용한 그림인데, 이 그림을 보아도 최근 들어 소득계층간 격차가 크게 벌어지게 된 것을 확인할 수 있다. 최하위 20% 선과 40% 선의 가정이 얻는 실질소득은 1980년 이래 거의 변화 없이 그 자리에 머물고 있는 것을 볼 수 있다. 실질소득의 증가속도는 상위 소득계층일수록 더욱 빨라 최상위 20% 선의 가정이 얻는 실질소득의 증가속도는 다른 소득계층을 압도하고 있다. 그림에 나와 있

[그림 2-3] 1947~2011년도 소득계층별 가족소득 변화 추이

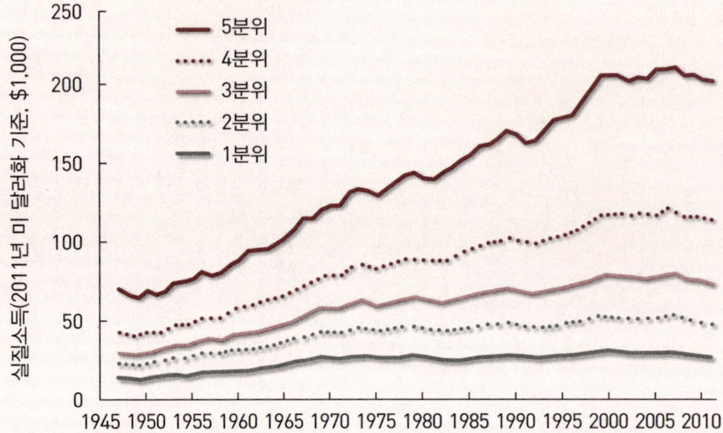

자료 : U.S. Census Bureau, *Historical Income Tables*, Table F-1

지는 않지만 최상위 1% 선의 가정이 얻는 실질소득의 증가속도는 이보다도 한층 더 빠른 것으로 나타날 것임에 틀림없다.

결론적으로 말해 1980년대 말 이래 미국 사회가 급격한 불평등 심화의 길을 달려왔다는 사실에는 한 점 의문이 없다. 보수파 인사들은 한사코 부인하려 들지만, 성장의 과실이 최상위 소득계층에 집중되고 중·하위 소득계층의 실질소득은 제자리걸음을 면치 못해 왔다는 사실을 부정하기 힘들다. 1980년대에 일어난 소득분배 변화 추이와 관련해 그램릭 등(E. Gramlich *et al.*, 1993)은 재미있는 비유를 들고 있다. 즉 최상위 1%의 사람들이 운전하는 자동차는 급행 차선을, 그리고 그 다음 9%에 속하는 사람들은 비교적 잘 빠지는 차선을 달려온 데 비해, 하위 90%에 속하는 대중은 정체가 심해 거의 움직이지 않는 차선에서

허덕여 왔다는 것이다. 이 차선의 비유는 최근의 불평등 심화 과정에서 각 소득계층이 어떤 상황에 처해 있었는지를 상징적으로 보여 주고 있다. 이제 우리의 과제는 이와 같은 급격한 불평등 심화의 원인이 과연 무엇이었는지를 밝히는 데 있다.

보편적으로 작용하는 불평등성 심화의 원인

사실 불평등성 심화 추세는 미국에서만 관찰되는 현상이 아니라 전 세계에 걸쳐 공통적으로 관찰되는 현상이다. 다른 고소득 국가들은 물론 심지어 중국이나 인도 같은 개발도상국에서도 부의 편중이 점차 심화되고 있는 것을 발견할 수 있다. 중국과 인도처럼 경제성장의 초기 단계에 있는 나라에서 부의 편중이 심화되고 있는 것은 충분히 이해할 수 있는 일이다. 쿠즈네츠(S. Kuznets, 1955)가 밝혀낸 것처럼 경제성장의 초기단계에서는 부의 편중이 심화되는 현상이 일어나는 것이 일반적 현상이기 때문이다. 그러나 불평등 심화의 단계를 지나 점진적인 평등화가 이루어지고 있던 고소득 국가에서도 부의 편중이 심화되는 현상이 나타나고 있다는 것은 상당히 이례적인 일이다.

그런데 부의 편중이 심화되는 속도의 측면에서 본다면 미국이 다른 나라들에 비해 단연 앞서고 있다. 즉 다른 나라들에서도 불평등성 심화 현상을 일반적으로 관찰할 수 있지만, 미국처럼 그 변화의 속도가 빠른 경우는 아주 드물다는 뜻이다. 여기서 우리는 경제구조나 생산기술의 진화 과정에서 발생하는 불평등성 심화의 요인이 보편적으로 작용하고 있는 데다가, 미국의 독특한 정치적, 사회적 혹은 제도적 특성이 더해져 유독 더 현저한 불평등성 심화의 경향을 보이는 것이 아닌가라는 짐작을 해볼 수 있다.

모든 경제에서 보편적으로 작용하고 있는 불평등성 심화의 요인을 설명하는 이론으로는 숙련편향기술변화가설, 국제무역가설, 그리고 슈퍼스타경제학가설 등을 들 수 있다. 이들이 과연 미국 사회에서 신도금시대가 도래하게 된 원인으로 설명력을 갖는지 하나씩 검토해 보기로 하자. 결론을 미리 말해 보면, 이 이론들만으로는 미국 사회에서 일어나고 있는 불평등성 심화 현상의 독특한 성격을 충분하게 설명해 주지 못한다. 결국 다른 데서 미국만의 독특한 불평등화 요인을 찾아야 한다는 결론에 이르게 된다.

(1) 숙련편향기술변화가설

최근 미국 사회에서 일어나고 있는 불평등성 심화 현상을 제대로 설명하기 위해서는 무엇보다 우선 중·하위 소득계층이 성장의 혜택에서 소외되는 현상이 나타나는 이유가 무엇인지를 밝혀내야 한다. 이에 대해 비교적 많은 수의 경제학자들이 제시하고 있는 가설은 최근에 이루어진 기술진보의 성격에서 그 이유를 찾을 수 있다는 것이다. 즉 최근의 기술진보가 숙련노동을 더 많이 요구하는 방향으로 치우쳐 있는 성격을 갖기 때문에 임금 격차가 점차 벌어지는 결과가 나타난다고 보는 가설, 즉 숙련편향기술변화skill-biased technological change가설이 유력한 가설로 제기되고 있는 것이다.

개인용 컴퓨터가 보편화되고, 컴퓨터 지원 생산기술과 로봇 활용 생산기술이 확산됨에 따라 미숙련노동에 대한 수요는 숙련노동에 대한 수요로 대체되어 가게 된다. 이와 같은 숙련편향기술변화로 인해 미숙련노동자에 대한 수요는 점차 줄어들고, 이에 따라 이들이 받는 임금도 하향추세를 그리게 된다. 그 결과 숙련노동자와 미숙련노동자 사이의 임금 격차가 점차 벌어지게 된다는 것이 바로 숙련편향기술변화가설의 내용이다. 다시 말해 숙련편향기술변화가설은 불평등 심화의 원인을 현대 경제에서 일어나는 기술변화의 특징에서 찾고 있는 것이다.

1990년대에 접어들면서 거의 유행처럼 수많은 경제학자들이 불평등성 심화 현상에 대한 설명으로 바로 이 숙련편향기술변화가설을 들고 나왔다. 예를 들어 애스모글루(D. Acemoglu, 2002)는 그동안 이 방면에서 이루어졌던 연구를 종합 정리하면서 지난 60년 동안 이루어진 기술변화가 숙련편향적 성격을 갖고 있었으며, 바로 이와 같은 기술변화의 특성이 최근 일어난 임금 격차 확대의 주요한 원인이었다는 결론을 내리고 있는 것을 볼 수 있다. 그에 따르면 대부분의 경제학자들이 이와 같은 해석에 동조하고 있어 거의 의견의 일치를 보인다고 한다.

그렇다고 해서 숙련편향기술변화가설이 모든 경제학자들에 의해 무비판적으로 받아들여지고 있는 것은 아니다. 예를 들어 피케티-사에즈(T. Piketty and E. Saez, 2003)는 미국의 불평등성 심화 현상이 소득계층 최상층부의 약진으로 특징지워질 수 있는데, 숙련편향기술변화가설로는 이 현상을 제대로 설명할 수 없다고 지적한다. 소수의 엄청난 부자들이 얻는 소득이 특히 빠른 속도로 증가한 것을 기술변화 하나만의 귀결이라고 보기는 힘들기 때문이라는 것이다. 그들은 또한 미국과 똑같은 성격의 기술변화를 경험하고 있던 대부분의 유럽 국가들에서는 최상위 소득계층의 약진이 그리 두드러지지 않는다는 점도 숙련편향기술변화가설의 신빙성을 떨어뜨리는 한 요인이라고 덧붙였다.

카드-디나도(D. Card and D. DiNardo, 2002)는 1980년대 말의 관점에서 보면 숙련편향기술변화가설이 임금 격차 심화의 그럴듯한 설명이 되었을지 몰라도 1990년대의 경험에 비추어 보면 설득력이 떨어진다고 지적한다. 1970년대에는 대학 졸업자와 고등학교 졸업자 사이의 임금 격차가 줄어들다가 1980년대에 들어오면서 격차가 벌어지기 시작하는 추세로 반전되었다. 그들은 이와 같은 반전의 시점이 컴퓨터의 보편화가 급속하게 진행되었던 시점과 일치한다는 점이 숙련편향기술변화가설의 신빙성을 높이는 요인으로 작용했을 것이라고 해석한다. 그러나 실제로는 최저임금의 변화 추이나 노동조합 조직률의 변화 추이를 통해 당시에 일어났던 임금 격차 확대의 대부분을 설명할 수 있다는 것이 그들의 주장이다.

르미외(T. Lemieux, 2008)는 임금 불평등 심화의 양상이란 측면에서 1980년대와 1990년대 이후의 시기 사이에 분명한 차이가 있다는 점에 주목한다. 즉 1980년대에는 전 임금계층에 걸쳐 불평등의 심화가 나타났던 반면, 1990년대 이후에는 최상층부에서 불평등의 심화가 집중해서 일어나고 그 이외의 계층에서는 오히려 불평등의 정도가 줄어드는 현상이 관찰된다는 것이다. 따라서 1980년대의 불평등 심화 현상을 설명하기 위해 제기된 숙련편향기술변화가설로 1990년대 이후의 상황을 설명하는 데는 한계가 있다는 것이 르미외의 지적이다. 르미외 역시 카드-디나도처럼 최저임금의 변화 추이나 노동조합 조직률의 변화 추이를 임금 격차 확대의 더욱 중요한 원인으로 보고 있다.

임금 격차 확대의 주요인은 숙련편향기술변화가 아니라 성과급performance pay의 확산이라는 주장도 제기되었다. 르미외 등(T. Lemieux *et al.*, 2009)은 1970년대 말 이래 성과급제도가 급격하게 확산되기 시작한 데 주목했다. 그들은 이와 같은 현상이 정보통신기술의 발달로 인해 각 근로자의 성과에 관한 정보 수집과 처리 비용이 크게 떨어진 데 기인한 것으로 보았다.

그들에 따르면, 성과급이 적용되는 직장은 다른 직장에 비해 교육수준 같은 특성에 대한 프리미엄이 더 크기 때문에 임금 분포가 상대적으로 더 불평등한 경향을 보인다고 한다. 1970년대 말에서 1990년대 초에 이르는 기간 동안 발생한 남성 근로자 임금 분산variance 증가의 24%가 성과급제도의 확산으로 설명될 수 있다는 것이 그들의 결론이다. 그들은 상위 20%에 속하는 고임금 계층에서 발생한 임금 분산 증가의 대부분을 이와 같은 이유로 설명할 수 있다고 말하는데, 이는 상위 소득계층의 약진이 거의 모두 성과급제도의 확산에 기인하는 것으로 볼 수 있다는 것을 뜻한다.

(2) 국제무역가설

숙련편향기술변화가설과 더불어 불평등성 심화의 요인으로 많이 논의되고 있는 것은 세계화의 진전에 따라 개발도상국들과의 무역이 확대되고 이에 따라 선진국의 미숙련노동 임금이 크게 떨어지게 되었다는 가설이다. 국제무역이론에서 고전으로 꼽히고 있는 스톨퍼-새무엘슨(W. Stolper and P. Samuelson, 1941)의 요소가격균등화factor price equalization가설에 따르면, 미숙련노동이 풍부한 나라와 교역을 하게 되면 미숙련노동을 집약적으로 사용해 생산되는 상품의 상대가격이 떨어지고, 이에 따라 (국내) 미숙련노동자의 실질임금이 떨어지게 된다. 말하자면 개발도상국들의 싼 임금이 선진국에 파급효과를 미쳐 미숙련노동자들의 임금을 끌어내리는 역할을 한다는 뜻이다.

그러나 막상 경제학자들 중에는 국제무역이 소득분배 불평등 심화의 주요한 요인이라는 데 동의하는 사람이 그리 많지 않다. 이론적으로 보면 그런 효과가 나올 가능성이 있지만, 현실적으로 그 효과의 크기가 소득분배의 상황에 결정적인 영향을 줄 정도로 클 가능성이 작다고 보기 때문이다. 버틀리스(G. Burtless, 1995)의 서베이 논문에서 밝히고 있듯, 국제무역이 불평등 심화의 주요한 원인이라고 보는 소수파의 의견이 있기는 하지만 대부분의 연구가 양자 사이의 관계가 그리 밀접하지 않다는 쪽으로 결론을 내고 있다.

크루그먼-로렌스(P. Krugman and R. Lawrence, 1994)는 미국의 경우 요소가격균등화가설이 잘 맞아 들어가지 않는 것처럼 보인다고 말한다. 이 가설에 따르면 미국 같은 나라는 기술집약적skill-intensive 상품에 특화하기 때문에 숙련노동에 대한 수요가 늘어나는 한편 미숙련노동에 대한 수요는 줄어든다. 그 결과 숙련노동자의 임금이 상승하고 미숙련노동자의 임금은 하락하게 된다. 그런데 이처럼 숙련노동자의 임금이 상대적으로 상승하면 모든 산업은 숙련노동자의 고용을 줄이게 된다.[8] 따라서 요소가격균등화가설이 맞는다면 산업 전반에 걸쳐 숙련노동자 고용의 상대적 비중이 떨어지는 현상이 나타나는 한편, 기술집약적인 산업에서 고용이 상대적으로 더 빨리 늘어나는 현상이 나타나야 한다는 것이 그들의 지적이다.

그러나 크루그먼-로렌스는 1979년부터 1989년에 걸친 기간 동안 요소가격균등화가설이 예측하는 바와 달리 거의 모든 산업에서 숙련노동자의 비율이 상대적으로 더 커진 것으로 나타났다고 말한다. 또한 기술집약적인 산업의 고용도 그렇게 빨리 늘어나지 않아 요소가격균등화가설의 예측과 부합하지 않는 것을 볼 수 있다고 한다. 이는 미국 경제 안에서 일어나고 있는 숙련노동자에 대한 수요의 증가가 국제무역에 따른 산업 구성의 변화 때문에 발생한 것이 아니고 국내 상황의 변화 때문에 발생한 것이라는 뜻이다. 그들은 컴퓨터 사용의 확대 같은 기술변화, 즉 앞에서 말한 숙련편향기술변화에 그 원인이 있을 것이라고 짐작했는데, 어찌 되었든 세계화의 진전이 임금 격차 발생의 주요 원인은 될 수 없다는 것이 그들의 결론이다.

이에서 한 걸음 더 나아가 크루그먼-로렌스는 미국의 주요 교역상대국은 평균적인 임금수준이 미국과 크게 차이가 나지 않는 다른 선진국들이라는 점을 지적했다.[9] 미국에 비해 임금이 절반도 되지 않는 저임금국가로부터의 수입액은 석유를 제외할 경우 국내총생산의 2.8%에 불과한 수준이라고 한다. 따라서 제3세계에서 밀려드는 값싼 공산품이 미숙련노동자의 임금을 끌어내리는 역할을 한다는 주장은 설득력이 없다는 것이 그들의 지적이다. 그들은 저임금국가로부터의 수입액이 1960년이나 1990년 모두 국내총생산의 2.8% 수준에서 변화가 없다는 점에 주목했다. 1960년에는 일본이 저임금국가였고 거기로부터 들어오는 섬유류 제품이 경쟁 압력의 주요 원천이었다. 이제는 수입 상대방만 일본에서 다른 제3세계 국가들로 바뀌었을 뿐, 경쟁 압력 그 자체가 예전에 비해 더욱 커졌다고 말하기는 힘들다고 지적한다.

한 가지 흥미로운 사실은 국제무역이 소득분배 불평등 심화의 주요인은 아니라는 견해의 대표주자격인 크루그먼이 2000년대에 들어오면서 입장을 바꿔 양자 사이에 상당히 밀접한 관계가 존재할 수도 있다는 견해를 밝히고 있는 점이다. 그에 따르면 2000년대에 들어오면서 미국의 국제무역이 1980년대의 상황과 다른 양상으로 전개되기 때문에 국제무역이 불평등 심화에 영향을 미치는 범위가 확대될 수밖에 없다고 한다. 바로 이와 같은 상황 변화가 그로 하여금 예전에 가졌던 생각을 바꾸게 만든 계기가 되었던 것이다.

크루그먼(P. Krugman, 2008)이 1990년대에 이루어진 이 방면의 대표적 연구 결과 네 개를 종합 정리한 것을 보면, 미국 내의 숙련-미숙련노동 임금 격차 중 국제무역에 의해 설명될 수 있는 부분은 1.4% 포인트에서 7% 포인트 정도에 그치고 있다. 이와 같은 분석 결과를 보면 국제무역이 소득분배 불평등 심화에 미치는 영향이 결코 크다고 말할 수 없음을 알게 된다. 그러나 그는 이 연구 결과가 1990년대 초의 자료에 기초해 얻어진 것이고, 따라서 상황이 달라진 2000년대에는 다른 결론이 나올 수 있다고 말한다. 다시 말해 이제는 국제무역이 미국 내의 불평등 심화에 상당한 영향을 미치고 있다는 결론이 나올 수도 있다는 뜻이다.

크루그먼으로 하여금 입장을 바꾸게 만든 주요한 원인 중 하나는 미국의 총수입 중 개발도상국으로부터의 수입이 차지하는 비중이 급격하게 증가했다는 사실이다. 1990년만 해도 개발도상국으로부터의 수입은 선진국에서의 수입에 비해 그 절반 정도로 규모가 작았는데, 급격히 빠르게 성장해 온 결과 2004년에는 그 순위가 뒤바뀌게 되었다. 뿐만 아니라 개발도상국들 중에서도 임금이 상대적으로 더 낮은 중국이나 멕시코 같은 나라로부터의 수입 비중이 빠른 속도로 늘어났다. 1990년 중국과 멕시코로부터의 수입액은 각각 미국 국내총생산의 6.7%와 4.6%의 비중을 차지하고 있었다. 그런데 16년 후인 2006년에는 그 비중이 각각 20.0%와 6.4%로 증가한 것을 볼 수 있다.

1990년대에는 소위 '아시아의 네 마리 호랑이'라고 부르는 한국, 타이완, 홍콩, 싱가포르가 미국의 주요 교역상대국이었는데, 이 나라들의 평균임금은 1995년 현재 미국의 39% 수준이었다. 그런데 2000년대에 들어오면서 주요 교역상대국으로 부상한 중국의 평균임금은 2005

년 현재 미국의 3%, 그리고 멕시코의 경우는 11%에 지나지 않았다. 이렇게 임금이 현저하게 낮은 나라들로부터의 수입 비중이 늘어남에 따라 미국 내의 미숙련노동에 대한 임금 하락 압력이 예전에 비해 훨씬 더 커졌다는 것이 크루그먼의 견해다.

크루그먼의 말처럼 국제무역이 미국 내의 소득분배 불평등 심화에 미치는 영향이 예전에 비해 훨씬 더 커진 것은 사실일지 모른다. 그렇지만 이것만으로 1970년대 말 이후의 급격한 불평등성 심화 현상을 설명하기에는 무언가 부족하다는 느낌이다. 앞에서 여러 번 지적한 것처럼 불평등성 심화의 핵심적 원인은 최상위 소득계층의 몫이 급격하게 커진 데서 찾을 수 있는데, 이와 같은 현상은 국제무역과는 별 상관이 없는 것이 분명하다.

로렌스(R. Lawrence, 2008)는 2000년 이래 숙련노동자와 미숙련노동자 사이의 상대적 임금에는 별 변화가 없었음에도 불구하고 전반적인 불평등의 정도는 급격하게 커져 온 점을 들어 국제무역으로 이를 설명하려는 것은 적절치 못하다고 지적한다. 국제무역이 불평등성의 심화에 어느 정도 기여한 것을 인정한다 하더라도, 미국 경제의 구조적 변화를 가져온 많은 원인 중 하나 이상의 의미를 갖지는 못한다는 것이 그의 주장이다.

(3) 슈퍼스타경제학가설

로젠(S. Rosen, 1981)은 정보화와 세계화의 진전으로 인해 현대 경제는 각 부문에서 가장 뛰어난 소수가 판을 독차지하는 승자독식 winner-take-all의 성격이 점차 더 강해져 가고 있다는 가설을 제기했다. '슈퍼스타경제학'economics of superstar으로 널리 알려져 있는 그의 가설에 따르면 슈퍼스타들, 즉 아주 특출한 재능을 갖춘 소수의 사람들이 각 분야에서 거의 독점적 지위를 차지해 엄청난 돈을 버는 것이 현대 사회의 한 특징이라고 한다. 오래전에 마셜A. Marshall도 이와 비슷한 현상에 주목했다고 말하는데, 현대 사회에 들어오면서 그 현상이 더욱 현저하게 나타나고 있다는 것이다.

현대 사회에서 승자독식의 구도가 더욱 강화되어 나타나는 것은 매스 미디어의 발달과 IT기술의 발전에서 그 주요 원인을 찾을 수 있다. 로젠이 논문 끝 부분에서 19세기 초의 전설적 성악가 엘리자베스 빌링턴Elizabeth Billington이 오늘날처럼 매스 미디어가 발달한 상황에서 활약했다면 엄청나게 많은 돈을 벌 수 있었을 것이라고 말한 이유가 바로 여기에 있다. 그런데 소수의 슈퍼스타들이 판을 독차지하는 것은 예능계와 스포츠계에서만 나타나고 있는 현상이 아니라, 의사나 변호사 같은 전문직종에서도 자주 나타나고 있다. 개인적 재능이 성과를 결정적으로 좌우하고 따라서 이 개인적 재능이 보수와 직결되는 분야에서는 공통적으로 이와 같은 승자독식의 구도를 발견할 수 있다는 말이다.

이 슈퍼스타의 경제학이란 논리는 불평등이 급격하게 심화되는 현상의 한 설명이 될 수 있다. 그러나 극소수 부자들의 출현을 설명하는 데 적합할 뿐이고, 상위 소득계층의 전반적인 약진은 제대로 설명해 주지 못하는 한계를 갖는다. 미국 사회의 엄청난 부자라고 하면 사람들은 으레 변호사, 의사, 연예인, 스포츠 스타들을 머리에 떠올린다. 바로 이들이 슈퍼스타라는 이미지에 걸맞은 사람들이기 때문이다. 매스 미디어의 확산과 더불어 뛰어난 능력을 가진 극소수의 사람들이 판을 독차지하는 구도는 이처럼 각 개인의 능력이 결정적인 중요성을 갖는 직종에서 현저하게 나타날 가능성이 크다.

그러나 미국 사회에서 최상위 소득계층에 속하는 사람들의 면면을 보면 슈퍼스타경제학의 논리와는 별 상관이 없는 사람들이 대부분을 차지하고 있음을 보게 된다. 바키자 등(J. Bakija *et al.*, 2010)이 조사한 바에 따르면, 최상위 0.1%에 속하는 고액납세자들 중 (금융업계를 포함한) 기업 최고위직 임원들이 60%를 넘는 압도적인 비중을 차지하고 있다. 조사자들은 이 집단에 속하는 사람들이 1979년부터 2005년에 이르는 기간 동안 최상위 0.1%의 소득계층에 발생한 소득 증가의 70%를 가져갔다고 말한다. 이들이 최상위 소득계층의 압도적 다수를 차지하고 있을 뿐 아니라, 이 소득계층 안에서도 특히 약진이 두드러진 집단에 속한다는 말이다.

〈표 2-1〉에 나타나 있는 것처럼, (비금융업) 기업과 금융업계의 최고위직 임원들에 비하면 변호사, 의사, 연예인, 스포츠 스타들이 차지

〈표 2-1〉 최상위 0.1%에 속하는 고액납세자의 직업별 분포(2005년)

직 종	비 율(%)	소득점유비율(%)
(비금융) 기업 임원	42.5	3.42
금융업	18.0	1.45
변호사	7.3	0.39
의 사	5.9	0.26
부동산업	3.7	0.25
예술, 방송, 스포츠 스타	3.0	0.27
기술직	2.9	0.18
기 타	16.7	1.12
합 계	100.0	7.34

자료 : Jon Bakija *et al.*(2010), Table 3, Table 7

하는 비중은 아주 작다.[10] 이들을 모두 합쳐도 (비금융) 기업 최고위직 임원이 차지하는 비중의 절반에도 미치지 못하는 것을 볼 수 있다. 특히 슈퍼스타의 전형적 이미지에 부합하는 연예인과 스포츠 스타들이 최상위 0.1%의 소득계층에서 차지하는 비중은 고작 3.0%에 불과한 실정이다. 이와 같은 최상위 소득계층의 직종별 구성을 보면, 슈퍼스타 경제학의 논리만으로는 현재 진행되고 있는 미국 사회 불평등 심화 현상을 충분하게 설명해줄 수 없다는 느낌을 받는다.

뿐만 아니라 슈퍼스타경제학가설은 최근 미국 사회에서 중·하위 소득계층이 성장의 혜택에서 소외되는 현상이 나타나고 있는 이유에 대해서 말해 주는 바가 전혀 없다는 근본적 한계를 갖는다. 최근 일어난 불평등성 심화의 현상을 제대로 설명해 주기 위해서는 어떤 이유에서 최고 소득계층의 대약진이 이루어졌는가를 밝혀냄과 동시에 중·하위 소득계층의 상황이 답보상태를 면치 못하고 있는 이유를 함께 밝혀내야 한다. 그러나 슈퍼스타경제학가설은 중·하위 소득계층의 실질소득이 계속 1970년대 수준에서 맴돌고 있는 이유에 대해서는 전혀 설명해 주는 바가 없다.

이상에서 살펴본 것처럼, 보편적으로 작용하는 불평등 심화의 원인과 관계된 이론들, 즉 숙련편향기술변화가설, 국제무역가설, 혹은 슈퍼스타경제학가설 중 그 어느 것도 최근 미국 사회에서 일어난 급격한 불평등성 심화 현상을 제대로 설명해 주지 못한다. 대부분의 나라들에서 최근 들어 불평등성이 심화되는 현상이 관찰되고 있지만, 유독 미국은 그 정도의 측면에서 다른 나라들에 비해 훨씬 더 심한 것을 볼 수 있다. 보편적으로 작용하는 불평등성 심화의 이유로 제기된 이 세 가지 가설 중 어느 것이든 미국만의 특별한 상황이 무엇이었는지를 설명해 주지 못한다는 본질적 한계를 갖는다.

또한 이 가설들은 앞에서 설명한 바 있는 미국 사회에서의 불평등성 심화 현상이 갖는 또 하나의 특징, 즉 기업의 최고위직 임원을 중심으로 한 최상위 소득계층의 약진에 의해 주도되어 왔다는 특징에 대해서도 설명해 주는 바가 별로 없다. 기업 최고위직 임원들을 중심으로 한 최상위 소득계층의 약진은 슈퍼스타의 경제학이 의미하는 바와 잘 부합되지 않으며, 숙련편향기술변화가설이나 국제무역가설과는 더욱 관련이 없다. 결국 미국 사회의 불평등성 심화 현상을 제대로 설명하기 위해서는 미국에서만 찾아볼 수 있는 특수한 여건에 주목할 수밖에 없다.

불평등성 심화와 관련된 미국 사회의 독특한 여건 – 경제적 측면

앞에서 말한 바 있지만, 미국 사회에서 최근 나타나고 있는 불평등 심화 현상은 특히 최상위 소득계층의 약진이 두드러진다는 특징이 있다. 이 최상위 소득계층의 주류를 구성하고 있는 집단이 기업의 고위직 임원들이기 때문에 어떤 이유로 이들의 경제적 지위가 급격히 상승하게 되었는지가 불평등성 심화 현상이 발생하게 된 배경을 이해하는 중요한 열쇠가 될 수 있다. 프라이드만-삭스(C. Frydman and R. Saks, 2010)가 1936년부터 2005년에 이르는 기간 동안 미국 기업 임원들이 받는 보수의 변화 추이를 분석한 바에 따르면, 1980년대 이래 그들의 보수가 매우 빠른 속도로 커져 온 것이 사실이다. [그림 2-4]는 그들의 논문에 나오는 Figure 1을 약간 수정한 것인데, 1970년대 중반까지만 해도 평평한 모습을 보이던 곡선이 그 뒤로 갑자기 위로 솟아

[그림 2-4] 기업 임원 총 보수 중위값의 변화 추이(1936~2005년)

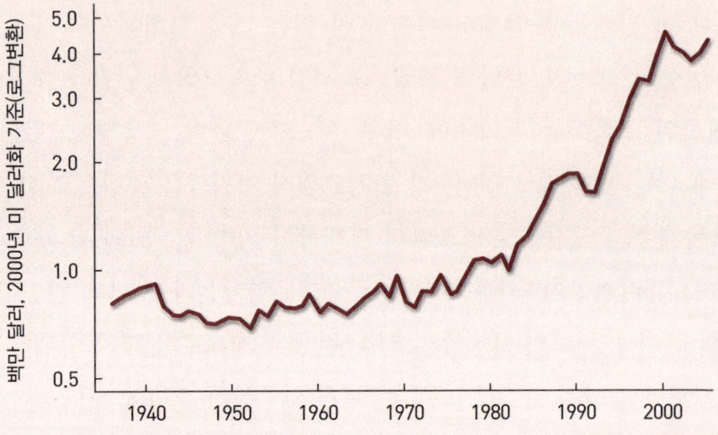

자료 : Carola Frydman and Raven Saks(2010), Figure 1

오르는 모양을 하고 있는 것을 볼 수 있다.[11)]

기업 임원들 중에서도 특히 고위직으로 갈수록 보수의 증가 속도가 상대적으로 더 빠른 것을 볼 수 있다. 언론에서도 자주 보도되고 있지만, 몇몇 스타급 최고경영자들이 받는 보수는 거의 천문학적 수준으로 높아져 있는 것을 볼 수 있다. 커니언 등(M. Conyon *et al.*, 2009)이 조사한 바에 따르면 미국 기업 최고경영자들이 받는 보수의 중위값은 영국의 경우에 비해 23%가 높고 유럽 대륙의 경우에 비해서는 무려 55%나 더 높다고 한다. 미국 기업들의 최고경영자들은 유럽 대륙 기업의 최고경영자에 비해 평균적으로 거의 두 배에 이르는 보수를 받고 있다는 말이다.

이와 같은 기업 최고위직 임원들의 약진은 미국 기업들의 성과가 전

[그림 2-5] 100대 기업 최고경영자의 보수와 평균임금의 변화 추이

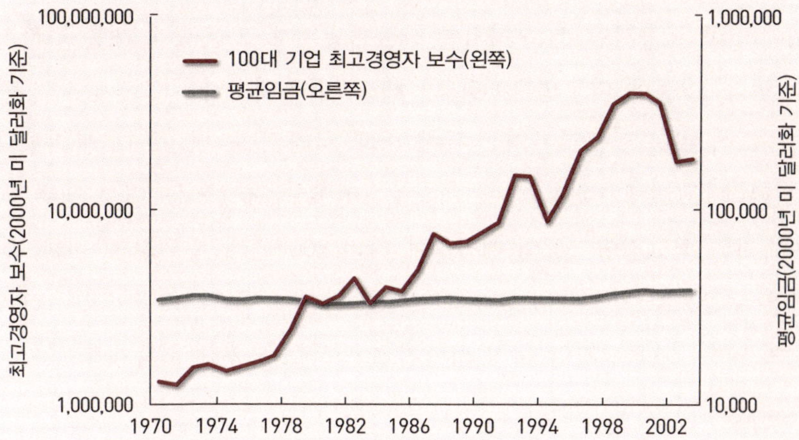

자료 : Thomas Piketty and Emmanuel Saez(2007a), Table 5B.4

반적으로 좋아졌고 이에 따라 기업과 관련된 모든 사람이 그 과실을 고루 나누었기 때문에 발생한 현상은 결코 아니었다. 1980년대 이래 미국 기업들의 성과가 눈부시게 향상되어 왔다는 증거가 없을 뿐 아니라, 중하위직 사원들의 보수는 제자리를 맴돌아 온 것을 보면 잘 알 수 있는 일이다. 피케티-사에즈(T. Piketty and E. Saez, 2007a)의 Table 5B.4에 제시된 자료에 기초해 그린 [그림 2-5]를 보면 1970년에서부터 2000년대 초에 이르는 기간 동안 NIPA National Income and Products Accounts의 총임금 수치를 총피고용인 수로 나눈 값인 평균임금이 거의 아무런 변화 없이 일정한 수준에 머물러 온 것을 볼 수 있다.[12] 이에 비해 상위 100개 기업의 최고경영자가 얻은 보수는 급격한 상승추세를 보여 좋은 대조를 이루고 있다.

해커-파이어슨(J. Hacker and P. Pierson, 2010)이 제시한 수치를 보면, 1980년대 이래 진행되어 온 최고위직 임원들의 약진이 미국 사회에 얼마나 극적인 소득 격차를 만들어냈는지 그 윤곽을 대충 짐작할 수 있다. 그들에 따르면 1965년만 해도 미국 대기업 최고경영자의 평균소득이 평균적 근로자의 소득에 비해 24배 정도 더 큰 데 불과했다고 한다. 그런데 1980년대에 시작해 1990년대에 들어오면서 한층 더 가속화된 최고경영자들의 대약진에 따라 2007년에는 무려 300배나 더 높은 수준으로 치솟아 오르게 되었다고 말한다. 불과 42년이라는 그리 길지 않은 기간에 기업 내의 최상위 소득계층과 중간 소득계층 사이의 소득 격차가 무려 10배가 넘는 폭으로 확대되는 결과가 빚어졌다.

그렇다면 1980년대 이래 계속 진행되어 온 기업 최고위직 임원들의 약진을 무엇으로 설명할 수 있는지가 문제가 된다. 경제이론의 관점에서 보면 이들에게 높은 보수를 주는 것이 기업 혹은 주주의 입장에서 이득이 된다는 설명이 가장 자연스러울 텐데, 문제는 왜 하필이면 1980년대 이후 이런 인식이 갑자기 높아지게 되었느냐에 있다. 그 이전에는 상황이 달랐기 때문에 최고위직 임원들에게 높은 보수를 주는 것이 기업의 이익과 부합하지 않았을까? 아니면 그 이전에는 그들에게 높은 보수를 주는 것이 기업의 이익과 부합된다는 사실에 대한 인식이 부족했던 것일까?

첫 번째 가설로 제기된 것은 주주자본주의로 대표되는 미국의 기업문화에서 주주가치shareholder value의 극대화가 특히 중시되고 있다는 점이 최고위직 임원들의 높은 보수와 밀접한 관련을 갖는다는 주장이다. 유럽 대륙이나 일본의 기업들처럼 주주들의 분포가 상대적으로 더 집중되어 있는 양상을 보이는 데다가 주주 이외의 이해당사자

stakeholder들도 상당한 영향력을 갖는 상황에서는 주주가치 극대화가 상대적으로 덜 강조되는 경향이 있다. 이에 비해 미국의 기업문화에서는 주주가치 극대화가 다른 어떤 목표보다도 더 중시되고 있다. 젠슨-머피(M. Jensen and K. Murphy, 2004)가 지적하는 것처럼, 미국 경제가 전반적으로 어려운 상황인 데다가 주식가격도 하향세를 보였던 1970년대에 들어오면서 특히 주주가치 극대화를 강조하는 경향이 더욱 강해지기 시작했다. 이와 더불어 주주가치 극대화를 추구하는 과정에서 불가피하게 발생하는 주주와 전문경영인 사이의 본인-대리인 문제principal-agent problem에 대한 관심이 커지게 되었다.

바로 이 본인-대리인 문제에 대한 해결책으로 등장한 것이 주식옵션stock option이며, 이에 따라 기업 최고위직 임원에게 지급되는 보수 중 주식옵션이 차지하는 비중이 급격하게 커지기 시작했다. 젠슨-머피에 따르면 1970년대만 하더라도 기업 최고위직 임원들의 보수는 거의 대부분이 정규 급여와 성과에 연동된 (현금) 보너스로 구성되어 있었다고 한다. 1960년대에 임원들에게 주식옵션을 지급하는 것이 한때 성행한 적이 있었지만, 1970년대 들어오면서 주식가격이 제자리걸음을 하면서 주식옵션으로 지급하는 방식의 인기가 떨어졌다.

젠슨-머피는 1980년대에 들어오면서 주주이익 보호를 위한 행동가들과 학자들이 최고위직 임원들에게 지급되는 보수를 기업의 가치와 연동하게 만드는 개혁의 필요성을 강조하고 나섰다는 데 주목한다. 주식옵션이나 다른 형태의 주식가격에 기초한 유인을 제공함으로써 전문경영인들이 자발적으로 주주가치 극대화에 앞장서게 만들어야 한다는 주장이었다. 바로 이와 같은 압력이 기업들로 하여금 임원들에게 지급되는 보수 중 주식옵션의 비중을 급격하게 늘리는 원인이 되었다는 것

이 그들의 견해다.[13)]

그들에 따르면 1970년에 S&P 500대 기업의 최고경영자가 받던 평균 보수가 85만 달러에 불과했는데, 2000년에는 1천4백만 달러로 치솟게 되었다고 한다. 무려 15배나 더 높은 수준으로 뛰어올랐다는 말인데, 총 보수 중 현금으로 지급되는 부분은 3배 정도 오른 데 지나지 않았다. 이는 주식옵션 등 기업 임원들에게 유인의 성격으로 지급된 보수의 증가 속도가 특히 빨랐음을 뜻한다.[14)] 1천4백만 달러라는 2000년의 (평균적) 총 보수 중 그 절반에 해당되는 7백만 달러가 주식옵션의 가치였다고 한다. 1990년대에서 2000년대 중반까지 미국 주식시장이 활황세를 보임에 따라 이들이 받은 주식옵션의 가치도 엄청난 규모로 커졌음은 두말할 나위도 없다. 최상위 소득계층에 기업 최고위직 임원들이 다수 포진하게 된 연유가 바로 여기에 있다고 보는 견해가 있다.

두 번째 가설은 미국 기업들의 규모가 커져 옴에 따라 기업 최고위직 임원들의 보수도 함께 커져 왔다는 주장이다. 가베-랜디어(X. Gabaix and A. Landier, 2008)는 어떤 능력의 소유자가 어떤 기업의 최고경영자가 되느냐를 보면 가장 능력 있는 최고경영자가 가장 규모가 큰 기업의 경영을 맡게 된다는 결론을 내렸다. 그렇게 되어야 능력 있는 사람들일수록 더 큰 영향력을 발휘해 경제적 효율이 극대화되기 때문이라는 것이다. 그들의 말에 따르면, 어떤 최고경영자의 보수는 그가 경영하는 기업의 규모와 경제 전체의 평균적 기업 규모와 비례해 커진다고 한다.

가베-랜디어는 바로 여기에서 미국 기업 최고경영자의 보수가 급격하게 커진 이유를 찾았다. 즉 미국에 비해 유럽이나 일본 기업의 최고경영자가 받는 보수가 상대적으로 더 낮은 것을 볼 수 있는데, 그 나라들에서 기업들의 시장가치가 미국처럼 빨리 커지지 못했다는 데 그 이유가 있다고 설명하는 것이다. 그들은 최고경영자의 보수가 나라들 사이에서 차이가 나는 것의 상당 부분을 이와 같은 기업 규모의 차이로 설명할 수 있을 것이라고 덧붙였다. 1990년대와 2000년대 중반까지 미국 기업들의 주식가격은 다른 나라 기업들에 비해 상대적으로 더 빨리 상승해 왔는데, 바로 이 사실이 미국 기업 최고위직 임원들의 약진을 설명하는 열쇠가 된다는 것이 그들의 견해다.

가베-랜디어에 따르면, 1980년에서 2003년에 이르는 기간 동안 미국 대기업 최고경영자들의 평균적 보수가 6배 더 높은 수준으로 뛰어올랐다고 한다. 그런데 이 기간 동안 대기업들의 평균적 규모도 똑같이 6배로 증가했다는 것이 그들의 지적이다. 그들은 이 두 수치 사이에 밀접한 관계가 있다고 본다. 즉 기업의 규모가 6배로 늘어나면 최고경영자의 생산성도 6배로 늘어나고, 따라서 그들이 받는 보수도 6배로 늘어난다는 것이 그들의 견해다. 그들이 수행한 캘리브레이션 결과에 따르면, 기업의 규모가 커짐에 따라 최고경영자 사이의 작은 능력의 차이가 커다란 보수의 차이로 증폭되는 결과가 나타난다고 한다. 이와 같은 분석 결과에 기초해 그들은 최근에 관찰되는 미국 기업 최고위직 임원들의 약진이 단지 시장에서 이루어진 균형의 결과일 뿐 여기서 다른 특별한 의미를 찾을 수 없다는 결론을 내리고 있다.

세 번째 가설은 현대 기업을 경영하는 데 필요한 경영자적 능력의 성격이 달라진 것과 최고경영자의 보수가 급격히 커진 것이 밀접한 관련을 갖는다는 견해다. 머피-재보즈닉(K. Murphy and J. Zabojnik, 2004)에 따르면, 과거에는 자신이 경영하는 기업과 관련된 지식, 예를 들어 자기 회사 상품의 시장, 공급자, 고객 등에 관한 지식을 풍부하게 갖고 있는 경영자들이 좋은 대우를 받았다고 한다. 이는 자신이 경영하는 기업과 특별한 관련을 갖는 경영자적 능력이 중시되었다는 것을 뜻한다. 그러나 현대의 기업에서는 기업들 사이에서, 심지어는 산업들 사이에서도 쉽게 이전될 수 있는 일반적인 성격을 갖는 경영자적 능력이 중시되는 분위기로 바뀌었다는 것이 그들의 설명이다. 경제학과 경영학의 발전에 힘입어 어떤 한 기업을 경영하는 데 쓸모가 있는 능력은 다른 기업에서도 쓸모가 있는 일반적인 성격을 갖게 되었기 때문이라는 것이다.

머피-재보즈닉이 만든 모형에서 기업은 최고경영자 자리를 내부 승진에 의해 채울 것인지 아니면 외부 인사를 영입해 채울 것인지를 선택하게 된다. 경영자적 능력 중 특정 기업과만 관련을 갖는 능력이 중시되느냐 아니면 일반적인 능력이 중시되느냐에 따라 그 선택이 달라진다. 그들의 모형을 분석해 보면 일반적인 능력이 중시될수록 외부 인사의 영입이 더 많아지고, 최고경영자의 평균적 균형임금이 올라가는 결과가 나타난다. 그 직관적 이유는 경영자 시장에서 다른 기업에도 활용될 수 있는 일반적인 성격의 경영자적 능력은 가격이 매겨지는 데 비해, 특정 기업과만 관련을 갖는 경영자적 능력은 가격이 매겨지지 않기 때문이라고 한다. 결론적으로 말해 1980년을 전후해 일반적 성격을 갖는 경영자적 능력의 중요성이 강조되는 풍토로 바뀌면서 최고경영자의 보수가 급격하게 증가하기 시작했다는 것이 이 가설의 해석이다.

이상에서 설명한 세 가지 가설은 그 이유가 어찌 되었든 간에 최고경영자를 비롯한 최고위직 임원에게 높은 보수를 지급하는 것에는 그 나름대로의 경제적 논리가 깔려 있다고 보는 공통점을 갖는다. 바꿔 말하면 높은 보수를 지급하는 것이 기업의 관점에서 볼 때 이득이 되는 점이 있기 때문에 그런 정책을 쓴다고 보는 것이 이 가설들의 공통점이라는 것이다.

이와 대조적으로 경제적 논리와는 별 상관없는 이유, 예를 들면 최고경영자들이 자신의 이익을 추구하는 적극적 행위의 결과로서 이들의 보수가 급격하게 상승하기 시작했다고 보는 견해가 있다. 이와 같은 견해의 대표적 사례가 벱축-프라이드(L. Bebchuk and J. Fried, 2003, 2004, 2006)로 대변되는 경영자권력managerial power가설 혹은 지대수취rent extraction가설이라고 부르는 이론이다.

순수한 경제이론의 관점에서 보면 대리인인 전문경영인이 주주가치의 극대화를 추구하지 않을 가능성이 크고, 따라서 적절한 유인을 부여해 주주가치의 극대화를 추구하도록 이끄는 것이 필요하다. 그러므로 주주의 이익을 대변하고 있는 이사회는 전문경영인에게 지급하는 보수 패키지를 통해 적절한 유인을 부여하도록 노력하게 된다. 최고경영자 보수에 관한 최적계약은 이사회와 최고경영자 사이에 적절한 거리arm's length를 둔 상황에서 이루어지는 협상의 결과로서 실현되거나, 양자가 그와 같은 계약을 맺도록 유도하는 시장의 제약에 의해 실현된다. 최고경영자의 보수가 이와 같은 과정에 의해 결정된다고 보는 것이 바로 최적계약optimal contract가설이다.

그러나 현실은 이와 크게 다를 수 있다는 것이 벱축-프라이드의 주장이다. 그들은 전문경영인이 자발적으로 주주가치의 극대화를 추구할 것이라고 기대할 이유가 없는 것처럼 주주의 이익을 대변해야 할 이사회가 주주가치 극대화를 추구할 것이라고 기대할 이유도 없다고 말한다. 이사들의 행위 역시 본인-대리인 문제에서 자유로울 수 없기 때문에 이들이 전문경영인과 주주 사이의 본인-대리인 문제를 효과적으로 해결해 주기를 기대할 수 없다는 것이다. 바로 이 점에서 최적계약가설은 명백한 한계를 가질 수밖에 없다고 보는 그들은 전문경영인이 스스로의 보수를 결정하는 데 상당한 영향력을 갖는다는 경영자권력가설을 제기했다.

벱축-프라이드는 현실에서 이사들은 최고경영자에게 유리한 보수 패키지를 지지해야 할 충분한 이유를 갖는다고 지적한다. 비록 주주의 입장에서 볼 때는 그것이 바람직하지 않다 하더라도, 이사 개인의 이해관계에서 보면 최고경영자에게 (불필요하게) 높은 보수를 지급하는 데 구태여 반대할 이유가 없기 때문이라는 것이다. 말하자면 이사들 자신이 주주의 대리인으로서 도덕적 해이를 저지를 가능성이 크다는 뜻으로, 그 결과 최고경영자는 자신의 보수를 마음대로 올릴 수 있는 능력을 갖게 된다.[15)]

이때 최고경영자가 받는 보수 중 상당 부분이 그가 기업의 이익에 기여한 바를 초과하는 지대rent의 성격을 갖게 된다. 최고경영자가 받는 높은 보수는 이와 같은 전문경영인의 지대추구행위의 결과로 볼 수 있다는 것이 경영자권력가설의 주장이며, 이런 이유 때문에 이 이론을 지대수취가설이라는 이름으로도 부르는 것이다.

현실에서 이사들이 최고경영자에게 유리한 보수 패키지를 지지하는 태도를 취하게 될 주요한 이유들로 벱축-프라이드가 들고 있는 것은 다음과 같다. 첫째로 이사직에 따르는 금전적, 비금전적 혜택이 크기 때문에 이사들은 다시 그 자리에 뽑히기를 바라는 것이 보통인데, 이사 임명 과정에서 최고경영자가 상당한 영향력을 발휘할 수 있다는 점이다.[16)] 이사가 되려면 우선 회사가 선정한 이사 후보 명단에 들어야 하는데, 최고경영자는 이 명단에 누구를 넣고 뺄지에 대해 막강한 영향력을 행사할 수 있다. 따라서 최고경영자의 눈 밖에 난 사람은 임기가 끝난 후 다시 이사직을 갖는 것이 불가능하게 되는데, 이런 상황에서 최고경영자에게 유리한 보수 패키지에 반대해 미움을 사려는 사람은 별로 없을 것이다.

둘째로 최고경영자가 개별 이사들 혹은 이사회 전체를 위해 해줄 수 있는 일이 많기 때문에 이사들은 최고경영자의 심기를 건드리지 않으려 한다는 점을 든다. 예를 들어 이사회의 의장으로서 최고경영자는 이사들에게 지급되는 보수에 결정적인 영향력을 행사할 수 있다. 이사들이 최고경영자의 높은 보수를 눈감아 주는 경우 최고경영자는 이사들에게 후한 보수를 지급해 보답할 수 있다. 최고경영자는 기업이 보유하고 있는 자원에 거의 독점적인 영향력을 갖고 있기 때문에 여러 가지 방법으로 협조적인 개별 이사 혹은 이사회에 보답할 수 있다. 이와 같은 상황은 최고경영자와 이사회 사이에 상호 협조의 분위기를 만들어내게 되는데, 그렇기 때문에 이사회는 최고경영자에게 지급되는 보수에 제동을 걸 수 없게 된다는 것이 벱축-프라이드의 지적이다.

셋째로 이미 회사의 최고경영자 혹은 최고위직 임원과 밀접한 인간관계를 맺고 있었던 사람들이 주로 사외이사로 뽑힌다는 점을 든다. 심지어 이사가 되기 전에는 최고경영자와 전혀 알지 못하던 사람들조차 일단 이사직을 맡은 다음에는 최고경영자와 친밀한 인간관계를 맺게 되고 나름대로의 충성심이 생기는 것이 보통이다. 또한 최고경영자와 이사들은 함께 일하는 과정에서 동료로서의 유대감을 형성하게 되기 때문에 이사의 입장에서 최고경영자가 바라는 바를 무시하기 힘든 상황이 된다. 이와 같은 분위기에서 이사들이 최고경영자가 받는 보수에 대해 시비를 걸기는 힘들 수밖에 없다.

경영자권력가설은 최고위직 임원이 받는 높은 보수가 본인-대리인 문제의 해결책으로 등장한 것이 아니라 바로 그 문제의 일부가 표출되어 나온 것이라고 본다. 즉 그들의 높은 보수는 효율성을 제고하기 위한 유인으로서가 아니라 전문경영인의 지대추구행위의 결과로서 나타난 것이라고 본다는 뜻이다. 이런 문제는 이사회가 잠시 실수를 하거나 판단 착오를 일으켜 생긴 일시적인 문제가 아니라, 전문경영인이 이사회에 상당한 영향력을 행사할 수 있도록 만든 지배구조의 결함에서 발생한 본질적인 문제라고 본다. 전문경영인과 이사회가 적당한 거리를 두고 협상을 한 결과로서가 아니라, 상호간의 이해관계로 인해 밀착된 상황에서 전문경영인의 보수를 승인하기 때문에 생긴 구조적인 문제라고 인식한다는 것을 뜻한다.

최고위직 임원들이 그들의 생산성 이상으로 높은 보수를 받는 것이 문제가 된다면, 결국 기업 지배구조에 문제가 있어서 그런 문제가 발생한 것으로 볼 수 있다. 즉 이들의 보수를 결정할 때 이사회가 오직 주주의 이해관계에만 초점을 맞춰 의사결정을 할 유인이 결여되어 있기 때문에 생긴 문제로 볼 수 있다는 말이다.

벱축-프라이드(L. Bebchuk and J. Fried, 2003)는 지배구조의 개선과 더불어 그 문제가 어느 정도 해결될 수 있으리라고 예상한다. 예를 들어 이사회에서 사외이사의 비중이 높아지면 최고경영자에 대한 견제가 좀 더 활발해질 수 있고 이에 따라 최고경영자 보수의 급상승에 어느 정도 제동을 걸 수 있을 것이라고 말한다. 또한 대주주, 특히 기관투자가 대주주가 존재해 최고경영자를 견제할 수 있는 경우에도 최고경영자 보수의 급상승을 막을 수 있다고 말한다.[17)]

경영자권력가설은 전통적인 경제이론과 다른 시각에서 최고위직 임원의 높은 보수를 설명하고 있기 때문에 당연히 많은 논란의 대상이 될 수밖에 없었다. 머피-재보즈닉(K. Murphy and J. Zabojnik, 2004)은 경영자권력가설이 설득력을 가질 수 없는 이유로 다음과 같은 것들을 들고 있다. 첫째로 경영자들은 1980년대 이전에도 가능한 한 더 많은 지대를 획득하려고 노력했을 텐데, 그 노력이 왜 그때는 성공을 거두지 못하고 1980년대 이후에야 성공을 거두기 시작했는지 설명하기 어렵다는 점을 든다. 이를 설명하기 위해서는 1980년대 이후 전문경영인에 대한 이사회의 통제력이 현저히 약화되었음을 보일 수 있어야 하는데, 실증연구의 결과를 보면 현실의 상황은 오히려 그 반대처럼 보인다는 것이 그들의 지적이다.

홈스트롬-캐플런(B. Holmstrom and S. Kaplan, 2001)은 1980년대 이래 미국 기업들의 지배구조에 극적인 변화가 나타났는데, 기업 목표로서 주주가치의 극대화가 한층 더 강조됨과 더불어 이사회와 주주의 경영 참여가 대폭 확대된 것이 그 주요한 내용이라고 말한다. 또한 대규모의 인수합병M&A 시도와 더불어 기업의 구조개편 노력이 강화됨에 따라 자본시장의 통제력이 더욱 강화된 것을 관찰할 수 있었다고 한다. 이는 전문경영인의 지대추구행위의 결과로 1980년대 이래 최고위직 임원의 보수가 급격하게 상승했다는 경영자권력가설과 일관되지 않는 상황임이 분명하다. 주주와 이사회의 참여 폭이 늘어났다는 것은 전문경영인이 자신의 보수를 마음대로 올릴 수 있는 능력이 그만큼 줄어들었음을 뜻하기 때문이다.

머피-재보즈닉이 두 번째로 지적하는 점은 경영자권력가설이 정당화되기 위해서는 이사회와 상대적으로 더 밀접한 관계를 맺고 있는 내부 출신 인사가 최고경영자가 되었을 때 외부 출신 인사가 최고경영자가 되었을 때에 비해 더 높은 보수를 받는 경향을 관찰할 수 있어야 한다는 것이다. 그러나 자신들이 분석한 결과에 따르면 내부 출신 인사가 최고경영자가 된 경우에 비해 외부 출신 인사가 최고경영자가 된 경우에서 보수가 15.3%나 더 높았다고 한다. 더군다나 양자 사이의 격차는 시간이 흐름에 따라 더 벌어져 1970년대에는 6.5%였던 것이 1980년대에는 17.2%로 커지고, 1990년대에는 21.6%로 더욱 높아졌다고 한다.

캐플런-라우(S. Kaplan and J. Rauh, 2009)는 1994년부터 2004년에 이르는 기간 동안 소득이 아주 크게 늘어난 집단은 경영자권력과 아무 관련이 없는 금융업계의 전문가였다는 점을 들어 경영자권력가설을 비판하고 있다.[18] 이들에 따르면 그 기간 동안 기업의 최고위직 임원들이 최상위 소득계층 0.1%나 0.01%에서 차지하는 비중은 별 변화가 없었다고 한다. 반면에 헤지펀드 관리자, PE 투자가, VC 투자가 등 금융업계의 전문가들이 차지하는 비중은 매우 빠른 속도로 증가했다는 것이다. 이 사실을 고려하면 강력한 최고경영자와 취약한 기업지배구조를 통해 미국 사회의 전반적 불평등성 증가 현상을 설명하는 데는 명백한 한계가 있다는 결론을 내릴 수밖에 없다는 것이 그들의 주장이다.

불평등성 심화와 관련된 미국 사회의 독특한 여건 - 제도적, 정치적 측면

1980년대 이래 미국 사회에서 진행되어 온 불평등 심화 현상은 최상위 소득계층의 약진과 더불어 하위 소득계층의 후퇴라는 양극화의 진전을 뜻한다. 미국 사회의 독특한 여건이라는 관점에서 하위 소득계층의 후퇴를 가져온 주요인을 찾아보면 가장 두드러지는 것이 바로 제도적 특성이다. 르바이-테민(F. Levy and P. Temin, 2007)은 제2차 세계대전 이후 1970년대까지 미국 경제가 가졌던 제도적 특성을 '디트로이트협약'Treaty of Detroit 체제라고 표현한다. 디트로이트협약이란 1950년 미국의 3대 자동차 회사와 연합자동차노조United Auto Workers 사이에 맺어진 협약을 뜻하는데, 노조가 어떤 문제에 대해 교섭권을 포기하는 대신 근로자에게 건강보험과 연금을 포함해 광범위한 혜택을 제공하기로 약속한 내용을 담고 있었다.

그 후 이 협약은 자동차 산업뿐 아니라 다른 산업에서도 노사관계의 기본틀을 형성하게 되었다. 즉 자동차 산업 이외의 산업에서도 이와 비슷한 성격의 상호협조적 노사관계가 수립되어 전 산업을 아우르는 하나의 체제를 이루게 되었는데, 이를 가리켜 디트로이트협약 체제라고 부른 것이다. 디트로이트협약 체제의 등장은 육체노동자들도 중산층의 대열에 합류할 수 있는 기회를 갖게 되었음을 뜻한다. 그 결과 광범위한 중산층이 형성되어 한동안 미국 사회의 특징으로 인식되어 온 '중산층 사회'의 시대가 열리게 되었다.

르바이-테민은 1980년대에 들어오면서 디트로이트협약 체제가 신자유주의적인 워싱턴합의Washington Consensus 체제로 바뀌게 되는데, 미국 사회의 불평등 심화 현상은 바로 이 체제 변화와 밀접한 관련을 갖는다고 말한다.[19] 디트로이트협약 체제는 노조의 강력한 영향력과 누진적 과세, 그리고 높은 (실질)최저임금으로 대표될 수 있다. 이렇게 성장의 과실을 모든 계층에 고루 나누는 데 주안점을 둔 제도적 특성으로 인해 1970년대 말 이전까지 소득분배 평등화의 추세가 지속될 수 있었다. 이에 비해 약화된 노조, 노동시장 유연화, 낮은 최저임금으로 대표되는 워싱턴합의 체제하에서는 하위 소득계층의 후퇴가 필연적으로 일어날 수밖에 없었다는 것이 그들의 견해다.

르바이-테민은 숙련편향기술변화와 세계화의 진전에 내포되어 있는 불평등화 요인이 워싱턴합의 체제가 의미하는 제도적 특성에 의해 더욱 강력한 영향을 발휘하는 결과가 빚어졌다고 설명한다. 다시 말해 디트로이트협약 체제로 대변되는 제도적 장치가 그대로 남아 있었다면 숙련편향기술변화와 세계화의 진전이 불평등성 심화에 미치는 영향은 상당히 완화될 수 있었을 것이라는 해석이다. 이는 불평등성 심화 현상의 핵심적 요인이 숙련편향기술변화와 세계화의 진전 그 자체는 아니라는 뜻이 된다. 비슷한 여건에 처해 있던 다른 나라들에 비해 미국 사회의 불평등성 심화 현상이 특히 현저하게 나타난 것을 이해하기 위해서는 미국의 독특한 제도적 특성에 주목해야 한다.

르바이-테민은 1970년대 말 미국 경제가 급격한 침체를 경험하고 있을 때 거시경제적 문제를 해결하기 위해 탈규제와 민영화라는 미시경제적 정책 변화를 추구한 결과 워싱턴합의 체제가 탄생하게 되었다고 설명한다. 이와 같은 미시경제적 정책 변화는 경제의 효율성을 높인다는 명분을 갖고 있었는데, 소득분배 구도에 뜻하지 않은 항구적 변화, 즉 지속적인 불평등 심화를 가져오게 되었다는 것이 그들의 지적이다. 워싱턴합의 체제에는 시장의 역할을 극대화하고 이로 인해 발생하는 분배상의 불평등은 사후적인 재분배를 통해 해결하자는 암묵적인 합의가 내포되어 있다. 그러나 그와 같은 사후적 재분배를 실행에 옮길 수 있는 제도적 장치와 정치적 의지의 결여가 필연적으로 불평등의 심화를 가져오게 되었다는 것이 르바이-테민의 결론이다.

제도적인 변화가 불평등 심화의 주요인이라는 주장은 포틴-르미외

(N. Fortin and T. Lemieux, 1997)에 의해서도 제기되었다.[20] 그들은 1980년대에 일어난 세 가지의 주요한 제도상 변화, 즉 최저임금 실질 가치의 하락, 노조 조직률 하락, 그리고 탈규제의 움직임이 불평등 심화의 주요인이었다고 주장한다. 노조 조직률의 하락은 특히 남성 근로자들 사이의 임금 격차 심화에 큰 영향을 미쳤던 반면, 최저임금의 실질가치 하락은 여성 근로자들 사이의 임금 격차 심화의 주요인이 되었다고 한다. 제도적 요인이 임금 격차 심화를 완화시켜 주는 역할을 할 수도 있었는데, 미국에서는 1980년대를 즈음한 제도적 변화로 인해 오히려 그런 역할이 줄어들었고 그 결과 빠른 속도로 분배의 불평등이 심화되었다는 것이 그들의 주장이다.[21]

이와 같은 제도적 변화는 그즈음 발생한 정치적 기류의 변화와 밀접한 관련을 갖고 있다. 좀 더 구체적으로 말하면 미국 정치의 보수화가 불평등성의 심화를 부추기는 제도적 변화를 가져온 원인이라고 볼 수 있는 것이다. 해커-파이어슨(J. Hacker and P. Pierson, 2010)은 소득분배에 관한 국제적 연구 계획인 룩셈부르크소득연구Luxemburg Income Study에 의해 수집된 분배 관련 데이터에 기초해, 미국을 제외한 다른 나라 정부는 경제적, 사회적 요인에 의한 불평등성 심화 현상에 대해 적극적으로 대응한 데 비해 미국 정부는 이렇다 할 대응을 하지 않았을 뿐 아니라 오히려 그 현상을 조장하는 역할까지 했다는 결론을 내렸다.

해커-파이어슨은 미국 정부가 최저임금이나 빈민에 대한 지원과 관련해 인색한 태도를 취한 것도 문제였지만, 더 큰 문제는 부유층에게 유리한 정책을 지속적으로 추구해 승자독식의 구도를 한층 더 강화했다는 데 있었다고 본다. 그들은 정부가 때로는 어떤 행동을 함으로써 때로는 고의적으로 어떤 행동을 취하지 않음으로써 부유층을 더욱 부유하게 만드는 데 한몫을 했다고 지적한다. 그 좋은 예로 그들은 정부가 금융업계에 대해 취한 태도를 들고 있다. 울프M. Wolf가 지적한 것처럼, 미국의 금융업계는 '이익을 사유화하는 한편, 손실은 사회화하는 데 남다른 재주를 가진 산업'이다.[22] 그런데도 미국 정부는 금융업에 대한 규제를 계속 풀어 나감으로써 그들의 사익 추구에 오히려 날개를 달아준 결과를 빚었다.

예를 들어 대규모 손실이 공표되기 시작하기 직전인 2006년과 2007년 두 해 동안 골드만 삭스, 메릴 린치, 모건 스탠리, 리먼 브러더스 등 굴지의 금융기업들은 무려 656억 달러에 이르는 보너스 잔치를 벌였다. 곧 수많은 투자자들이 엄청난 손실을 입게 되는데, 이 상황에서 금융업계의 최고위직 임원들은 자기네들끼리 돈 잔치를 벌이고 있었던 것이다.[23] 금융업에 대한 탈규제의 바람과 더불어 이에 종사하는 운 좋은 소수의 사람들은 막대한 지대를 획득하게 되었다. 더욱 어처구니없는 일은 글로벌 금융위기에서 벗어나기 위해 막대한 구제자금이 투입되는 상황에서도 거대 금융업체의 임원들은 보너스 잔치를 벌이고 있었다는 사실이다. 그런 일이 벌어져도 정부가 이에 대해 이렇다 할 조처를 취하지 않고 팔짱을 낀 채 방관만 했다는 것은 모두가 잘 알고 있는 사실이다.

승자독식 경제의 뿌리를 찾아가 보면 결국 승자독식정치winner-take-all politics에 이르게 된다는 것이 해커-파이어슨의 결론이다. 미국 정치가 추구하는 이상은 두말할 나위도 없이 모든 사람이 갖는 동등한 권리와 영향력이지만 현실은 이와 크게 다르다고 본다. 가난한 계층의 선호가 정책에 반영될 가능성은 아주 희박한 반면, 부유한 계층의 선호가 정책에 반영될 가능성은 아주 큰 것이 현실이라는 뜻이다. 이는 정치자금을 얼마나 확보하느냐가 정치적 성공을 크게 좌우하는 미국의 정치 풍토에서 특히 현저하게 나타날 수 있는 현상이다. 따라서 정책은 자연스럽게 부유층에게 유리한 방향으로 흘러가 불평등의 심화를 가져오고, 그렇게 되면 부유층의 영향력은 더욱 강력해지는 순환고리가 만들어진다. 이는 승자독식의 경제와 승자독식의 정치가 불가분의 밀접한 관련을 갖고 있다는 뜻이다.

정치학자 길런즈(M. Gilens, 2005)가 1981년부터 2002년에 걸쳐 수행한 대규모 서베이의 분석 결과에 따르면, 이와 같은 예상이 그대로 들어맞고 있음을 발견할 수 있다. 실제로 수행되는 정책을 보면 부유층의 선호를 강하게 반영하고 있는 한편 중산층 혹은 빈곤층의 선호와는 거의 관계가 없음이 드러난다는 것이다. 이와 같이 어떤 소득계층의 선호인지에 따라 각기 다른 정도로 정책에 반영되는 미국 정치의 현실은 모든 시민이 동등하다는 미국 정치의 이상과 크게 동떨어져 있다는 것이 길런즈의 결론이다. 그는 완벽한 정치적 평등성이 현실적으로 기대하기 어려운 목표임을 인정한다 하더라도, 그 정도로 소득계층 간의 격차가 심하다는 것은 미국 정치의 민주적 성격을 의심할 수밖에 없도록 만든다고 말한다.

정당정치의 성격과 정치 지도자의 이념적 성향은 미국 사회의 분배 상황에 많은 영향을 미쳐 왔다. 이 점에서 볼 때 최근 미국 사회에서 빠른 속도로 진행되어 온 불평등의 심화는 상당한 정도로 정치적 현상의 성격을 갖는다는 것이 정치학자 바텔즈(L. Bartels, 2008)의 해석이다. 좀 더 구체적으로 말해 미국 정치의 보수화가 불평등의 심화와 밀접한 관계를 갖는다고 말한다.

바텔즈에 따르면 민주당이 집권했을 때보다 공화당이 집권했을 때 불평등의 심화가 상대적으로 더 빠른 속도로 진행되어 온 것을 볼 수 있다고 한다. 그는 민주당이 집권했을 때 평균적으로 중산층 가정의 실질소득은 공화당이 집권했을 때에 비해 2배나 더 빠른 속도로 증가한 한편, 근로 빈곤층의 실질소득은 무려 6배나 더 빠른 속도로 증가했다고 말한다. 이는 공화당이 집권했을 때 불평등성의 심화가 상대적으로 더 빠른 속도로 진행되어 왔음을 뜻한다.

[그림 2-6]은 1948년에서 2005년에 이르는 기간 동안 각 소득계층별 실질소득의 평균 증가율이 민주당과 공화당 정권하에서 각각 어떤 수준에 있었는지를 구체적으로 보여 주고 있다. 민주당이 집권했을 때는 하위 소득계층(그림의 왼쪽)으로 갈수록 실질소득의 증가율이 더

[그림 2-6] 민주당과 공화당 집권 시의 소득계층별 실질소득 평균 증가율

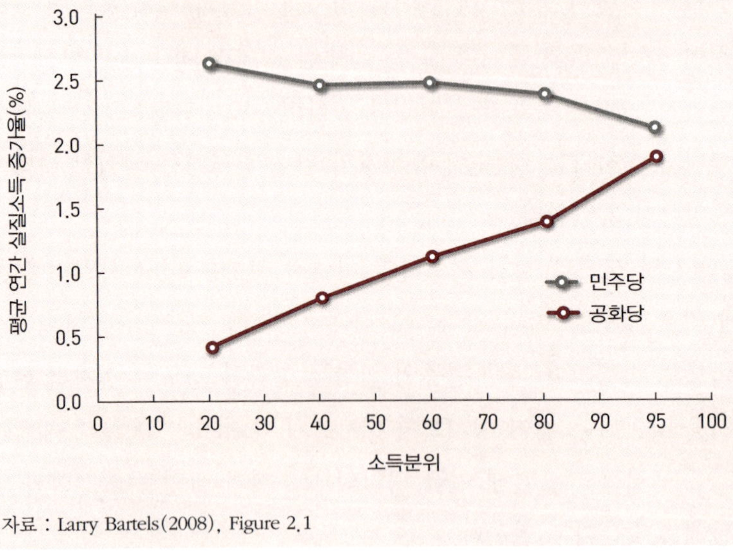

자료 : Larry Bartels(2008), Figure 2.1

높은 경향을 보인다. 반면에 공화당이 집권했을 때는 상위 소득계층(그림의 오른쪽)으로 갈수록 실질소득의 증가율이 더 큰 폭으로 상승하고 있는 것을 볼 수 있다.[24)][그림 2-7]은 같은 기간 동안 불평등도 지수가 변화해온 추이를 보여 주고 있는데, 공화당이 집권하고 있을 때는 상향추세를 보이지만 민주당이 집권하고 있을 때는 하향추세 혹은 안정추세를 나타내는 것을 볼 수 있다.[25)] 우연의 일치라고 보기에는 너무나도 분명하게 어느 정당이 집권하느냐에 따라 불평등도가 서로 다른 변화추세를 보인다는 것이 바텔즈의 지적이다.

잘 알다시피 1980년대 이래 미국 정치가 급격하게 보수화의 길을 걸어 공화당이 집권하는 기간이 크게 늘었다. 클린턴B. Clinton 행정부의 8년을 제외하고는 1981년부터 2009년까지의 긴 기간에 걸쳐 계속 공

[그림 2-7] 민주당과 공화당 집권 시의 불평등도지수

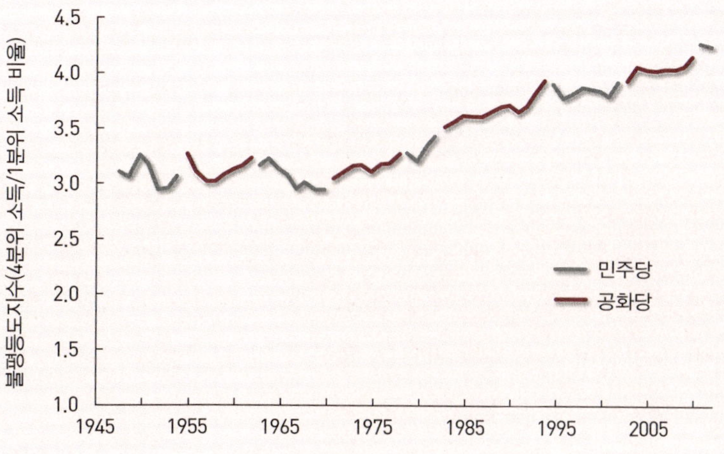

자료 : U.S. Census Bureau, *Historical Income Tables*, Table F-4

화당이 집권하고 있었다. 지금까지 인용한 정치학자들의 공통된 견해는 바로 이와 같은 정치의 보수화가 불평등 심화의 주요한 요인이었다는 것이다. 사실 정치의 보수화와 불평등의 심화 사이에는 어느 것이 원인이고 어느 것이 결과인지 잘 모를 만큼 서로 밀접하게 영향을 주고받는 관계가 존재한다. 정치의 보수화가 불평등의 심화를 가져오고, 불평등의 심화로 인해 부유층의 영향력이 더 커짐에 따라 정치의 보수화가 한층 더 심해지는 결과가 빚어질 가능성이 크기 때문이다. 바로 이런 시각에서 볼 때 다른 나라들에 비해 미국에서 일어나고 있는 불평등의 심화가 특히 현저했던 양상을 제대로 이해할 수 있다.

미국-평등한 기회의 땅?

이처럼 불평등의 심화가 심각한 양상으로 전개되고 있지만 보수파 인사들은 이에 대해 별 걱정을 하지 않는다. 그들은 설사 분배상태가 약간 더 불평등해졌다 하더라도 그것은 경제를 활성화시키는 데 든 비용의 성격을 갖는다고 주장한다. 즉 더 큰 경제성장을 위해 그 정도의 분배상태 악화는 감수해야 한다는 논리다. 그들은 경제성장이 이루어지면 결국 낙수효과를 통해 가난한 사람들에게도 그 혜택이 돌아갈 것이므로 불평등한 분배가 절대적으로 나쁜 것은 아니라고 주장한다. 또한 불평등한 분배가 사람들에게 잘살고 싶은 욕망을 불러일으켜 그들로 하여금 열심히 노력하게 만드는 유인이 된다는 것도 보수파 인사들이 즐겨 사용하는 논리다.

그러나 성장과 분배가 언제나 상충관계에 있는 것은 아니다. 다시 말해 성장을 위해서는 불가피하게 불평등한 분배를 감수해야 한다는 말이 반드시 옳은 것은 아니라는 뜻이다. 바텔즈(L. Bartels, 2008)에 따르면, 분배상태가 상대적으로 더 평등한 민주당 집권기의 평균적 경제성장률은 공화당 집권기의 그것보다 전반적으로 더 높은 수준에 있다고 한다. 물론 표본의 크기가 너무 작다는 한계는 분명하게 있으나, 성장을 촉진하려면 반드시 공평한 분배를 희생해야 한다는 논리에 대한 의문을 제기하기에는 충분한 근거를 제공해 주고 있다. 최소한 1970년대 말 이래 불평등이 심화되어 오면서 미국 경제가 한층 더 역동적이 되어 왔다는 말은 하기 힘들 것이라고 생각한다.

성장과 분배 사이에 어떤 관계가 성립하는지를 떠나, 불평등한 분배는 그 자체로 바람직하지 않은 속성을 갖고 있다. 성장의 과실이 소수의 수중에 독점되고 대다수의 사람은 그 혜택에서 소외되어 희망 없는 삶을 영위하는 사회질서는 공정성의 관점에서 심각한 문제를 갖는다. 또한 윌킨슨-피켓(R. Wilkinson and K. Pickett, 2009)이 *The Spirit Level*이란 책에서 입증하고 있듯 불평등한 분배는 몸과 마음의 병, 마약중독, 비만, 미혼모, 폭력, 범죄 등 수많은 사회적 병폐의 진원지다. 그들은 더욱 평등한 분배가 사회를 더욱 건전하게 그리고 더욱 강건하게 만든다고 힘주어 말한다. 이 점에서 볼 때 현재 미국 사회에서 진행되고 있는 불평등의 심화는 다른 어떤 사회적 문제보다 더 큰 심각성을 갖는다고 말할 수 있다.

그렇다면 미국 사회에서 오늘의 가난한 자가 내일은 부유층의 반열에 끼어들 수 있는 희망이라도 가질 수는 있는 것일까? 혹은 가난한 자의 자제가 성장한 후 수직이동을 통해 부유층으로 편입될 가능성은 있는 것일까? 만약 계층 사이의 사회적 이동성social mobility이 크다면 현재의 불평등한 분배는 어느 정도 참아낼 수 있을지 모른다. 지금 가난한 사람이라 해서 영원히 그 자리에 계속 머물러 있어야 하는 것은 아니기 때문이다.

'가난뱅이에서 부자로'from rags to riches라는 말이 있듯, 미국 사회에는 경제적, 사회적 신분 상승을 이룬 많은 신화들이 존재하고 있는 것이 사실이다. 가난한 이민자의 자제가 훌륭하게 성공을 이룩한 숱한 사례들은 미국 사회의 역동성을 말해 주는 산 증거로 자주 인용되고 있다. 19세기의 미국 소설가 앨저H. Alger가 쓴 수많은 소설들은 빈곤과 역경에 용감하게 맞서 싸움으로써 미국의 꿈을 성취한 사례들로 가득 차 있다. 그러나 미국의 사회적 이동성에 관한 연구들을 보면 이 '앨저의 신화'가 현실과 아주 동떨어진 허구임을 깨닫게 된다. 많은 연구들이 현대 미국의 사회적 이동성은 사람들이 생각하는 것만큼 크지 않다는 결론을 내고 있다는 데 주목할 필요가 있다.

예를 들어 솔론(G. Solon, 1992)은 사회적 이동성에 대한 종전의 연구들이 측정 오류나 부적절한 표본 선택 문제 때문에 과대평가된 결과를 얻었다고 지적한다. 그에 따르면 세대간 소득수준의 상관계수 값은 0.4 혹은 그 이상으로 종전의 연구에서 얻은 값보다 상당히 크다고 하는데, 이는 종전의 연구 결과가 사회적 이동성을 실제보다 과대평가하고 있었다는 뜻이다.[26] 마줌더(B. Mazumder, 2005)의 연구 결과에 따르면 상관계수의 값은 이보다도 훨씬 더 큰 0.6이나 되는 것을 볼 수 있다. 그는 재산이 적은 계층의 경우 사회적 이동성이 특히 작은 것으로 드러났다고 말하는데, 어떤 사람이 일단 빈곤의 늪에 빠지면 자식 세대에 가서도 거기서 벗어나는 것이 지극히 어렵다는 뜻이다.

미국의 사회적 이동성이 생각만큼 크지 않다는 분석 결과는 비외크룬드-잰티(A. Björklund and M. Jäntti, 1997)에 의해서도 거듭 확인되고 있다. 이들은 분배적 측면에서 미국과 스웨덴을 비교하고 있는데, 미국이 분배상태 그 자체만 볼 때 스웨덴보다 훨씬 더 불평등하지만 사회적 이동성은 더 클 것이라는 상식적 견해가 과연 현실과 부합하는지 여부를 검증해 보았다. 그런데 그들이 분석한 바에 따르면, 스웨덴의 사회적 이동성이 더 큰 것으로 나타나 그와 같은 상식적 견해에 별 근거가 없는 것으로 드러났다.

미국의 사회적 이동성에 대한 연구 결과들은 분배상태가 어느 정도 불평등하더라도 그 악영향이 높은 역동성에 의해 상쇄될 것이라는 희망이 부질없는 것임을 말해 주고 있다. 부모의 경제적 지위가 자식에게로 세습되는 경향이 강한 상황에서 불평등의 심화는 일종의 계급사회를 만들어 낼 가능성이 크다. 피케티(T. Piketty, 2014)가 말하는 세습자본주의patrimonial capitalism의 사회가 등장할 가능성이 크다는 말이다. 가난한 이민자들이 기회의 땅으로 건너와 누구든 성공에 대한 평등한 기회를 갖게 된다는 신화는 더 이상 미국 사회의 현실이 될 수 없다.

이와 같은 기본구도는 미국의 민주주의 그 자체에 상당한 위협을 가져다주는 요인으로까지 작용할 수 있다. '1% 대 99% 사이의 대결구도'라는 말이 시사하고 있듯, 극소수의 부유층이 미국의 정치, 사회에 막강한 영향력을 행사하고 있는 것이 사실이다. 이와 같은 상황은 자연스럽게 정치의 보수화를 가져오고, 보수화된 정치구도는 부유층의 이해관계에 부합하는 정책으로 이어질 가능성이 크다. 이런 순환과정이 반복되다 보면 결국 금권정치plutocracy가 등장해 모든 사람이 동등하다는 민주주의 원칙에 정면으로 도전하는 결과까지 빚어질지도 모른다. 아직은 그 정도로 상황이 심각하지 않은 것이 분명하지만, 아무런 제동 없이 불평등의 심화가 진행된다면 언젠가 그런 단계에 도달하지 않으리라는 보장도 없다.

만약 2008년의 미국발 글로벌 금융위기가 일어나지 않았다면 불평등의 심화는 단지 학문적 호기심의 대상으로 남았을 가능성이 컸다. 진보적 성향의 학자들이 불평등 심화의 심각성을 지적하면 보수적 성향의 학자들은 별로 심각하지 않다고 맞받아치는 논쟁의 수준에서 머물고 있었을 가능성이 컸다는 말이다. 그러나 금융위기와 더불어 탈규제의 바람이 미국의 사회와 경제에 어떤 영향을 미쳤는지 돌아볼 기회가 생겼고, 이에 따라 불평등 심화의 문제도 정치적 관심의 대상이 되기 시작했다.

그러나 경기침체가 워낙 심각하다 보니 모든 관심이 경제의 활성화에 쏠릴 수밖에 없었고, 분배의 평등성 제고라는 과제는 또다시 뒷전으로 밀려나게 되고 말았다. 그러나 이 문제는 언제든 다시 전면으로 부각될 수밖에 없을 것이고, 그때가 되면 미국 사회는 문제의 해결을 위해 극심한 진통을 감내해야 하는 상황에 직면하게 될지도 모른다.

제3장

승자독식정치가 어떻게 불평등의 심화를 가져왔는가?

제3장

지난 40여 년 동안 계속되어 온 불평등성 심화의 결과 미국 사회에는 1% 대 99%의 대립구도, 즉 소수의 엄청난 부자와 대다수의 가난한 서민이 대립하는 구도가 정착되기에 이르렀다. 스미스(H. Smith, 2012)는 미국 사회가 권력, 돈, 그리고 이념의 차원에서 극도의 분열상을 보임으로써 사회를 하나로 묶는 끈은 사라지고 실질적으로 '두 개의 미국'이 존재하는 상황이 되었다고 말한다. 중산층이 갖고 있던 '미국의 꿈', 즉 안정된 일자리, 생활수준의 향상, 자가 주택, 안정된 노후 생활, 그리고 자식들의 더 나은 삶은 이제 이루어질 수 없는 꿈이 되어 버렸다. 스미스가 쓴 책의 제목이 『누가 미국의 꿈을 훔쳐 갔는가?』*Who Stole the American Dream?*인 것은 현재 미국 사회가 처해 있는 상황을 잘 말해 주고 있다.

돌아보면 1940년대에서 70년대에 이르는 시기는 미국 사회의 황금기였다. 중산층이 번영을 구가하고 있었으며 정치의 장에서도 중산층이 확고한 주역을 담당하고 있었다. 르바이-테민(F. Levy and P. Temin, 2007)이 말하고 있듯, 1947년에서 1973년에 이르는 기간 동안 노동생산성과 중위가구소득은 두 배에 이르는 성장세를 보였다. 미국 경제가 전반적으로 활발하게 성장하고 있었을 뿐 아니라, 중산층의 중심축을 이루는 근로대중도 이 번영의 대열에 동참할 수 있었다는 뜻이다. 그러나 1980년대에 들어오면서 분위기가 급변해 1980년에서 2005년에 이르는 기간 동안 비농업부문의 생산성이 67.4% 오른 데 비해 정규직 근로자의 중위임금은 고작 14%밖에 오르지 않았다. 그 기간 동안 최상위 소득계층 1%에 속하는 사람들이 소득 증가의 80%나 되는 몫을 차지했기 때문에 그런 결과가 나왔던 것이다.

그렇다면 1980년을 전후해 미국 사회에 과연 무슨 일이 일어났기에 소득분배 상황에 이와 같은 코페르니쿠스적 변화가 일어나게 되었는가? 그즈음 미국 사회에서 일어나고 있었던 변화로서 소득분배의 상황 변화에 결정적인 영향을 주었으리라고 짐작되는 것은 바로 사회와 정치의 보수화다. 1960년대까지만 해도 미국 사회를 주름잡고 있었던 것은 진보세력이었으며, 공평성과 재분배를 추구하는 진보적 정책기조가 거의 무비판적으로 받아들여지고 있었다. 그러나 1970년대에 들어오면서 보수파가 세력을 결집하기 시작해 강력한 도전세력으로 등장하게 되었고, 1980년의 레이건혁명을 계기로 완전한 주도권을 장악하기에 이르렀다.

보수세력이 미국 사회의 주도권을 장악하게 된 시간경로와 분배상황 변화의 시간경로는 놀랄 만한 일치를 보여 주고 있다. 즉 진보세력이 주도권을 갖고 있던 1960년대까지는 계속 평등화가 진행되다가, 이렇다 할 변화가 없었던 1970년대를 거쳐 1980년대에 들어오면서 보수세력의 득세와 더불어 급격한 불평등화 추세로의 반전이 일어났던 것이다. 보수적 정책기조가 불평등성의 심화를 가져올 수 있는 수많은 경로를 생각해 볼 때 이것을 단순한 우연의 일치로 볼 수는 없다는 결론에 이른다. 이미 경제 내부에 존재하고 있던 숙련편향기술진보와 세계화의 진전 등 여러 가지 불평등화 요인들이 작용하고 있는 상황에서 기업과 부자들에게 결정적으로 유리한 방향으로 작동하는 보수적 정책기조가 더해져 불평등화로의 반전을 돌이킬 수 없는 추세로 정착시킨 것이 당시의 상황이었다.

중요한 것은 경제가 아니고 정치다

현실이 어떻든 상관없이, 보수적 인사들은 보수적 정책기조가 불평등성의 심화를 가져왔다는 데 절대로 동의하지 않는다. 이들은 정부가 조세나 정부지출을 통해 분배상태에 영향을 줄 수 있는 정도에 명백한 한계가 있다고 주장한다. 존재하는 대부분의 불평등성은 이미 시장에서 만들어진 것이며, 여기에서 정부가 어떤 중요한 역할을 했다고 볼 수 있는 여지는 없다고 주장한다는 말이다. 예를 들어 "정부의 정책담당자는 설사 그렇게 하기를 원한다 할지라도 조세납부 전의 소득에 그렇게 큰 영향을 미칠 수 있는 수단을 갖지 못한다."Government policy makers do not have the tools to exert such a strong influence over pretax earnings, even if they wanted to do so.라는 맨큐(G. Mankiw, 2008)의 발언은 바로 이와 같은 시각을 분명하게 드러내고 있다.

그러나 해커-파이어슨(J. Hacker and P. Pierson, 2010)은 현실에서 정부가 조세와 정부지출이 효과를 발휘하기 전의 시장소득market income에 여러 가지 경로로 영향을 줄 수 있다는 사실을 들어 이들의 주장을 반박하고 있다. 사실 정부가 소득분배의 상황에 영향을 줄 수 있는 경로가 오직 조세와 정부지출에 국한된 것도 아니다. 해커-파이어슨이 지적하고 있듯, 시장경제는 정부가 만들어 놓은 게임의 규칙에 따라 움직이게 되므로 그 규칙을 어떻게 설정하느냐에 따라 사람과 사람 사이의 이해관계가 민감한 영향을 받고 이에 따라 소득분배 상태에 변화가 올 수밖에 없다. 예를 들어 노동조합에 관한 법률, 최저임금 제도, 기업 지배구조 관련 규제, 그리고 금융시장 관련 규제가 모두 소득분배에 적지 않은 영향을 주고 있는 것이 사실이다. 정부가 오직 조세와 정부지출이란 수단을 통해 소득분배 상태에 영향을 줄 수 있다는 주장은 현실과 매우 동떨어져 있다는 비판에서 자유로울 수 없다.

르바이-테민(F. Levy and P. Temin, 2007)은 제도와 규범이 소득분배의 상황에 상당한 영향을 줄 수 있다고 지적하고, 평등화를 가져온 기존의 제도적 틀이 정치의 보수화와 더불어 붕괴하게 된 것이 불평등성 심화의 주요한 원인이었다고 주장한다. 숙련편향기술진보나 세계화 같은 경제적 요인이 실제로 어느 정도의 불평등화를 가져오는지는 이들이 어떤 제도적 틀 안에서 작용하느냐에 따라 그 답이 달라진다는 것이 그들의 지적이다. 이는 불평등성의 심화를 가져온 요인으로서 경제적인 것보다 정치적인 것이 더 큰 중요성을 가질 수 있다는 뜻이다. 그들은 민간부문의 힘만으로 불평등성을 완화할 수 없고, 오직 정부의 개입과 이로 인한 민간부문 행태의 변화를 통해서만 그것이 가능하다고 말한다.

정부가 소득분배 상태에 영향을 줄 수 있는지의 여부에 관해 논의할 때 한 가지 중요하게 고려해야 할 점은 어떤 적극적 행동을 통해 영향을 줄 수도 있지만 때로는 행동을 하지 않음을 통해서도 영향을 줄 수 있다는 사실이다. 해커-파이어슨은 경제가 동적 발전을 하는 과정에서 상황이 바뀌어감에도 불구하고 장기간에 걸쳐 체계적인 무대응으로 일관함으로써 분배상태를 악화시킨 사례가 많다고 지적했다. 그들은 이와 같은 무대응을 정책의 '표류'drift라고 불렀는데, 급변하는 금융환경은 기존의 규칙과 규제를 새로운 상황에 알맞도록 수정해야 함을 요구하는데도 불구하고 그대로 방치해 둠으로써 기득권층에 유리한 구도를 만든 것을 그 예로 든다. 월스트리트wall street의 큰손들이 국민이 낸 세금을 담보로 위험한 도박을 벌여 막대한 돈을 끌어갈 수 있었던 배경에는 이와 같은 정책의 표류가 중요한 역할을 했다.

정부는 어떤 행동을 적극적으로 취함으로써 혹은 어떤 행동을 취하지 않음으로써 소득분배 상태에 상당한 영향을 끼칠 수 있다. 그렇기 때문에 정부가 어떤 정책기조를 선택하느냐에 따라 소득분배의 양상이 크게 달라질 수 있는 것이다. 1980년대 정국의 주도권을 잡은 보수세력은 침체에 빠진 경제를 되살린다는 명분으로 신자유주의적 정책을 강력하게 밀어붙였는데, 그들이 추구한 정책이 일관되게 부유층의 이익을 증진시키는 방향으로 나아갔다는 사실에 의문의 여지가 없다.

해커-파이어슨은 현재 미국 사회에 존재하는 불평등성 중 경제적 요인에 의해서 만들어진 부분보다는 정치적 요인에 의해서 만들어진 부분이 훨씬 더 크다고 말한다. 그들은 정치의 중요성을 강조하며 우리가 흔히 쓰는 "중요한 것은 경제야."It's the economy.라는 말을 "중요한 것은 정치야."It's the politics.라는 말로 바꿔야 한다고 말한다.

그렇다면 1980년대 이래 보수적인 정부가 채택한 정책기조가 구체적으로 어떤 경로를 통해 급격한 불평등성의 심화를 가져오게 되었는가? 불평등성 심화를 가져오는 원인이 된 적극적인 정책의 예로는 감세정책과 사회복지지출 감축을 통한 재정의 재분배기능 약화, 그리고 노동조합에 대한 적대적 태도를 들 수 있다. 한편 정책의 표류에 해당하는 것의 예로는 최저임금의 동결과 더불어 친부자·친기업의 성격을 갖는 규제완화를 들 수 있다. 다음에서 이들이 어떻게 불평등성 심화에 기여하게 되었는지를 하나씩 살펴보기로 한다.

정부재정의 재분배기능 약화

공화당은 1970년대 미국 경제가 활력을 잃어 가고 있는 상황에서 대대적인 감세정책을 통해 경제를 되살리겠다는 공약을 내걸고 정국의 주도권을 잡는 데 성공했다. 그런데 신자유주의적 이념에 기초한 공화당 행정부의 감세정책은 감세의 혜택을 주로 부유층에게 돌아가게 만들어 세후after-tax 소득의 분배상태를 종전에 비해 더욱 불평등하게 만드는 결과를 가져왔다.

신자유주의적 감세정책의 본격적 시작을 알리는 신호탄은 레이건 행정부에 의해 주도된 1981년의 Economic Recovery Tax Act ERTA-81였다. 이를 통해 종전까지 70% 수준에 머물러 있던 최고소득세율이 50%로 대폭 낮춰졌으며, 장기자본이득에 적용되던 최고세율도 28%에서 20%로 낮춰지게 되었다. 이와 동시에 법인세상에서도 10%의 투자세액공제제도를 도입하고 가속상각제도를 도입함으로써 기업의 법인세 부담을 대폭 낮춰 주는 혜택을 제공했다.

공화당 행정부에 의한 감세정책의 두 번째 파도는 부시G. W. Bush 대통령 때 몰려오게 된다. 부시 행정부는 2001년의 Economic Growth and Tax Relief Reconciliation Act EGTRRA-01와 2003년의 Jobs and Growth Tax Relief Reconciliation Act를 통해 종전에 39.6% 수준이었던 최고소득세율을 35%로 낮춰 주는 동시에, 장기자본이득에 적용

되는 최고세율을 20%에서 15%로, 그리고 배당금에 적용되는 최고세율은 35%에서 15%로 낮춰 주었다. 감세 규모의 측면에서 2001년의 EGTRRA-01은 ERTA-81의 기록을 깨고 미국 조세 역사상 최대 폭의 감세라는 기록을 세우게 되었다. 이처럼 자본이득과 배당금에 적용되는 최고세율을 대폭 내려준 것의 혜택이 주로 부유층에 돌아갈 것임은 두말할 나위도 없다.

해커-파이어슨(J. Hacker and P. Pierson, 2010)에 따르면, 2001년 EGTRRA-01에 의한 감세 혜택의 1/3 이상이 최상위 1%의 소득계층에게 돌아갔다고 한다. 이 소득계층에 속하는 가계가 매년 얻게 되는 평균적 감세 혜택은 무려 38,500달러에 이르는 것으로 추산된다고 한다. 그 반면 하위 80%에 속하는 소득계층이 매년 얻게 되는 평균적 감세 혜택은 가계당 600달러에 지나지 않아 좋은 대조를 이루고 있다.

그런데 이 수치는 감세정책이 각 소득계층에 미치는 직접적 영향만을 평면적으로 비교한 결과로서, 감세정책으로 인한 세수 부족을 누군가가 더 많은 세금을 납부함으로써 메워야 한다는 사실을 제대로 고려하지 못했다는 한계를 갖는다. 이 사실까지 고려해 좀 더 합리적인 방법으로 각 소득계층에게 돌아가는 감세 혜택을 계산해 보면 감세정책의 불평등화 효과가 훨씬 더 커진다고 지적하는 사람이 있다.

게일-오잭(W. Gale and P. Orszag, 2004)은 감세정책으로 인한 세수 부족을 누군가가 더 많은 세금을 납부함으로써 메워야 한다는 가정 하에서 부시 행정부의 감세정책이 갖는 분배적 효과를 분석했다. 그들의 분석 결과에 따르면, 2001년과 2003년에 시행된 감세정책을 통해 이득을 보는 것은 오직 상위 20%의 소득계층에 속하는 사람들만이라고 한다. 나머지 하위 80%에 속하는 사람들은 감세정책이 실시된 후

[그림 3-1] 소득층별 평균세율 변화 추이

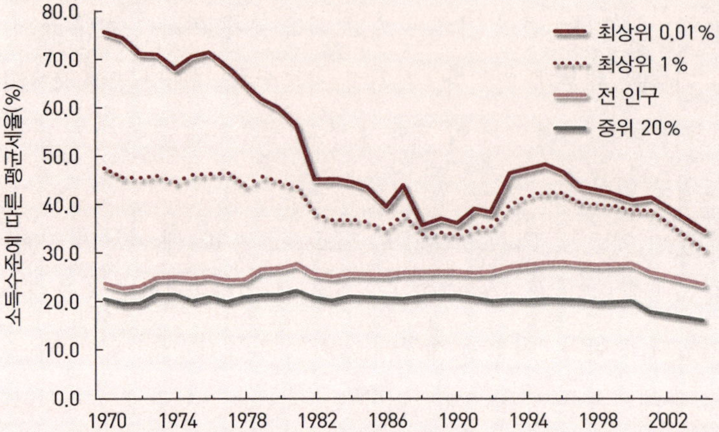

자료 : Thomas Piketty and Emmanuel Saez(2007b), Table 2

오히려 더 많은 세금을 내야 하는 처지가 된다는 것이다. 감세정책을 지지하는 경제학자들은 이로 인해 경제성장이 촉진되면 중·하위 소득계층에 속하는 사람들이 혜택을 얻게 된다는 사실을 고려해야 한다고 주장한다. 이에 대해 게일-오잭은 이런 결과가 나올 가능성을 고려한다 하더라도 부시 행정부의 감세정책이 하위 소득계층에 속하는 사람들의 조세 부담을 증가시켰다는 결론은 그대로 성립한다고 반박했다.

공화당의 연이은 감세정책이 불평등성 심화의 주요한 원인으로 작용했다는 증거는 다른 데서도 찾을 수 있다. [그림 3-1]을 보면 지난 30여 년의 기간 동안 전체 인구와 중위 20%의 소득계층에 적용되는 평균세율이 거의 일정한 수준에 유지되어 온 반면, 최상위 0.01%와 1%에 속하는 소득계층에 적용되는 평균세율은 급격한 감소세를 보여 왔

〈표 3-1〉 연도별 세입구성비율 (단위 : %)

년도	소득세	법인세	사회보험세	기타
1970	47	17	23	13
1975	44	15	30	11
1980	47	12	31	10
1985	46	8	36	10
1990	45	9	37	9
1995	44	12	36	9
2000	50	10	32	7
2005	43	13	37	8
2010	42	9	40	10
2013*	47	11	34	8

* 2013년 통계자료는 추정치

자료 : The White House, U.S. Government, *2013 Economic Report of the President*, Table B-80

음을 알 수 있다. 특히 1970년만 하더라도 최상위 0.01%에 적용되는 평균세율이 70%보다도 더 높았던 것이 2004년에는 그 절반에도 미치지 못하는 수준으로 떨어진 것을 볼 수 있다.[1)] 1990년대 민주당의 클린턴 행정부가 들어오면서 최상위 0.01%와 1%에 속하는 소득계층에 적용되는 평균세율이 상승세로 반전했지만 90년대 말부터 다시 사상 최저의 수준을 향해 떨어지기 시작한 것을 볼 수 있다.

미국 정부의 세입구성비율의 변화 추이를 보여 주는 〈표 3-1〉을 보면 공화당의 감세정책이 주로 부유층의 이익과 일치하는 방향으로 진행되어 온 또 다른 증거를 발견할 수 있다. 이 표를 보면 두 가지의 주요한 추세를 발견할 수 있는데, 하나는 법인세 비중의 점진적 감소이며 다른 하나는 사회보험세payroll tax 비중의 점진적 증가다.

이론적 관점에서 볼 때 법인세의 부담이 오직 법인의 주주에게만 귀착되는 것이 아니라 소비자 혹은 노동자에게로 전가될 수 있음은 널리 알려진 사실이다. 그러나 실제로 법인세의 부담이 이들에게 큰 폭으로 전가될 가능성은 비교적 작기 때문에 기업의 소유자인 부유층이 주로 이 법인세의 부담을 진다고 볼 수 있다. 따라서 1970년 법인세의 구성 비율이 17%에 이르던 것이 2000년대로 들어오면서 10% 전후로 떨어졌다는 것은 그만큼 부유층의 세금 부담이 가벼워졌다는 것을 뜻한다.

법인세와 대조적으로 사회보험세는 중·저소득계층이 그 부담을 주로 진다는 특성을 갖고 있으며, 따라서 이로부터 나온 수입의 비중이 커졌다는 것은 중·저소득계층의 세금 부담이 그만큼 무거워졌음을 뜻한다.[2] Urban-Brookings Tax Policy Center가 계산한 결과에 따르면, 최상위 1%의 소득계층에 적용되는 실효사회보험세율은 2.0%에 지나지 않는다. 최상위 0.1%의 소득계층에 적용되는 실효세율은 한층 더 낮아 고작 0.9%밖에 되지 않는 것을 볼 수 있다. 이에 비해 60~90% 구간에 속하는 하위 소득계층에 적용되는 실효세율은 10.2%나 되어 가장 높은 수준을 보이고 있다.[3]

피케티-사에즈(T. Piketty and E. Saez, 2007b)는 미국 조세제도가 갖는 누진성이 얼마나 큰지를 역사적인 관점에서 분석했는데, 1960년대 이래 계속적으로 누진성이 약화되어온 추세를 보여 왔다는 결론을 내리고 있다. 특히 1980년대의 레이건 행정부 시절과 2000년대의 부시 행정부 시절에 누진성 약화가 현저하게 일어났으며, 유일한 예외로 꼽을 수 있는 것은 첫 번째 클린턴 행정부의 1990년대 초였다는 것이 그들의 지적이다. 그들은 이와 같은 연방조세제도의 누진성 약화는 주로 최상위 1%의 소득계층과 관련해 일어났으며, 나머지 소득계층과 관련해서는 이렇다 할 변화가 없었다고 덧붙였다. 예를 들어 자본이득과 배당금에 적용되는 세율을 영구적으로 낮추어 줄 것인지의 여부라든가 상속세를 폐지할 것인지의 여부는 최상위 1%의 소득계층과 주로 관련을 갖는 조세상의 변화이기 때문이라는 것이다.

피케티-사에즈는 이와 같은 누진성의 약화가 중위투표자이론의 현실설명력에 의문을 갖게 만들 수 있다고 말한다. 만약 중위투표자이론이 시사하고 있는 것처럼 미국 조세제도가 중위투표자의 이익을 대변하는 방향으로 변화되어 왔다면 이와 같은 지속적인 누진성의 약화는 일어나지 않았을 것이기 때문이다. 그것이 아니고 최상위 소득계층의 이해관계를 대변하는 방향으로 조세제도가 변화해 왔기 때문에 누진성의 약화가 일어날 수밖에 없었다는 것이 그들의 해석이다. 누진성의 약화가 특히 현저하게 일어난 시기가 보수적 정권의 대표격인 레이건과 부시 행정부 시절과 일치한다는 사실이 이와 같은 해석의 설득력을 더욱 크게 만들어 준다.

감세정책과 더불어 재정의 재분배기능 약화에 기여한 또 다른 보수적 정부의 정책기조는 사회복지지출의 감축이다. 보수적 정권하에서도 사회복지지출의 절대적 규모는 꾸준히 증가해 왔기 때문에 통계수치만을 보면 사회복지지출의 감축이 그리 두드러져 보이지 않는 것이 사실이다. 특히 노년층에 제공되는 건강보험 프로그램인 메디케어Medicare와 빈곤층에 제공되는 메디케이드Medicaid의 경우에는 의료비의 급격한 상승추세와 맞물려 그 지출이 매우 빠른 속도로 커져 왔다. 그렇다고 해서 사회복지지출과 관련한 재분배기능이 강화되어 온 것은 결코 아니고, 오히려 지속적으로 약화되어 왔다고 보는 것이 올바른 판단이다.

보수적 정부하에서 사회복지지출과 관련한 재분배기능이 약화되었다고 평가하는 것이 타당한 첫 번째 이유로서 들 수 있는 것은 국내총생산 대비 사회복지지출의 비중이 점차 작아져 왔다는 사실이다. 앨렌-스크럭즈(J. Allan and L. Scruggs, 2004)는 1970년대에 비해 2000년의 사회복지지출의 대 국내총생산 비중은 줄어든 것으로 나타난다고 지적한다. 국내총생산의 증가와 더불어 사회복지지출도 함께 증가해야 실질적인 복지 혜택이 줄어들지 않을 수 있기 때문에 대 국내총생산 비중의 감소는 사회복지 프로그램의 실질적 축소를 뜻한다. 더군다나 이 기간 동안 전 인구에서 은퇴자가 차지하는 비율이 더 커져 공적 연금 지급 요구가 더 커졌다는 사실까지 고려한다면 실질적인 축소 폭은 더 커질 수 있다.

두 번째 이유로는 사회복지 프로그램의 질적 변화로 인해 재분배기능이 현저히 약화되었다는 점을 들 수 있다. 모핏-숄즈(R. Moffitt and J. Scholz, 2010)는 1984년부터 2004년에 이르는 기간 동안 사회복지지출의 절대적 규모는 매우 빠르게 증가해 왔지만 그 혜택이 상이한 인구집단과 소득계층 사이에서 고르지 못하게 분배된 결과 극빈계층에게 돌아가는 혜택은 오히려 현저하게 줄어들었다는 사실을 지적한다. 그들에 따르면 가난한 노년층, 장애자, 자녀가 없는 가정에게 돌아가는 혜택이 크게 늘어난 반면, 아주 가난한 편친 혹은 양친 가정에게 돌아가는 혜택은 현저하게 줄어들었다고 한다. 즉 사회복지 프로그램의 질적 변화는 극빈계층으로부터 가난하지만 상대적으로 소득이 더 높은 계층으로의 재분배를 가져오게 되었다는 것이다.

이와 같은 결과를 가져온 결정적 원인은 공공부조정책public assistance program의 핵심이라고 할 수 있는 AFDC Aid to Families with Dependent Children가 TANF Temporary Assistance to Needy Families로 바뀌면서 그 지

출의 절대적 규모가 크게 줄어든 데서 찾을 수 있다. 종전의 AFDC는 소득이 일정 수준 이하로 떨어지면 거의 자동적으로 복지 혜택을 받을 수 있는 방식이었고, 이런 특성으로 인해 사회복지제도에 대한 의존성을 크게 만든다는 지적을 받아 왔다. 사회복지제도에 대한 보수세력의 공격은 바로 이와 같은 AFDC의 특성에 그 초점이 맞추어졌고, 그 집요한 공격의 성과가 바로 TANF로의 전환이었다.

역설적이게도 1996년에 이루어진 TANF로의 전환은 공화당이 아닌 민주당 클린턴 행정부에 의해 이루어졌다. 그러나 많은 주, 특히 공화당이 장악하고 있는 주에서는 이미 기존의 AFDC를 대폭 수정한 형태로 운영해 왔기 때문에 연방정부 차원에서의 전환은 이와 같은 주정부 차원에서의 전환을 공식화했다는 측면이 있다.[4] 뿐만 아니라 민주당 출신의 클린턴 행정부마저 사회복지제도의 근본적 변화를 추구할 수밖에 없었다는 것은 당시 미국 사회를 휩쓸고 있었던 보수세력의 영향력이 얼마나 컸는지를 보여 주는 좋은 사례라고도 볼 수 있다.

TANF의 출범과 함께 미국의 공공부조정책에는 큰 변화가 일어나기 시작했다. 이 제도의 특성은 '근로에 기초한 안전망'work-based safety net이라는 데 있어, 적극적으로 일자리를 찾는다는 조건을 충족해야만 혜택을 받을 수 있을 뿐 아니라, 일생 동안 받을 수 있는 혜택에도 제한을 두는 등 수혜조건을 매우 까다롭게 만들었다. 무조건 사회복지제도에 의존하려 하는 것을 막고 스스로의 힘에 의해 빈곤에서 벗어나게 유도한다는 측면에서 보면 바람직한 측면을 갖고 있지만, 일할 능력이 없거나 혹은 일할 의사가 없는 빈곤층은 혜택 중단이라는 무거운 대가를 치르게 만들었다.

AFDC가 존재했던 시기와 비교해 보면 TANF가 도입된 이후 복지지출액의 크기와 수혜자의 숫자가 모두 절반 이하의 수준으로 떨어진 것을 볼 수 있는데, 이는 그 이유가 어찌 되었든 극빈계층에 대한 사회적 지원이 대폭 삭감되었다는 것을 뜻한다.[5] 이와 같은 변화를 달리 표현하면, 1995년에는 100명의 빈곤인구 중 75명이 AFDC의 혜택을 받고 있었던 데 비해, 2009년에는 오직 28명만이 TANF의 혜택을 받게 되었다고 말할 수 있다.

이처럼 TANF의 규모를 축소시켜 나가는 대신 EITC Earned Income Tax Credit 제도를 확충해 왔기 때문에 사회복지지출의 전반적 규모가 줄어들지 않았다는 인상을 받게 된다. 그러나 EITC의 혜택은 빈곤층 중에서도 일을 하기 때문에 상대적으로 소득이 더 높은 계층에 주로 혜택이 돌아가기 때문에 이와 같은 사회복지제도의 구조적 변화는 극빈계층으로부터 가난하지만 상대적으로 소득이 더 높은 계층으로의 재분배를 가져오게 되었던 것이다.[6] 모핏-숄즈에 따르면, 극빈계층에 속하면서 자녀를 갖고 있는 가정이 받은 2004년의 평균적 혜택은 1984년이나 1993년에 비해 더 작은 것을 발견할 수 있다고 한다. 이로 인해 빈곤인구의 비율에는 별 변화가 없었어도 빈곤갭poverty gap, 즉 빈곤층의 소득이 빈곤선에 미치지 못하는 정도는 큰 폭으로 증가하는 결과가 빚어졌다.

해커(J. Hacker, 2004)는 사회복지정책의 후퇴가 단지 사회복지지출 총액의 감소만을 뜻하는 것은 아니라고 지적했다. 비록 사회복지지출의 수준이 떨어지지 않았더라도 사회복지제도의 구조적 변화를 통해 재분배기능이 약화된다면 이것 역시 사회복지정책의 후퇴를 뜻한다는 것이 그의 지적이다. 이와 같은 지적은 단지 사회복지지출의 절대적 규모가 변화해 온 추이만을 보고 보수적 정부의 지출 프로그램이 갖는 재분배효과를 평가해서는 안 된다는 점을 말해 주고 있다.

지금까지 논의한 바와 같이 보수적 정부는 공격적인 감세정책과 사회복지정책의 구조적 변화라는 두 가지 경로를 통해 정부재정이 갖는 재분배효과를 계속 약화시켜 왔다. 2011년 의회예산처Congressional Budget Office가 발행한 보고서에 따르면, 1979년과 비교했을 때 2007년에 이르면 정부재정이 갖는 재분배효과가 현저하게 줄어든 것을 발견할 수 있다고 한다.[7)]

1979년의 경우 연방정부의 조세와 이전지출의 영향으로 인해 지니계수의 값이 0.479에서 23% 줄어들어 0.367의 값을 갖게 되었다.[8)] 그런데 2007년에는 조세와 이전지출이 지니계수의 값을 0.590에서 0.489로 줄어들게 만들어 그 감소 폭이 고작 17%밖에 되지 않았다. 그 보고서는 만약 정부재정이 갖는 재분배효과가 줄어들지 않고 1979년의 수준을 계속 유지했다면 2007년에 산출된 (조세와 이전지출 이후의 소득에 대해 구한) 지니계수의 값은 0.489가 아니라 이보다 더 낮은 0.452가 되었을 것이라고 지적한다.

이렇게 정부재정의 재분배효과가 줄어든 탓에, 1979년과 2007년을 비교해 보면 조세와 이전지출 이후의 소득에 대해 구한 지니계수는 시장소득에 대해 구한 지니계수에 비해 더 큰 폭으로 증가하는 결과가 빚어졌다. 이 기간 동안 시장소득의 지니계수 값은 23% 더 커진 것으로 나타났다. 이에 비해 이전지출을 더한 소득에 대해 구한 지니계수 값은 29%나 더 커진 것으로 나타나는 한편, 다시 이에서 세금을 뺀 소득에 대해 구한 지니계수 값은 33%나 더 커진 것으로 나타났다. 이 수치들을 비교해 보면 정부의 조세와 이전지출이 갖는 재분배효과가 그 기간 동안 모두 줄어들었고, 특히 이전지출 쪽의 재분배효과 감소 폭이 상대적으로 더 컸음을 알 수 있다. 이것이 앞에서 말한 사회복지지출의 대폭 축소와 밀접한 관련을 갖는다는 것은 두말할 나위도 없다.

노동조합의 퇴조와 최저임금 동결

미국이 튼튼한 기반을 갖는 중산층 사회가 된 데는 노동조합의 기여가 컸다는 것이 중론이다. 그러나 1970년대부터 현저하게 나타나기 시작한 노동조합의 퇴조와 더불어 중산층 사회의 기반도 서서히 무너져 내리기 시작했고, 급기야는 오늘날 보게 되는 극도로 불평등한 사회로 변모하게 되었다.[9)]

미국 노동조합의 조직률이 정점에 이르렀던 1979년에는 전체 노동자의 21%에 이르는 2천1백만 명이 가입하고 있었는데, 2010년에 와서는 12%인 1천5백만 명만이 가입하는 것으로 줄어들었다. 그나마 공공부문의 노동조합 조직률이 크게 떨어지지 않아서 이 정도의 하락세에 그친 것으로, 민간부문의 조직률만 보면 불과 7%밖에 되지 않는 수준으로 급락한 것을 볼 수 있다.

이와 같은 노동조합의 급격한 퇴조의 배경에는 사용자측의 집요한 공격과 이에 힘을 실어준 보수적 정치가 자리 잡고 있는 것을 발견할 수 있다. 경제적 환경의 변화가 노동조합의 약화를 가져온 요인이었다고 주장하는 사람도 있지만, 비슷한 경제적 환경에 직면해 있는 유럽의 여러 나라와 캐나다에서는 노동조합의 현저한 약화가 일어나지 않았다는 사실이 이들의 주장에 효과적인 반박이 될 수 있다. 미국의 경우에서만 유독 노동조합의 퇴조가 현저히 일어났다는 것은 미국의 독특한 정치적 지형이 큰 영향을 미쳤다는 것을 시사해 주고 있다.

사실 노동조합이 소득분배를 좀 더 평등하게 만드는 역할을 하는지 아니면 반대로 더욱 불평등하게 만드는 역할을 하는지에 대해서는 경제학자들 사이에 의견이 갈려 있다. 전통적인 견해에 따르면, 노동조합 가입자들은 비가입자에 비해 더 높은 임금을 받을 뿐 아니라, 가입자들 사이에서도 숙련노동자들에게 유리한 방향으로 임금 격차를 벌리게 만들기 때문에 노동조합의 존재는 소득분배의 불평등화를 가져오는 요인이 될 수 있다는 것이었다. 그러나 최근에는 이와 반대로 노동조합의 존재가 소득분배의 평등화를 가져오는 요인으로 작용한다는 견해가 더욱 많은 지지를 받고 있다. 최근에 이루어진 많은 실증연구들이 노동조합의 존재가 임금의 분포를 더욱 평등하게 만드는 결과를 가져온다는 쪽으로 결론을 내리고 있기 때문이다.

그 좋은 예가 프리먼(R. Freeman, 1980)의 실증분석인데, 그는 노동조합의 평등화 효과가 불평등화 효과를 상쇄하고도 남기 때문에 노동조합이 소득분배에 대해 갖는 효과는 평등화를 촉진하는 쪽으로 나타난다는 분석 결과를 제시하고 있다. 그는 노조 조직률의 차이에 따라 산업간의 임금 격차가 발생할 뿐 아니라 비슷한 자질의 근로자들이 노조 가입 여부에 따라 상이한 임금을 받게 된다는 데서 노동조합의 불평등화 효과가 나온다고 말한다. 반면에 일반적으로 노동조합은 상이한 작업장 사이에서의 임금 격차나 동일한 작업장 안에서의 임금 격차를 줄이는 방향으로 임금정책을 유도하는 것이 일반적이기 때문에 여기서 평등화 효과가 발생하게 된다. 프리먼은 이 평등화 효과가 불평등화 효과를 상쇄하고도 남음이 있어 노동조합의 존재는 평등화를 가져오는 요인으로 볼 수 있다는 실증분석 결과를 제시하고 있다.

웨스턴-로젠펠드(B. Western and J. Rosenfeld, 2011)는 노동조합

의 존재가 임금 격차를 줄이는 역할을 하게 되는 또 다른 경로가 있다고 말한다. 노동조합의 존재는 단지 가입자들 사이에서의 임금 격차를 줄이는 결과를 가져올 뿐 아니라, 비가입자들 사이에서의 임금 격차도 줄이는 결과를 가져온다는 것이다. 왜냐하면 노동조합의 존재가 평등성의 규범을 제도화함으로써 그것의 영향을 비노조 부문에까지 확산시키는 결과를 가져오기 때문이라는 것이다. 그들의 실증분석 결과에 따르면, 노동조합 조직률과 비가입자의 임금 평등도 사이에는 강한 상관관계가 존재한다고 한다. 즉 노동조합 조직률이 높은 부문일수록 비가입자들 사이의 임금 격차가 상대적으로 더 작은 추세를 보여 전반적인 임금 불평등도가 줄어든다는 것이다.

카드 등(D. Card *et al.*, 2004)은 미국과 영국 그리고 캐나다 세 나라를 비교한 실증분석을 통해 앞에서 인용한 프리먼의 분석 결과가 보편성을 갖는다는 사실을 입증했다. 그들은 1980년대에서 90년대에 이르는 기간에 이 세 나라 모두에서 노동조합 가입률의 하락을 관찰할 수 있지만, 그중에서 영국의 가입률 하락이 특히 컸던 반면 캐나다의 가입률 하락은 그다지 크지 않았다는 점에 주목했다. 남성 근로자의 임금 격차 증가폭을 보면 영국이 가장 컸던 데 비해 캐나다가 가장 작았던 것을 볼 수 있는데, 이는 노동조합 가입률과 임금 격차 사이에 밀접한 상관관계가 존재한다는 것을 시사하고 있다. 그들의 분석 결과를 보면 미국과 영국 사이의 임금 불평등도 변화폭의 차이 중 2/3가 영국 노동조합 가입률의 급격한 하락에 의해 설명될 수 있다고 한다.[10)]

프리먼은 메도프J. Medoff와 함께 쓴 *What Do Unions Do?*라는 책에서 이와 같은 노동조합의 평등화 효과가 사실이라면 미국 사회에서 진행되고 있는 민간부문 노동조합 조직률의 지속적인 하락은 사회적 관점에서 볼 때 바람직하지 못한 현상으로서 국가적 차원에서 진지한 관심을 기울여야 할 문제라고 지적했다. 왜냐하면 노동조합 조직률의 하락에 따라 소득분배의 불평등성이 점차 더 커질 것이기 때문이라는 것인데, 실제로 많은 실증연구들이 미국 사회에서 일어난 노동조합 조직률의 급격한 하락이 불평등성의 심화를 가져오는 주요한 원인으로 작용했음을 입증해 주고 있다.

노동조합의 약화는 지금까지 논의해 온 것과는 다른 경로를 통해서도 불평등성의 심화를 가져올 수 있다. 앞에서 여러 번 말했듯, 현재 미국 사회에서 일어나는 소득분배 불평등성 심화의 가장 주요한 원인 중 하나는 기업의 최고경영자들이 받는 보수의 급격한 증가다. 불평등성 심화는 주로 최상위 1% 소득계층이 차지하는 몫이 급격하게 커진 데 기인하고 있는데, 이 최상위 1%의 가장 큰 부분을 차지하고 있는 것이 최고경영자들이다. 이렇게 최고경영자의 보수가 천문학적인 수준으로 치솟은 데는 여러 가지 이유가 있을 테지만, 노동조합의 약화로 인해 견제기능을 제대로 발휘하지 못한 것이 핵심적 이유 중 하나임은 분명하다. 노동조합이 1960년대의 조직률, 따라서 그때 발휘했던 견제기능을 계속 유지했더라면 최고경영자의 보수 급증을 어느 정도 막을 수 있었을 것이다.

그렇다면 노동조합의 퇴조는 사회와 정치의 보수화와 어떤 관련을 갖고 있을까? 보수진영의 인사들은 경제적 환경의 변화가 노동조합의 퇴조를 가져왔을 뿐, 사회와 정치의 보수화 추세와는 아무런 관련이 없다고 주장한다. 그들이 예로 들고 있는 경제적 환경의 변화 중 하나는 미국 경제의 중심축이 노동조합이 가장 활성화되어 있던 제조업에서 노동조합 조직이 상대적으로 어려운 서비스업으로 이동했다는 것이다. 그러나 크루그먼(P. Krugman, 2007a)은 노동조합 조직률의 하락이 가장 현저하게 나타난 것은 제조업 내부로서 1973년에 39%였던 것이 2005년에는 13%로 급감했다는 점을 들어 서비스업으로의 중심축 이동이 노동조합 퇴조의 중요한 이유는 아니라고 반박한다.

또한 세계화의 진전으로 인해 국제 경쟁이 치열해짐에 따라 노동조합의 입지가 줄어들었을 뿐 아니라, 1970년대 초 일어난 석유파동 등의 악조건 때문에 노동조합 활동에 어려움이 커졌다는 점을 지적하는 사람도 있다. 이와 같은 주장에 대해 스미스(H. Smith, 2012)는 다른 나라들도 이와 비슷한 어려움을 겪었지만, 그것이 노동조합의 급격한 퇴조로 이어지지는 않았다는 반론을 제기하고 있다. 나아가 해커-파이어슨(J. Hacker and P. Pierson, 2010)은 미국의 근로자들이 갑자기 노동조합 가입에 흥미를 느끼지 않게 된 것도 타당한 이유가 될 수 없다고 말한다. 설문조사 결과를 보면 비조합원으로서 노동조합 가입을 원하는 사람의 비율이 1984년에는 30%였는데 2005년에는 절반이 넘는 수준으로 증가했다고 한다.

그렇다면 특별히 미국에서 노동조합의 퇴조가 두드러지게 나타난 것은 미국 사회 특유의 상황 때문일 것이 분명하며, 이 점에서 가장 주목의 대상이 되는 것은 사회와 정치의 보수화일 수밖에 없다. 노동조합의 전성기라고 할 수 있는 1950년대와 60년대는 진보세력이 헤게모니를 쥐고 있었던 반면, 노동조합의 퇴조가 시작되는 1970년대 말경 권력의 중심축이 보수세력으로 이동해 가기 시작했다는 것은 결코 우연이 아니다. 노동조합에 적대적인 보수세력이 헤게모니를 장악하면서 노동조합과 사용자측 사이에 존재하던 힘의 균형은 급격하게 무너지고 이에 따라 노동조합이 급격한 퇴조의 길을 걷게 된 것이라고 보는 것이 타당한 해석임이 분명하다.

다음 장에서 자세히 논의하게 되겠지만, 1970년대에 들어오면서 미국 기업들은 그때까지 지켜 오던 수비적 자세를 버리고 갑자기 공격적 자세로 바꿔 자신의 이익을 적극적으로 추구하기 시작한다.[11] 이와 같은 변모가 가져온 가장 눈에 띄는 변화는 노동조합의 무력화 시도였다. 기업들은 로비활동에 엄청난 돈을 쏟아부어 노사관계 법률을 자기 쪽에 유리한 방향으로 고쳐 나가는 데 주력하는 한편, 합법적·비합법적 수단을 모두 동원해 노동조합의 활동을 방해하는 일을 서슴지 않았다.

이졸(T. Edsall, 1984)에 따르면, 1960년에서 1980년에 이르는 기간 동안 사용자측의 부당한 고용관행에 대한 문제 제기가 네 배로 늘었고, 불법적인 해고에 대한 문제 제기는 세 배로 늘어난 한편, 체불임금 지급이나 복직명령을 내린 사례가 다섯 배로 늘어났다고 한다. 이와 같은 통계수치는 기업들이 노사관계와 관련해 법의 경계를 넘나드는 것을 두려워하지 않게 되었음을 강하게 시사하고 있다.

기업과 노동조합 사이의 불안한 균형이 결정적으로 무너지게 된 계기는 1978년 노동조합이 추진한 노사관계법 개정이 실패로 돌아간 것이었다. 노동조합은 노사관계 조정의 역할을 담당하고 있는 National Labor Relations Board NLRB가 법률을 위반한 사용자들에게 부과하는 벌금이 가벼운 데다가 시간을 많이 끈다는 특성 때문에 노동조합 결성을 방해하는 행동을 조장한다는 인식을 갖고 있었다. 사용자의 관점에서 볼 때 노동조합의 결성을 감수하는 것보다는 아예 벌금을 내는 쪽이 훨씬 비용이 덜 든다고 판단할 여지가 있었기 때문이다. 이에 따라 노동조합측은 NLRB가 좀 더 신속하게 의사결정을 하는 동시에 위반자에 대한 벌금을 더 무겁게 만드는 것을 골자로 하는 개혁법안의 통과를 위해 혼신의 노력을 기울였다.

당시의 상황을 보면 민주당 출신의 카터 J. Carter가 백악관을 차지하고 있었을 뿐 아니라, 민주당이 상원과 하원을 모두 압도적 다수로 장악하고 있었던 터였다. 특히 상원에서는 민주당이 상대방의 필리버스터를 정지시킬 수 있는 선인 60석에서 1석이 더 많은 61석을 차지하고 있었기 때문에 표면적으로만 볼 때 노동조합측이 추진하는 개혁법안의 통과 전망은 상당히 밝은 편이었다. 후에 이 개혁법안의 반대자 한 사람이 고백했듯, 당시의 상황은 이 개혁법안의 통과를 저지할 아무런 방법이 없는 것처럼 보였던 것이 사실이었다. 그러나 Business Roundtable, Chamber of Commerce, 그리고 National Association of Manufacturers를 중심으로 한 재계 이익집단의 집요한 방해공작이 성과를 거두어 상원을 통과하지 못한 채 막을 내리고 말았다.

개혁법안의 통과를 저지하기 위해 재계가 퍼부은 로비자금은 노동조합이 지출한 그것의 3배에 이르는 규모였다. 재계는 잘 조직되고 일관된 반대공작을 통해 민주당 의원까지 그 법안에 반대하게 만드는 성과를 거두었다. 개혁법안 통과 실패는 이제 노사관계 문제에서 정부가 손을 떼겠다는 신호를 전달해 주는 의미를 가졌다. 노사관계에서 압도적 우위를 점하게 된 사용자들이 법률을 넘나들며 위반 행위를 하더라도 정부가 이를 적극적으로 통제하지 않겠다는 의사를 내비친 셈이 되기 때문이다. 많은 사람들이 1980년 대통령 선거에서 거둔 레이건의 승리를 미국 정치에서 보수세력이 주도권을 장악하게 된 계기로 인식하고 있다. 그러나 실제로는 그 이전인 1970년대 말부터 재계를 중심으로 한 보수세력이 정국을 주도하기 시작했던 것이다.

대통령에 취임한 레이건은 때마침 일어난 항공관제사air-traffic controller의 파업을 강경하게 진압함으로써 그의 반노동조합 성향을 분명하게 드러냈다. 뿐만 아니라 노아(T. Noah, 2012)가 지적하고 있듯, 그는 NLRB의 예산을 대폭 삭감하는 동시에 중립적이라고는 결코 말할 수 없는 친기업 성향의 인사를 그 의장직에 앉힘으로써 그가 펴 나갈 노동정책의 앞날을 쉽게 점칠 수 있게 만들었다. 그가 의장직에 임명한 닷슨D. Dotson은 과거 노사관계에서 사용자측을 대변한 경력을 갖고 있을 뿐 아니라, 단체협상은 개인의 자유를 파괴하는 결과를 가져온다는 과격한 보수적 신념의 소유자였다. 그가 이끄는 NLRB는 노동조합 지지자들을 심문하거나 해고할 수 있는 사용자의 재량권을 확대하는 일련의 판정을 내렸을 뿐 아니라, 사용자측의 부당한 고용관행에 대한 제소의 처리를 최대한 늦춰 암암리에 사용자를 돕기도 했다.

노아가 평하고 있는 것처럼, 레이건 행정부는 공개적으로 그리고 아무런 변명도 없이 반노동조합적인 노동정책을 채택한 첫 번째 정부라고 말할 수 있다. 제2차 세계대전 이후의 어떤 정부도 레이건 행정부처럼 노골적으로 반노동조합적인 정책기조를 채택한 바 없었다. 뒤에 등장한 부시G. W. Bush 행정부도 레이건 행정부에 비해 결코 노동조합에 호의적이지 못했으며, 이와 같은 분위기하에서 노동조합은 회복이 불가능한 침체의 늪으로 빠져들 수밖에 없었다.

보수적 정부가 노동시장을 통해 불평등성의 심화를 가져온 또 다른 사례는 엄청나게 인색한 최저임금제도의 운영에서 찾을 수 있다. 레이건 행정부가 출범한 1981년의 (연방)최저임금은 시간당 3.35달러였는데, 임기가 끝날 때까지 단 한 푼도 오르지 않아 1989년의 최저임금 역시 똑같은 금액이었다. 그가 재임한 8년 동안의 소비자물가지수 상승폭은 무려 36.4%에 이르렀는데, 이는 최저임금을 받는 미숙련노동자들의 생계에 엄청난 후퇴가 일어났음을 뜻한다. 부시 정부 역시 인색

[그림 3-2] 최저임금 실질가치의 변화 추이

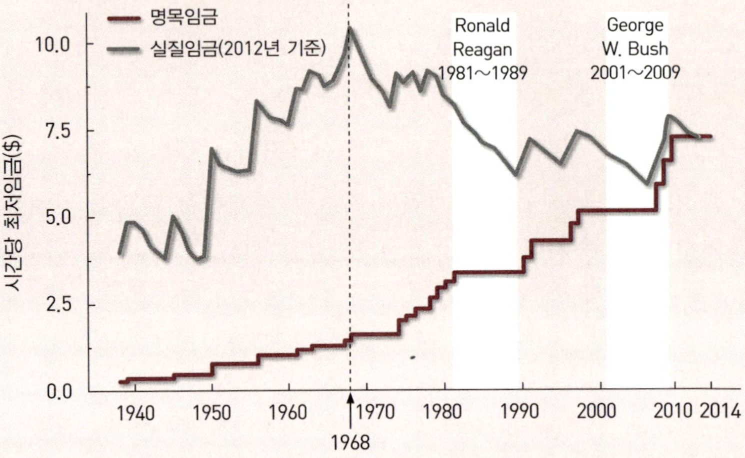

자료 : U.S. Department of Labor, *Wage and Hour Division*.

하기는 마찬가지여서, 그가 취임했을 때인 2001년의 시간당 5.15달러의 최저임금이 퇴임 직전인 2007년까지 계속 유지되었다. 임기가 끝날 즈음인 2007년 7월에 이르러서야 10년 만에 처음으로 최저임금이 5.85달러로 상향조정되었지만, 그가 재임한 8년 동안의 소비자물가지수 상승률이 21.1%에 이른다는 점을 생각하면 형편없이 부족한 조정이었다는 결론이 나온다.

이처럼 보수적 정부가 줄곧 인색하게 최저임금제도를 운영해 온 결과 [그림 3-2]에서 보는 것처럼 최저임금의 실질가치는 1970년대 이래 지속적 하락세를 보여 왔다. 심지어 진보적인 오바마B. Obama정부가 출범한 이후에도 공화당의 비협조로 인해 생계비 상승을 반영한 최저임금 인상이 거의 불가능한 상황이 지속되었다. 오바마 정부는 출범

〈표 3-2〉 각국의 평균·중위임금 대비 최저임금 비율(2012년) (단위 : %)

나 라	평균임금 대비 비율	중위임금 대비 비율
오스트레일리아	44	53
영국	39	47
아일랜드	44	48
뉴질랜드	51	60
캐나다	40	45
네덜란드	41	47
프랑스	50	62
일본	33	38
한국	35	42
미국	27	38

자료 : OECD StatExtracts

직후인 2009년에 7.25달러로 상향조정된 최저임금을 10.10달러로 올리려는 시도를 계속해 왔지만 공화당의 비협조로 인해 뜻을 이루지 못했다.[12] 1981년에서 2013년에 이르는 기간 동안 미국의 1인당 명목국내총생산per capita nominal GDP은 13,993달러에서 53,143달러로 3.8배 증가한 한편, 소비자물가는 2.6배 수준으로 뛰어올랐다. 반면에 (명목)최저임금은 3.35달러에서 7.25달러로 단지 2.2배 정도밖에 올라가지 않아 경제 전반의 성장세를 크게 밑돈 것은 물론 생계비 상승분조차 반영되지 못한 결과를 빚었다.

이처럼 인색하기 짝이 없는 최저임금제도를 운영해온 결과 미국은 OECD 주요국들 중 최저임금이 가장 낮은 나라가 되었다. 〈표 3-2〉에서 보듯, 미국의 최저임금은 평균임금 대비 27%에 불과해 뉴질랜드의 51%와 좋은 대조를 이루고 있다. 심지어 최저임금이 결코 후하다고 말할 수 없는 한국보다 더 낮은 수준인 것을 볼 수 있다. 이 표에서 보는 국제비교는 레이건과 부시 행정부를 거치면서 미국의 최저임금제도가 얼마나 인색해졌는지를 생생하게 증언해 주고 있다.

리(D. Lee, 1999)가 1980년대 미국에서 임금 격차가 벌어지게 된 이유를 분석한 결과를 보면 임금 분포의 하위계층에서 일어난 격차 증가의 상당 부분이 최저임금의 실질가치 하락에 기인하는 것으로 나타난다. 좀 더 구체적으로 말해 여성 근로자의 경우 하위계층에서 나타난 불평등성 증가의 70%에서 100%에 이르는 부분을 최저임금의 실질가치 하락으로 설명할 수 있는 한편, 남성근로자의 경우에도 상당 부분을 비슷한 이유로 설명할 수 있다고 한다. 이 연구는 최저임금의 실질적 동결이 시작된 단계에서 이루어진 것이므로 동결 상황이 한층 더 오래 계속된 시점에서 비슷한 연구를 다시 수행한다면 최저임금의 실질가치 하락이 임금 격차 증가를 설명할 수 있는 부분이 더 커진 것으로 드러날 가능성이 있다.

보수적 정권이 최저임금의 상승에 극도의 거부반응을 보이면서 내건 정당화의 근거는 높은 최저임금이 미숙련노동자의 실직을 유발하게 될 것이라는 점이다. 경제학원론 교과서는 균형임금보다 더 높은 수준에서 설정된 최저임금이 미숙련노동의 초과공급을 가져올 수 있음을 설명하고 있지만, 이와 같은 교과서적 수준의 이론적 예측이 현실과 그대로 부합되는 것은 아니다.

카드-크루거(D. Card and A. Krueger, 1995)는 *Myth and Measurement: The New Economics of the Minimum Wage*라는 책을 통해 노동시장의 현실은 교과서적 예측과 다를 수 있음을 설득력 있게 설명해 주고 있다. 이들에 따르면 최저임금제도와 관련된 실증분석 결과 중 최저임금제도가 미숙련노동자들의 고용을 줄인다는 결론을 내고 있는 것을 찾아보기 힘들다고 한다. 심지어 최근의 연구들 중에 최저임금제도가 미숙련노동자의 고용을 작은 폭이나마 더 크게 만든다는 결론을 도출하고 있는 것까지 있다고 그들은 주장한다.

영국의 사례에 대해 연구한 멧카프(D. Metcalf, 2008) 역시 최저임금제도가 미숙련노동자의 고용에 거의 영향을 미치지 않는다는 것을 기정사실로 간주하고 있다. 그는 많은 실증분석 결과가 영향이 거의 없다는 쪽으로 결론을 내고 있음을 지적하고, 왜 그와 같은 결과가 나오는지를 규명하는 데 관심의 초점을 맞추고 있다. 그가 찾아낸 이유 중 하나는 최저임금제도로 인해 노동 관련 비용이 증가하면 기업은 이를 더 높은 가격으로 소비자에게 전가시키기 때문에 미숙련노동자의 고용이 줄지 않을 가능성이다.[13] 또 하나의 가능성은 최저임금제도의 영향을 받는 기업이 고용하는 근로자 수를 조정하는 것이 아니라 근로시간을 조정하기 때문에 고용이 줄어들지 않는 것으로 나타나는 것이다. 이와 동시에 노동시장에 존재하는 불완전정보라든가 이동에 드는 비용 같은 마찰friction 때문에 그와 같은 결과가 빚어졌을 가능성도 언급하고 있다.

이와 같은 실증분석 결과에 비추어 볼 때, 너무 높은 최저임금이 미숙련노동자의 고용을 대폭 줄이는 결과를 가져오기 때문에 가능한 한 낮은 수준으로 유지해야 한다는 보수세력의 주장은 아무런 설득력을 갖지 못한다. 사실 보수적 정부가 최저임금 인상을 한사코 저지한 실제의 이유는 그들의 세력기반인 기업, 특히 중소기업의 이해관계와 밀접한 관련을 갖고 있다. 즉 높은 최저임금이 미숙련노동자의 실업을 가져오기 때문에 바람직하지 않다는 것은 일종의 수사에 불과했고, 그들이 진정으로 추구했던 목표는 중소기업의 환심을 사려는 데 있었던 것이다. 미숙련노동자들을 상대적으로 더 많이 고용하고 있는 중소기업으로서는 노동 관련 비용의 상승을 가져오는 최저임금제도에 대해 적대적인 태도를 가질 수밖에 없고, 이들의 친구라 할 수 있는 보수적 정부는 최저임금의 인상을 한사코 저지해 왔다.

프리먼(R. Freeman, 1996)은 최저임금제도를 통해 미숙련노동자의 삶에 개선을 가져올 수 있음은 물론 급격하게 진행되고 있는 불평등성의 심화를 어느 정도 억제할 수 있다고 주장한다. 그에 따르면, 적절하게 설정된 최저임금이 경제에 가져다주는 이득은 그에 따르는 비용에 비해 현저하게 더 클 수 있다고 한다. 불행히도 연이어 등장한 보수적 정부는 자신의 세력기반인 중소기업의 환심을 사는 데 급급해 최저임금을 오랜 기간 동안 동결시킴으로써 그렇지 않아도 심화되고 있는 불평등성을 조금이나마 완화시킬 수 있는 좋은 기회를 날려 버리고 말았다.

친부자 · 친기업적 규제완화

1960년대까지만 해도 기업의 최고경영자가 받는 보수는 결코 엄청나게 높은 수준이라고 볼 수 없었다. 1936년에서 2005년에 이르는 기간 동안 미국 기업 최고경영진의 보수가 변화해 온 추이를 분석한 프리드먼-삭스(C. Frydman and R. Saks, 2010)에 따르면, 1970년대 중반까지 최고경영진 보수의 특징은 전반적으로 낮은 수준, 작은 개인간 격차, 보수와 기업 성과 사이의 약한 관계로 요약될 수 있다고 한다. 1950년대와 60년대에 걸쳐 미국 기업들이 상당히 빠른 속도로 성장하고 있는 상황에서도 최고경영자의 보수는 계속 낮은 수준에 머물고 있었던 것을 볼 수 있다고 말한다.

이와 같은 상황은 1970년대 후반에 들어오면서 급격한 변화를 맞게 된다. 기업의 성장 속도에 맞춰 최고경영자의 보수가 전반적으로 급상승했을 뿐 아니라 개인간 격차도 큰 폭으로 확대되기 시작한 것이다. 이렇게 최고경영자의 보수가 천문학적 수준으로 뛰어오르게 된 데는 주주자본주의의 대두 혹은 노동조합의 퇴조 등 나름대로의 경제적 논리가 작용하고 있었겠지만, 보수적 정부가 이를 부추긴 측면도 무시 못할 만큼 강한 것이 사실이다.

1950년대나 60년대처럼 최고경영자의 턱없이 높은 보수에 대해 부정적인 사회적 분위기가 형성되어 있는 상황에서는 정부가 유형·무형의 개입을 통해 자제를 유도하는 경우가 많았다. 그러나 1970년대에 들어서면서 사회적 분위기가 조금씩 바뀌어 가고 레이건 행정부를 기점으로 연이어 보수세력이 집권하기 시작하면서 정부는 완전한 방관의 자세로 돌아서게 되었다.

보수적 이념의 관점에서 보면 최고경영자가 얼마나 많은 보수를 받든 정부가 이에 관심을 가져야 할 하등의 이유가 없다. 최고경영자가 받는 높은 보수는 기업의 이윤에 그만큼 기여한 바가 있었기 때문에 기업이 기꺼이 지급하기로 결정한 것이니만큼 전혀 문제될 것이 없다. 그것이 소득분배 불평등 심화를 가져온다는 지적에 대해서도 시장에서 정당하게 결정된 소득이라면 누가 얼마나 많은 소득을 얻든 아무 상관이 없는 것 아니냐는 반론을 제기할 수 있다. 그렇기 때문에 보수적 정부로서는 최고경영자의 보수가 천문학적 수준으로 뛰어올라도 이를 제지해야 할 아무런 이유를 찾을 수 없었던 것이다. 사실 보수적 정부는 그들의 열렬한 지지자들인 최고경영자의 보수 급등을 오히려 환영했다고 하는 것이 더욱 적절한 표현일 것이다. 그럼으로써 더 많은 정치후원금이 흘러들어 왔고, 그 결과 자신의 세력기반을 더욱 확고하게 다지는 기회를 얻을 수 있었기 때문이다.

보수적 정부가 최고경영자 보수의 급등에 제동을 걸 의사를 전혀 갖고 있지 않았다는 것은 그들이 받는 보수에서 중요한 부분을 차지하는 주식옵션에 대한 적절한 규제책을 마련하지 않았다는 데서 단적으로 드러난다. 기업들은 최고경영자 보수 인상의 주요한 수단으로 주식옵션을 적극적으로 활용하기 시작해 2001년에는 보수의 거의 절반이 이 형태로 지급되기에 이른다.

해커-파이어슨(J. Hacker and P. Pierson, 2010)은 이 주식옵션을 통한 보수 지급이 투명성을 결여하고 있어 엄청난 보수를 지급한다는 사실을 은폐하기 쉬운 데다가 기업의 성과와 연동해 지급되는 성격도 분명하지 않다는 문제점을 갖는다고 지적한다. 심지어 '소급적용' backdating이라는 관행을 통해 옵션의 가치를 사후적으로 재설정함으로써 그것을 받은 최고경영진에 큰 이득을 가져다주는 경우도 드물지 않다고 말한다.

최고경영자가 주식옵션을 통해 얻는 이득이 하늘에서 공짜로 떨어지는 것은 아니고, 기업이 그 비용을 고스란히 부담할 수밖에 없다. 그러나 최고경영자에 의해 장악된 기업은 마치 아무 비용이 들지 않는 양 주식옵션을 남발했고, 그 결과 기업의 금고에 간직되었어야 할 돈이 대규모로 최고경영자의 주머니로 흘러들어 갔다.

문제가 있음을 감지한 회계감사업무 담당부서 Financial Accounting Standards Board FASB는 기업으로 하여금 주식옵션 지급과 관련된 비용을 보고하도록 만드는 규제를 도입하려 노력했으나 실패로 돌아가고 말았다. 기업가들의 공격적 로비에 의해 공화당 의원뿐 아니라 민주당 의원까지 규제도입 반대세력에 가담함에 따라 의회 통과의 가능성이 원천봉쇄 되었기 때문이다. 해커-파이어슨은 이와 같은 사례가 '정책표류'policy drift의 대표적 예라고 지적하면서 그 결과 정부가 주식옵션의 홍수를 방조한 격이 되었다고 평가한다.

엔론Enron사와 월드컴WorldCom사의 대형 회계부정사건이 터지면서 기업 지배구조에 문제가 있음이 명백하게 드러나자 정부는 마지못해 개혁작업에 착수했고, 그 결과 2002년 사베인즈-옥슬리법안Sarbanes-Oxley Act이 만들어졌다. 그러나 이 법안이 통과되는 과정에서 개혁에 반대하는 세력에게 수많은 양보를 해야만 했고, 최종적으로 만들어진 법안은 경영자의 과도한 권력에 대한 통제라는 원래의 의도와 상당히 거리가 먼 것이었다. 보수 지급 문제를 포함한 기업 경영에 대한 주주의 통제권을 강화한다는 측면에서 거의 진전이 없었기 때문에 표면적으로만 개혁을 표방했을 뿐 그 내용에서는 오히려 경영자들에게 실질적인 승리를 가져다주었던 셈이다. 한 가지 흥미로운 점은 이 과정에서 오직 공화당 출신의 대통령 혹은 의원만이 주역을 담당한 것은 아니라는 사실이다. 민주당 의원들까지 대거 보수화의 흐름에 휩쓸려 들어갔기 때문에 이 모든 일이 가능했던 것이라고 볼 수 있다.

보수적 정부에 의한 친부자·친기업적 규제완화가 불평등성 심화에 결정적 기여를 한 더 좋은 사례는 금융 관련 규제에서 찾을 수 있다. 소위 '금융혁신'financial innovation이라고 불리는 것을 통해 금융업계의 큰손들은 엄청난 이득을 올릴 수 있었는데, 어떻게 보면 이는 순진한 소비자들 주머니를 털어 얻은 이득이라고 말할 수 있다. 최근 들어 이와 같은 성격의 금융혁신이 빈번하게 나타날 수 있었던 것은 정부가 금융규제를 현실에 맞게 강화함으로써 소비자를 위험에서 보호해야 하는 의무를 저버렸기 때문이라는 것이 해커-파이어슨의 지적이다. 규제를 강화하기는커녕 오히려 필요한 규제마저 풀어 금융업계의 큰손들에게 날개를 달아준 것은 물론, 급기야는 그 충격파가 전 세계의 금융업계에 미쳐 글로벌 금융위기를 초래하기에 이르렀다.

대공황과 이에 이어 등장한 뉴딜정책을 계기로 하여 금융시장에 대한 광범한 규제가 도입되기 시작했다. 1933년에 제정된 글래스-스티걸법Glass-Steagall Act이 그 대표적 사례인데, 이와 같은 규제는 투자자의 신뢰를 높이고 금융시장의 안정성을 증진시키려는 데 주안점을 두고 있었다.[14] 그러나 지난 몇십 년 동안 금융시장의 역동성이 커지면서 규제완화를 요구하는 목소리도 따라서 커져 왔다.

금융시장에 대한 규제는 주로 과도한 투기행위와 이해관계의 상충을 막으려는 목적으로 도입되었다는 점에서 공익과 부합되는 측면을 갖고 있었지만, 일확천금을 노리는 금융업계의 큰손들에게는 거추장스러운 걸림돌에 지나지 않았다. 막대한 자금력을 갖고 있는 그들은 단결된 힘을 발휘해 기존의 규제들을 하나씩 무력화시켜 나갔을 뿐 아니라 새로운 금융환경에 대응하기 위한 규제가 도입되는 것을 방해했다. 그 결과 1990년대 후반에 이르면서 은행업에 대한 규제의 강도는 뉴딜정책 등장 이전의 상황으로 되돌아가게 되었다.[15]

그렇다면 정부는 왜 규제완화를 부르짖는 금융업계의 요구에 저항하지 않고 순순히 응해 주었을까? 노아(T. Noah, 2012)는 우선 1970년대 미국 경제가 어려움을 겪고 있는 상황에서 규제가 경제를 더욱 어렵게 만드는 원인으로 작용할 수 있다는 점에 대한 우려 때문에 규제완화 요구에 순순히 응했던 측면이 있었다고 말한다. 이와 동시에 규제 담당자들 자신이 그 당시 보수적 지식인들 사이에 유행하고 있던 반규제이념antiregulatory ideology의 영향을 받게 된 것도 중요한 이유 중 하나로 꼽는다. 그러나 실제로 가장 중요한 이유로 작용했던 것은 금융업계의 집요한 로비활동이었다고 볼 수 있다. 그들의 공격적 로비는 공화당 의원들은 물론 민주당 의원까지 규제완화의 열렬한 지지자로 만들었기 때문에 이윤추구에 걸림돌이 되는 규제들을 제거하는 데 아무런 어려움을 겪지 않았다.

경제평론가 울프(M. Wolf, 2008)는 파이낸셜타임즈*Financial Times*에 기고한 "Regulators Should Intervene in Bankers' Pay"라는 제목의 글에서 다음과 같이 지적한 바 있다.

> "다른 어떤 업계도 이득을 사유화하는 동시에 손실은 사회화하는 데 금융업계처럼 탁월한 능력을 갖고 있지 못하다. (자업자득으로) 곤경에 처했을 때 정부 — 특히 중앙은행 — 가 즉각 구제에 나서지 않으면 마치 권리라도 박탈당한 듯 화를 내는 데도 타의 추종을 불허한다."
>
> No industry has a comparable talent for privatising gains and socialising losses. Participants in no other industry get as self-righteously angry when public officials — particularly, central bankers — fail to come at once to their rescue when they get into (well-deserved) trouble.

영국 금융업계의 속성에 대한 비판이지만, 미국 월스트리트의 금융업계에도 그대로 적용될 수 있는 것은 두말할 나위도 없다. 글로벌 금융위기 수습과정에서 정부가 엄청난 금액의 구제조치를 취하자 그 돈으로 보너스 잔치를 벌인 것이 바로 월스트리트 금융업계의 속성이었다. 손실의 사회화를 넘어 사회적 손실을 개인적 이득으로 바꿀 수 있는 천재적 능력의 소유자들인 셈이다.

더군다나 소위 금융혁신으로 인해 날로 복잡해져 가는 금융환경에서 이들이 규제의 망을 뚫고 사적인 이득을 취할 기회는 한층 더 커져 있었다. 금융시장의 안정성을 위해서는 한층 더 촘촘해진 규제로 이들의 과도한 이윤추구 행위를 통제해야 할 상황이었던 것이다. 예를 들어 파산 직전의 베어 스턴스Bear Stearns사는 자산의 33배나 되는 부채를 짊어지고 있었는데, 그와 같은 위험한 도박행위를 막기 위해서는 금융회사의 부채비율이 일정 수준 이상으로 뛰어오르는 것을 엄격하게 규제해야만 했다. 금융회사들은 자신이 개발한 기법을 통해 위험을 적정한 수준에서 관리할 수 있다고 장담했지만, 글로벌 금융위기는 이것이 근거 없는 호언장담이었음을 분명하게 보여 주었다. 그러나 정부는 순진하게 이 호언장담을 믿고 오히려 부채비율과 관련된 규제를 완화해 줌으로써 위기를 자초하는 결과를 빚었다.

보수적 정부에 의한 금융규제 완화는 금융시장의 안정성을 해치는 결과를 가져왔음은 물론, 불평등성을 극도로 심화시키는 데 결정적인 역할을 했다. 현재 최상위 소득계층에서 기업의 최고경영자 다음으로 높은 비율을 차지하고 있는 것은 금융업계의 큰손들이다. 잘나가는 몇몇 헤지펀드 운영자가 거둬들이는 천문학적 규모의 수익은 최고경영자가 받는 보수를 왜소하게 보이도록 만들 정도다. 금융규제 완화는 그들로 하여금 아무런 제약도 받지 않고 이득의 사유화를 추구할 수 있게 만들어 주었다는 점에서 보수적 정부는 불평등 심화의 책임에서 결코 자유로울 수 없다.

제4장

승자독식정치 등장의 배경

제4장

지금까지 제시한 여러 가지 증거에 비추어 볼 때, 미국 사회에서 최근 일어나고 있는 불평등성의 심화에 사회와 정치의 보수화가 매우 중요한 원인을 제공하고 있다는 사실을 부정하기 힘들다. 그렇다면 이제 우리의 의문은 왜 미국의 정치가 1970년대 이래 급격한 보수화의 길을 걷게 되었는가로 향해지게 된다. 장기적 관점에서 보면 1920년대까지는 보수세력이 정치를 거의 독점하는 상황이 계속되다가, 대공황 발생과 더불어 뉴딜정책이 등장하면서 1930년대부터는 진보세력이 정국의 주도권을 잡게 된다. 진보세력의 헤게모니는 1950년대에 이어 60년대에 이르기까지 이렇다 할 도전이 없는 확고한 상황이었다.

문학평론가 트릴링L. Trilling은 1950년대 미국 사회의 이념적 지형에 대해 이렇게 말하고 있다.[1)]

> "이 시점의 미국에서 진보주의는 단지 지배적인 지적 전통intellectual tradition에 그치는 것이 아니라 유일한 지적 전통이다. 왜냐하면 최근에는 일반적으로 유통되고 있는 보수적인 혹은 반동적인 아이디어를 찾아볼 수 없기 때문이다."

In the United States at this time liberalism is not only the dominant but even the sole intellectual tradition. For it is the plain fact that nowadays there are no conservative or reactionary ideas in general circulation.

트릴링이 말하고 있는 것이 당시의 미국 사회에 보수적 신념의 소유자가 아예 없었다는 것은 결코 아니었다. 일관성을 갖는 아이디어의 집합에 기초해 조직된 보수주의운동의 분명한 존재를 찾아볼 수 없다는 의미에서 그런 말을 한 것이다. 지금은 보수의 아이콘으로 자타가 공인하는 공화당마저 그때에는 보수성이 그다지 강하지 않아 민주당과 그리 큰 차이를 보이지 않았다. 이처럼 존재 그 자체가 의심스러울 만큼 미미한 세력에 지나지 않았던 것이 당시의 미국 사회에서 보수주의가 차지하고 있던 위상이었다.

그때까지 진보세력의 위력에 눌려 숨죽이고 있던 보수세력은 1960년대에 이르러 고개를 들기 시작하고 1970년대 후반에 들어서면서는 진보세력을 능가하는 주도세력으로 등장하게 된다. 1960년대 중반부터 시작된 보수세력의 도전은 1980년 레이건의 대통령 선거 승리를 통해 화려한 결실을 맺게 되고, 그때부터 기나긴 보수세력의 전성기가 시작된다.

보수세력이 결집의 움직임을 처음 보이기 시작한 것은 1964년 골드워터B. Goldwater가 공화당의 대통령 후보로 선출되었을 때라고 말할 수 있다. 그는 뉴딜정책의 유산을 깨끗이 청산할 것을 주장하면서, 새로운 보수세력의 연합을 통해 뉴딜연합에 대항해야 한다고 부르짖었다. 그동안 결집된 힘을 보이지 못하고 그늘에서 숨죽이고 있던 보수세력은 강경한 보수주의자 골드워터를 중심으로 단결하기 시작했고, 이를 계기로 보수세력은 진보세력에 대항해 도전의 기치를 높이 치켜

들기 시작했다.

대통령 선거에서 골드워터가 대패하면서 보수세력의 도전은 실패로 끝난 것처럼 보였지만, 그가 남긴 불씨는 후일 보수세력의 화려한 복귀의 밑바탕이 되었다. 1968년의 선거에서 공화당의 닉슨R. Nixon이 당선되면서 보수세력은 이제 진보세력과 당당히 맞설 수 있는 힘을 가졌음을 보일 수 있었지만, 아직까지 완전한 보수혁명conservative revolution이 이루어진 상태는 아니었다. 강경한 보수주의자였던 닉슨이 경제·사회정책의 측면에서는 놀라울 정도의 진보성을 보였고, 따라서 그의 재임기간 중에 보인 실적을 보면 우리가 보통 생각하는 보수적 정부의 것이라고는 볼 수 없는 것들이 아주 많았다. 오늘날의 관점에서 보면 그는 보수주의자가 아니라 사회민주주의자라고 해야 맞는 말이라고 하는 사람까지 있을 정도다.

역설적이게도 미국 정치의 보수화가 움직일 수 없는 대세로 굳어지고 있음이 확실해진 것은 민주당이 대통령직을 차지하고 있었을 뿐 아니라 상원과 하원에서 굳건한 다수석을 확보하고 있었던 카터J. Carter 행정부 시절이었다. 당시는 보수세력의 아이콘이 된 레이건R. Reagan이 등장하기 이전으로 민주당이 아직도 정국의 주도권을 쥐고 있는 것처럼 보였던 때였다. 그러나 그것은 표면적인 인상일 뿐 내막을 보면 보수세력이 이미 분명한 우위를 확보하고 있는 상황이었다. 앞에서 말한 것처럼 카터 행정부 시절 개혁 시도가 의회의 비협조로 인해 번번이 무산되고 말았던 것은 일부 민주당 의원조차 기업과 부자들이 제공하는 정치후원금의 위력에 눌려 개혁안에 반대표를 던졌기 때문이다. 1970년대 말에는 보수세력이 이미 무시할 수 없는 정치적 영향력을 확보하게 되었다고 말할 수 있다.

보수세력의 화려한 복귀의 원동력이 된 것은 풀뿌리grass roots 차원에서의 활발한 대중적 동원, 보수적 엘리트들이 벌인 집요한 이념전쟁, 그리고 풍부한 자금력을 바탕으로 한 로비활동과 정치기부금의 제공이었다. 보수세력이 벌인 이념전쟁은 매우 효과적인 것이어서 정치인은 물론 일반 대중까지 보수적 어젠다의 지지자로 만들어 확고한 지지기반을 구축하기에 이르렀다. 또한 미국 정치에서 점차 돈의 중요성이 커지고 있는 상황에서 보수세력이 동원할 수 있는 풍부한 자금력은 진보세력을 궁지에 몰아넣기에 충분한 위력을 발휘했다. 보수세력이 미국 정치에서 확고한 헤게모니를 구축하게 된 과정을 좀 더 자세하게 살펴보기로 하자.

경제계 인사를 중심으로 한 보수세력의 결집

1971년 변호사 파웰L. Powell은 상공회의소 간부인 친구에게 충고의 내용을 담은 메모 하나를 보냈다. "자유기업 체제에 대한 공격"The Attack on the Free Enterprise System이라는 자극적인 제목이 달린 이 메모에서 그는 기업을 중심으로 한 보수세력이 그동안의 수세적 태도를 버리고 공격적인 자세로 진보세력에 맞서 싸워야 한다고 주장했다. 메모는 아래에서 보는 것처럼 현재 미국의 체제가 (진보세력의) 전방위적 공격에 노출되어 있으며, 이와 같은 심각한 위기는 미국 역사에서 전례가 없는 것임을 지적하는 것으로 시작하고 있다.

"생각이 있는 사람이라면 미국의 경제체제 그 자체가 전방위적 공격을 받고 있음을 의심하지 않습니다. 이와 같은 공격은 그 범위, 강도, 사용되는 수법, 그리고 가시성의 측면에서 다양한 양상을 띠고 있습니다. 미국의 체제에 대해 반대하며 사회주의나 국가주의를 선호하는 사람이 늘 있게 마련입니다. 또한 체제를 전복하거나 파괴하려는 것이 아니라 개선하기 위한 목적에서 건전하고 건설적인 비판을 하는 사람도 늘 있게 마련입니다. 그러나 지금 우리가 걱정하고 있는 것은 미국 역사에서 아주 새로운 현상입니다. 우리가 직면하고 있는 것은 비교적 적은 수의 극단주의자 혹은 소수파 사회주의자 집단으로부터의 산발적이거나 고립된 공격이 아닙니다. 자유기업 체제에 대한 공격은 폭넓은 기반을 갖고 있으며 일관되게 추진되고 있습니다."

No thoughtful person can question that the American economic system is under broad attack. This varies in scope, intensity, in the techniques employed, and in the level of visibility. There always have been some who opposed the American system, and preferred socialism or some form of statism (communism or fascism). Also, there always have been critics of the system, whose criticism has been wholesome and constructive so long as the objective was to improve rather than to subvert or destroy. But what now concerns us is quite new in the history of America. We are not dealing with sporadic or isolated attacks from a relatively few extremists or even from the minority socialist cadre. Rather, the assault on the enterprise system is broadly based and consistently pursued.

'파웰 메모'Powell memorandum라고 불리는 이 메모에서 파웰은 시종일관 강경한 어조로 보수세력이 힘을 합쳐 싸우지 않으면 보수세력은 물론 미국의 경제체제 그 자체가 위험에 빠질 것임을 경고하고 있다. 말하자면 보수세력의 무장과 봉기를 촉구하고 있는 셈인데, 이런 강력한 메시지 때문에 '파웰 선언서'Powell manifesto라는 별명이 붙게 되었다. 어떤 한 개인이 공공연하게 보수세력을 향해 무기를 들고 싸워야 한다고 촉구하는 것은 당시의 분위기하에서는 상상조차 하기 힘든 일이었다. 그렇기 때문에 후일 사적으로 주고받았던 이 메모가 대중에게 공개되었을 때의 충격이 그만큼 클 수밖에 없었다.

이 메모에서 파웰이 미국의 자유기업 체제가 심각한 위기에 직면하고 있다는 진단을 내린 근거는 1960년대 진보주의의 회오리바람이 몰아치면서 정책 행동주의policy activism가 폭발적으로 영향력을 확대해 가면서 각종 시민단체들이 정치 지형에 근본적인 변화를 가져온 데 있었다. 월남전에 반대하는 운동가들은 기업이 이윤추구를 위해 전쟁 확대를 부추기고 있다고 비난하며 곳곳에서 반기업 시위를 벌였다. 또한 목소리를 높여가고 있던 환경운동가들은 기업을 환경오염의 주범으로 몰아갔으며, 소비자단체들은 기업이 소비자의 안전을 위협하는 상품을 만들어 판다는 비난을 퍼부었다.

노사관계도 순탄치 않아 제2차 세계대전 이후 가장 격렬한 노사분규가 지속적으로 발생하고 있었다. 필립스-파인(K. Phillips-Fein, 2009)은 1967년에서 1976년에 이르는 기간 동안 연간 평균 파업참가 근로자 수가 30%나 증가했다고 말한다. 1970년 한 해만 해도 34차례의 작업장 폐쇄가 발생했을 정도였다. 한마디로 말해 미국의 기업가들로 하여금 자신이 사회 모든 부문으로부터의 전방위적 공격에 노출되어 있다는 피해의식에 사로잡히게 만들 만큼 반기업 정서가 온 사회를 휩쓸고 있었다.

기업의 입장에서 볼 때 더욱 안타까웠던 것은 정부마저 그들에게 도움의 손길을 뻗치지 않았다는 사실이었다. 당시에는 미국 정치에서 진보의 기류가 워낙 강했기 때문에 정부가 드러내 놓고 기업의 편을 들어 준다는 것은 상상조차 못할 일이었다. 정부는 오히려 환경 보존, 작업장 안전, 소비자 보호 등 다양한 문제와 관련해 강력한 규제를 도입함으로써 기업의 행동반경을 한층 더 좁혔다. 심지어 강경한 보수주의자인 공화당 출신의 닉슨R. Nixon 대통령조차 이 거센 회오리바람에 감히 저항할 생각을 하지 못할 정도였다. 그는 1970년 환경운동가들의 주장을 대거 반영한 국가환경정책법안National Environmental Policy Act에 서명하고, 곧 이어서 환경청Environmental Protection Agency 창설의 기초가 되는 행정명령에도 서명함으로써 그를 지지했던 보수세력을 경악하게 만들었다.

그 당시 미국의 기업가들이 싸워야 했던 상대가 오직 국내의 반기업 정서에 국한되어 있었던 것도 아니었다. 제2차 세계대전 이래 미국 기업들은 국제무대에서 지배적 영향력을 행사해 오고 있었지만, 유럽과 일본의 부흥으로 인해 그와 같은 독점체제에 금이 가기 시작했다. 이와 같은 국내외의 도전에 직면한 미국의 자유기업 체제가 심각한 위기를 맞고 있다는 인식은 오직 파웰에 국한된 것이 아니었으며, 많은 기업가 그리고 보수적 정치인들이 그와 같은 인식을 공유하고 있었다. 그렇기 때문에 파웰 메모가 공개되자마자 보수세력의 신속한 결집이 이루어질 수 있었던 것이다. 특히 기업들의 조직적 반격은 광범하고 신속해 어떤 사람은 이를 이라크전에서 미군이 구사한 전격작전이었던 '충격과 공포'Shock and Awe작전에 비유하기도 했다.[2)]

기업은 자금 동원력의 측면에서 다른 집단의 추종을 불허했을 뿐 아니라, 기업부문을 대표하는 소수의 의사결정자들은 기업의 위계조직을 활용해 동원된 자금을 효율적으로 활용할 수 있었다. 기업들은 연이어 워싱턴에 공공문제 관련 부서를 창설해 1968년에는 고작 1백 개에 불과했던 것이 1978년에는 5백 개를 넘는 수준으로 급증했다. 1971년에는 워싱턴에 로비스트를 등록한 기업의 수가 175개뿐이었는데, 1982년에는 2천5백 개로 불어났다. 기업들이 정치적 영향력을 발휘하는 창구로 이용하는 정치행동위원회political action committee; PAC의 숫자도 크게 늘어 1976년만 해도 3백여 개에 불과하던 것이 1980년대 중반에는 1천2백 개를 넘는 수준으로 커졌다.

이제는 기업들도 가만히 앉아서 당하지 않고 적극적으로 자신의 이익을 위해 싸우겠다는 태도를 분명히 밝힌 셈이다. 말하자면 기업들이 워싱턴을 재창조하기 위한 조직의 혁명을 시작했던 셈이며, 이를 통해 뒤에 등장하게 될 '승자독식정치'winner-take-all politics의 중요한 기반을 구축하게 된다.[3] 이와 같은 움직임을 통해 경제적 보수세력economic conservatives이라고 부를 수 있는 보수세력의 한 중심축이 형성되기에 이른다.

모이어스(B. Moyers, 2012)는 기업의 태도 변화와 관련해 더욱 중요한 의미는 그와 같은 통계수치가 아니라 질적인 변화에서 찾아야 한다고 지적한다. 예를 들어 기업의 지도자들이 공통의 정치적 목표 달성을 위해 협력하는 방법을 배웠다는 것은 앞에서 본 통계수치 이상의 의미를 갖는다는 것이다. 그들은 연합체를 구성해 더욱 광범한 영역에서 한층 더 강력하게 자신의 이익을 주장하기 시작했다. 자신의 기업에만 유리한 정책을 주장하는 차원을 넘어 기업부문 전체의 공동이익에 부합되는 정책을 주장하게 된 것도 눈에 띄는 변화 중 하나였다.

기업들이 조직된 힘을 발휘하기 시작한 과정에서 가장 중요한 이정표 중 하나가 비즈니스 라운드테이블Business Roundtable이란 조직의 결성이다. March Group이라는 기업 임원들의 비공식 조직이 규모가 큰 두 개의 공식 조직과 통합되어 1972년 출범한 이 조직은 대기업의 최고경영자로 그 회원 자격이 제한되었다. 창립된 지 5년이 되면서 포춘*Fortune*이 선정한 최상위 2백 개 기업 중 113개가 이 조직에 참여할 정도로 빠른 성장세를 보였다. 초기단계에서 이 조직이 힘을 쏟은 분야는 기업에 대한 대중의 인식을 개선시키기 위한 프로그램이었다. 기업에 대한 나쁜 인식을 불식시키려는 목적에서 심지어 고등학교와 대학교의 경제학 수업방식을 바꾸는 일에까지 관심을 보였다.

비즈니스 라운드테이블은 침체상태에 빠진 미국 경제가 다시 활력을 되찾으려면 세금을 깎고 규제를 완화해야 한다는 목소리를 높이기 시작했다. 과거 기업을 대변하는 보수주의가 노동조합과 복지국가에 반대하면서 내세운 근거는 기업활동의 자유가 보장되어야 한다는 것이었다. 이제는 그와 같은 이념적 태도를 버리고 실용주의적인 측면에서 친기업정책의 당위성을 주장하기 시작한 것이다. 미국 경제가 침체상태에 빠진 것은 투자가 위축된 탓이기 때문에 앞으로 경제정책의 주안점은 투자를 촉진하는 데 두어야 한다는 것이 그들의 주장이었다. 오늘날 우리가 신자유주의정책이라고 부르는 것의 두 가지 핵심요소가 감세와 규제완화임을 생각할 때, 비즈니스 라운드테이블이 머릿속에 그리고 있었던 것은 바로 이 신자유주의적 경제질서의 확립이었음을 알 수 있다.

뿐만 아니라 파월 메모는 보수성향의 싱크탱크think tank가 우후죽순처럼 만들어지는 계기를 제공함으로써 보수세력의 세 불리기에 결정적으로 기여하게 된다. 1970년대에 들어올 때까지만 해도 보수성향의 싱크탱크로서 중량감을 갖고 있던 조직은 1938년에 창립된 미국기업연구소American Enterprise Institute가 거의 유일했다. 1970년대에 연이어 설립된 보수성향의 싱크탱크들이 이에 가세함으로써 보수세력은 진보세력에 맞서 이념전쟁을 벌일 수 있는 강력한 진용을 구축하게 된다. 보수세력이 진보세력에 대항해 벌인 이념전쟁에서 보수성향의 싱크탱크가 핵심적 역할을 수행했다는 사실을 생각할 때 파월 메모가 촉발한 보수성향 싱크탱크의 경쟁적 설립이 얼마나 큰 중요성을 갖는 모멘트였는지를 능히 짐작할 수 있다.

1970년대에 설립된 보수성향의 싱크탱크 중 대표적인 것은 1973년 백만장자 쿠어스J. Coors가 주도해 만든 헤리티지재단Heritage Foundation이다. 헤리티지재단은 출범한 지 얼마 되지 않아 보수적 성향의 싱크탱크를 대표하는 기관으로서 미국기업연구소와 어깨를 나란히 할 정도로 급속한 성장을 이루었다. 노쇠한 조직이 되어 가고 있는 미국기업연구소에 비하면 새로 설립된 헤리티지재단은 오히려 힘이 넘치는 상황이었고, 이에 따라 보수성향 싱크탱크의 리더 자리는 자연스럽게 헤리티지재단으로 옮겨 가게 되었다. 후일 쿠어스는 파웰 메모를 읽고 충격을 받아 헤리티지재단의 설립에 팔 걷고 나섰다고 회고한 바 있다. 미국의 자유기업 체제가 심각한 위기에 처해 있는 것을 그대로 보고만 있을 수는 없었다는 것이다.

헤리티지재단의 뒤를 이어 맨해튼연구소Manhattan Institute, 카토연구소Cato Institute, 건전한 경제를 위한 시민Citizens for a Sound Economy 등 보수성향의 싱크탱크들이 연이어 선을 보였다. 이 싱크탱크들은 거의 예외 없이 기업이나 부자들의 막강한 재정적 지원을 받고 있었으며, 따라서 그들이 갖고 있는 보수적 신념의 전파를 위한 수단으로서의 역할에 충실할 수밖에 없었다. 뒤이어 1980년대와 90년대에 들어오면서도 많은 수의 보수성향 싱크탱크가 계속적으로 설립되었다. 이 기간 동안 한 해에 설립되는 보수성향 싱크탱크의 숫자는 평균 2.6개로서 고작 1.3개에 그친 진보성향 싱크탱크의 두 배에 이르는 수준이었다.

리치(A. Rich, 2004)는 미국 싱크탱크의 오랜 전통은 중립적이며 이념과는 무관한 자세라고 말한다. 그러나 1996년에 조사한 바에 따르면, 조사대상이 된 306개 싱크탱크 중 165개, 즉 54%에 이르는 싱크탱크가 분명한 보수 혹은 진보의 이념적 성향을 보였다. 1970년대 보수성향의 싱크탱크가 계속 설립되면서 이들 사이에서 이념적 양극화가 진행된 것으로 해석할 수 있다. 바로 앞에서 말한 것처럼 보수성향의 싱크탱크가 특히 빠른 성장세를 보인 결과 이들은 압도적인 수적 우위를 차지하게 되었다. 165개의 이념적 성향이 분명한 싱크탱크 중에서 보수성향은 65%나 차지해 고작 35%에 그친 진보성향을 크게 앞질렀다.

보수성향의 싱크탱크는 수적인 측면에서 거의 2:1에 이르는 우위를 점했을 뿐 아니라, 사용 가능한 재원의 측면에서도 무려 3:1이나 되는 압도적 우위를 점했다. 리치의 계산 결과에 따르면, 보수성향 싱크탱크들의 가용재원이 2천8백4십만 달러나 되는 데 비해 진보성향 싱크탱크의 가용재원은 고작 8백8십만 달러에 그쳤다. 그 뒤로 벌어진 보수세력과 진보세력 사이의 이념전쟁에서 주역을 담당한 것은 바로 이 이념적 싱크탱크들이었다. 기업과 부유층의 아낌없는 지원을 받는 보수성향 싱크탱크들은 이 이념전쟁에서 압도적으로 우세한 화력을 이미 확보해 놓고 있었던 셈이다.

사회에 미치는 영향력이란 측면에서도 보수성향의 싱크탱크들이 분명한 우위를 점하고 있었다. 1997년 의회 보좌진과 언론인들에게 최근 워싱턴에서 공공정책의 수립에 가장 큰 영향을 미치는 싱크탱크 세 개를 들어 보라고 물어본 결과, 80%의 응답자들이 보수성향의 헤리티지재단을 그중 하나로 꼽았다. 그 뒤를 이어 응답자의 56%가 중립적인 브루킹즈연구소Brookings Institution를 꼽았는데, 1위를 차지한 헤리티지재단과 상당한 격차를 보이고 있다. 이 두 싱크탱크 다음으로 보수성향의 카토연구소와 미국기업연구소가 각각 35%와 32%로 3, 4위에 올랐다. 이 설문조사 결과를 보면 영향력의 측면에서 보수성향 싱크탱크들이 상위권을 휩쓸고 있었음을 알 수 있다.

보수세력의 이념전쟁

1970년대에 들어가면서 경제계 인사들을 중심으로 하여 결집된 보수세력은 어느 정도 진용을 갖추기 시작했고, 이들은 이념적 헤게모니를 장악하기 위해 진보세력을 상대로 치열한 이념전쟁을 벌이기 시작했다. 보수성향의 싱크탱크, 지식인, 그리고 언론이 한편이 되어 벌인 이 이념전쟁에서 보수세력은 결정적인 승리를 거둔다. 그중에서도 특히 맹렬한 활약을 벌였던 것이 바로 기업과 부유층의 전폭적인 재정지원을 받아 우후죽순처럼 설립되었던 보수성향 싱크탱크들이었다. 이들이야 말로 보수세력으로 하여금 이념전쟁에서 확실한 승리를 거두게 만든 일등공신이라고 말할 수 있다.

리치(A. Rich, 2004)는 보수성향의 싱크탱크들이 공통적으로 추구했던 목표들을 다음과 같이 정리해 놓고 있다.

(1) 기업 이익의 대변

(2) 보수적 지식인 집단의 양성

(3) 근본주의·복음주의 기독교단의 정치적 동원

(4) 보수적 경제이론의 영향력 확대

여기서 특히 우리의 눈길을 끄는 것은 보수적 지식인 집단의 양성이 보수성향 싱크탱크들이 추구한 주요 목표 중 하나라는 대목이다.

이들은 이념전쟁의 전사들을 양성한다는 관점에서 보수성향의 지식인들에게 물질적, 정신적 지원을 아끼지 않았으며, 그 결과 네오콘neoconservatives이라는 새로운 보수적 지식인 집단의 등장을 보게 되었다. 크리스톨I. Kristol, 벨D. Bell, 글레이저N. Glazer로 대표되는 네오콘은 반공주의를 공격적인 애국심으로 변환시킨 신념체계를 갖고 있었다. 1965년에 처음 발간되기 시작한 *Public Interest*라는 잡지는 이들의 정치, 외교, 경제정책과 관련된 주장을 전달해 주는 주요 매체의 역할을 했다.

크루그먼(P. Krugman, 2007a)은 이와 같은 보수세력 조직의 집중적 지원으로 인해 기존의 보수성향 지식인과는 성격이 다른 '직업적 보수 지식인'professional conservative intellectual까지 등장하게 되었다고 말한다. 기존의 보수성향 지식인들은 주로 학자로서 보수적 신념을 가진 사람들이지만, 새로이 등장한 직업적 보수 지식인은 파당적인 제도의 조직적 후원을 받아 처음부터 보수 논객으로서의 입지를 굳힌 사람이라는 것이다. 다시 말해 보수세력의 이념적 전사 역할을 전담하는 새로운 유형의 지식인이 등장하게 되었다는 뜻이다.

크루그먼은 진보적인 교육정책을 신랄하게 비판해 인기를 얻은 *Illiberal Education*이란 책을 쓴 드수자D. d'Souza를 그 좋은 예로 든다. 대학 재학 시절 보수적 출판물의 편집자로 일한 그는 졸업 후 보수적 동창회지 편집자로 일한다. 그가 앞에서 말한 책을 집필한 것은 보수적 싱크탱크인 미국기업연구소에서 일하고 있을 때였으며, 보수성향의 올린재단Olin Foundation의 재정지원을 받고 있었다. 크루그먼에 따르면 보수성향의 싱크탱크와 재단들이 이런 직업적 보수 지식인에게 엄청난 재정적 지원을 제공했고, 보수성향의 언론 역시 이들에 대한 기사를 자주 실어줌으로써 위상 제고를 위해 힘썼다고 한다. 각 부문의 보수세력이 힘을 합쳐 이념전쟁의 전사를 양성하기 위해 노력을 아끼지 않았다는 뜻이다.

보수적 경제이론의 영향력 확대라는 목표 역시 보수적 지식인 집단의 양성이라는 목표와 상응하는 부분이 있다. 보수성향의 싱크탱크는 시카고학파에 속하는 보수성향의 경제학자와 공급중시 경제학자들에게 물심양면의 지원을 제공함으로써 이들의 학문적 위상을 높이는 동시에 사회적 영향력을 크게 만드는 데 많은 노력을 기울였다. 이들은 보수세력이 추구하는 목표들, 즉 감세, 정부지출 감축, 규제완화의 필요성을 이론적으로 정당화하는 역할을 담당함으로써 이념전쟁을 보수세력의 승리로 이끄는 데 보수성향 싱크탱크 못지않게 큰 공을 세웠다. 미국 사회뿐 아니라 전 세계를 거세게 휩쓸고 있는 신자유주의의 이념적 기초를 제공한 주역이 바로 이 보수성향의 경제학자들이었다.

보수세력이 벌인 이념전쟁에서 보수성향의 싱크탱크와 지식인 못지않게 중요한 역할을 한 제3의 세력은 보수언론이었다. 싱크탱크가 아무리 매력적인 정책대안을 제시한다 하더라도 언론에서 이를 보도해 주지 않으면 사회적 영향력의 측면에서는 아무런 성과도 거둘 수 없다. 언론이 대대적으로 보도해 주고 호의적인 평가까지 곁들일 때에야 어떤 정책대안이 비로소 생명력을 갖게 되는 것이다. 이 점에서 볼 때 싱크탱크가 갖는 영향력은 그 자체의 능력뿐 아니라 언론의 보도 자세에도 큰 영향을 받는다고 말할 수 있다. 보수성향의 싱크탱크는 이와 같은 언론의 보도라는 측면에서도 진보성향의 싱크탱크에 비해 훨씬 더 유리한 입장에 있었다.

〈표 4-1〉 이념 성향에 따른 싱크탱크 관련 신문 보도의 비중 (단위 : %)

신문	보수	진보	중도
Christian Science Monitor	29.7	13.1	57.2
New York Times	28.5	9.2	62.3
USA Today	34.0	9.9	56.1
Wall Street Journal	48.2	7.1	44.8
Washington Post	30.4	11.4	58.3
Washington Times	62.1	4.1	33.8

자료 : Andrew Rich and Kent Weaver(2000), Table 5

월스트리트저널*Wall Street Journal*과 워싱턴타임즈*Washington Times*로 대표되는 보수언론은 보수성향의 싱크탱크, 그리고 보수성향의 논객들을 홍보하는 데 노력을 아끼지 않았다. 리치-위버(A. Rich and K. Weaver, 2000)가 분석한 결과에 따르면, 〈표 4-1〉에서 보는 것처럼 1991년부터 1998년에 이르는 기간 동안 월스트리트저널은 보수성향 싱크탱크에 관련된 기사를 진보성향 싱크탱크에 관련된 기사보다 거의 7배에 이를 정도로 더 자주 실었던 것으로 나타난다. 또한 워싱턴타임즈는 그 배율이 무려 15배에 이를 정도로 편파적인 보도 태도를 보였다. 이를 보면 보수세력이 진보세력을 상대로 벌인 이념전쟁에서 보수성향의 싱크탱크, 지식인과 더불어 보수언론이 또 하나의 중심축을 구성하고 있었음을 알 수 있다.

한 가지 흥미로운 점은 월스트리트저널이나 워싱턴타임즈처럼 명백하게 이념적 편향성을 보이는 언론기관뿐 아니라 중립적 위치에 있는 언론기관도 보수성향의 싱크탱크에 관련된 기사를 더 많이 싣고 있었다는 사실이다. 심지어 기본적으로 중립적이지만 약간의 진보성향을 갖는 것으로 알려진 뉴욕타임즈*New York Times*까지도 보수성향 싱크탱크에 관련된 기사를 진보성향 싱크탱크에 관련된 기사보다 3배나 더 많이 싣고 있는 것을 볼 수 있다. 보수성향의 인사들은 미국의 언론이 진보세력에 의해 장악되어 있다는 불평을 자주 하지만, 실제로 그와 같은 불평은 현실과 크게 동떨어져 있는 것이다.

리치-위버의 분석 결과는 거의 모든 신문들이 보수성향의 싱크탱크에 호의적인 태도를 보였다는 것을 뜻한다. 그들은 이와 같은 언론의 편향성이 돈과 밀접한 관련을 갖는다는 결론을 내리고 있다. 여러 재단, 기업, 정부로부터 풍부한 재원을 제공받고 있는 보수성향 싱크탱크들은 이 재원을 활용해 언론에 노출될 수 있는 기회를 더 많이 만들 수 있었다는 말이다. 언론 노출 빈도가 높아질수록 더 많은 자금이 흘러들어 오고, 그 결과 언론 노출 빈도가 한층 더 높아지는 일종의 순환구조가 형성되어 있다는 것이 그들의 지적이다. 뿐만 아니라 스테판치치-델가도(J. Stefancic and R. Delgado, 1996)가 지적하고 있듯, 보수세력은 언론을 자기편으로 만들어 보수이념의 확산에 기여하게 만든다는 점에서 탁월한 능력을 발휘했다.

신문뿐 아니라 수많은 보수성향의 라디오 토크쇼도 보수적 이념의 확산에 한몫을 단단히 했다. 그와 같은 토크쇼 진행자의 대표격인 사람이 바로 림보R. Limbaugh인데, 그는 미국 전역을 커버하는 660개의 방송국을 통해 무려 2천만 명에 이르는 청취자층을 갖고 있었다. 그 외에도 엘더L. Elder, 그랜트B. Grant, 커닝햄B. Cunningham 등 수많은 토크쇼 진행자가 진보진영과 민주당을 향해 맹렬한 공격을 퍼부었다. 이에 비해 진보진영의 편을 드는 라디오 토크쇼 진행자는 그 숫자가 손에 꼽을 정도로 매우 적었다.

보수성향의 싱크탱크, 지식인, 그리고 언론이 한편이 되어 벌인 이념전쟁에서 보수세력은 결정적인 승리를 거둔다. 터쉬넷(M. Tushnet, 1996)은 보수세력의 이와 같은 승리가 이탈리아의 마르크스주의 정치사상가 그람시A. Gramsci가 말한 '진지전'war of position에서의 승리라는 성격을 갖는다고 해석한다. 그람시는 혁명을 이루는 방법에 기동전war of maneuver과 진지전 두 가지가 있다고 말했다. 기동전은 혁명세력이 기득권세력을 대표하는 국가를 상대로 벌이는 직접적인 충돌을 뜻하는 한편, 진지전은 문화적 헤게모니cultural hegemony를 장악하기 위한 장기간에 걸친 은밀한 투쟁이다.

그람시가 말하는 진지전의 특징은 계급의식을 고취하고, 역사적 분석을 제시하며, 혁명의 이론을 가르치는 등의 방식을 통해 혁명세력이 문화적 헤게모니를 장악한다는 데 있다. 터쉬넷은 1960년대부터 서서히 결집의 움직임을 보이기 시작하고 70년대에 이르러서는 본격적인 이념전쟁에 돌입한 미국의 보수세력이 이와 같은 진지전의 전략을 구사했다고 말한다. 이와 같은 진지전 성격의 이념전쟁에서 보수성향의 싱크탱크, 지식인, 그리고 언론이 유기적인 협력체제를 구축해 문화적 헤게모니 쟁취에 성공했던 것이다.

1978년의 갤럽 여론조사Gallup Poll 결과를 보면, 응답자의 47%나 되는 사람들이 자신은 보수성향이라고 말한 것으로 나타난다. 이에 비해 자신이 진보성향이라고 말한 사람은 32%에 불과했고, 나머지 10%가 자신을 중도성향이라고 말했다.[4] 1960년대만 하더라도 자신이 진보성향이라고 말하는 응답자가 압도적 다수를 차지했다는 사실에 비추어 보면, 비교적 짧은 기간 동안 대중의 이념적 지형에 엄청난 변화가 생겼다는 것을 알 수 있다. 갤럽사가 설문조사 방식을 바꾼 1992년부터는 보수와 진보 사이의 격차가 한층 더 벌어져 자신이 보수성향이라고 말하는 응답자가 진보성향이라고 말하는 응답자의 두 배 이상 더 많은 것으로 나타났다.

2013년에는 자신이 진보성향이라고 말한 응답자의 비율이 23%로 1992년 이래 가장 높은 수준으로 올라갔다. 그러나 보수성향이라고 말한 응답자의 비율이 38%로 무려 15% 포인트나 더 높기 때문에 양자 사이에 역전이 일어날 가능성은 지극히 희박한 것이 사실이다. 이와 같은 여론조사 결과만 보아도 보수세력이 벌인 이념전쟁이 미국 사회에 얼마나 큰 영향을 미쳤는지 능히 짐작할 수 있다. 재계 지도자 그리고 이들이 지원하고 있는 보수성향의 싱크탱크와 지식인으로 구성된 보수세력이 벌인 전방위적 이념전쟁이 미국 국민 사이에서 보수적 가치를 확산시키는 데 혁혁한 성과를 거둔 것이다.

풀뿌리 보수주의운동과 보수대연합의 결성

앞에서 설명한 것처럼, 1970년대 파웰 메모에 의해 촉발된 보수세력의 결집은 주로 재계와 학계의 엘리트들에 의해 주도된 것이었다. 이들의 주요한 관심사가 경제적 측면에 있다는 점에서 이들을 경제적 보수세력economic conservatives이라고 부를 수 있다. 그런데 실제로 보수주의자들이 하나의 세력으로 뭉치기 시작한 것은 이보다 전인 1960년대였다. 당시의 극심한 정치적, 문화적 변동의 와중에서 위기감을 느낀 보수주의자들은 자신들이 보기에 바람직하지 않은 방향으로 나아가고 있는 미국 사회를 바로잡기 위해서는 결집된 힘이 필요하다고 느꼈다. 이에 따라 풀뿌리 차원의 대중적 운동의 성격을 갖는 보수주의운동conservative movements이 서서히 그 모습을 드러내기 시작했다.

블리-크리샙(K. Blee and K. Creasap, 2010)은 이 보수주의운동의 공통적 특징이 시장 중심의 경제정책, 열렬한 애국심, 전통 중시, 그리고 전통적 도덕의 강조에 있다고 설명한다. 이들은 캘리포니아 주에서 조세저항운동을 일으키기도 했고, 사회복지지출의 감축을 주장하기도 했으며, 낙태금지운동이나 동성애금지운동을 벌이는 등 각 집단의 신념에 따라 다양한 형태의 보수주의운동을 벌였다. 앞 절에서의 경제적 보수세력이 엘리트 중심의 집단인 데 비해, 이 보수주의운동은 다양한 계층을 망라하는 보수적 신념 소유자들의 집단이라는 점에서 대중성이 더 크다는 차이를 갖고 있다.

넓은 의미에서의 보수주의운동이라는 범주 안에 포함시킬 수 있는 여러 집단 중 특히 우리의 관심을 끄는 것은 신우파New Right라고 불리는 집단이다. 이 집단은 자유시장 신봉자, 자유지상론자libertarian, 반공주의자, 그리고 보수적 사회운동가 등 다양한 성격의 인사들로 구성된 느슨한 집합체였다.

이 신우파가 전통적인 우파, 즉 구우파Old Right와 다르다고 보는 사람은 두 집단이 다음과 같은 차이를 갖는다고 설명한다. 구우파는 국방, 자유시장, 동서 해빙 같은 문제에 주로 관심을 갖는 엘리트적 성격의 집단인 데 비해, 신우파는 국내의 사회적 이슈에 더욱 많은 관심을 갖는 대중주의적 집단이라는 차이가 있다는 것이다. 그러나 버먼(W. Berman, 1998)은 이 두 집단 사이에 근본적인 이념의 차이는 없으며, 단지 전략상의 차이 혹은 강조점의 차이 정도가 있을 뿐이라고 지적한다.

신우파는 1970년대 들어 새로이 나타나기 시작하는 경제적, 사회적 환경하에서 자신의 주장에 동조하는 대중적 기반 조성을 위해 새로운 전략과 조직 방법을 활용한다는 데 그 주요한 특징이 있었다. 이들이 주로 관심을 갖는 사회적 이슈는 강제 버스통학, 복지지출, 환경주의, 범죄에 대한 미온적 대응, 인종쿼터제, 비대한 관료조직, 부실한 교육 등이었다. 이와 같은 이슈들은 일반 시민들, 특히 백인 중산층과 근로계층이 지대한 관심을 갖고 있었던 것이었다. 그들은 미국 사회가 바람직하지 않은 방향으로 나아가고 있다고 보았으며, 이런 사태를 빚은 책임은 그 당시 지배적인 영향력을 행사하고 있던 진보세력과 민주당에 있다는 믿음을 갖고 있었다. 이런 분위기하에서 신우파는 손쉽게 광범위한 대중적 기반을 구축할 수 있었는데, 이 과정에서 대중영합주의적 전략의 구사가 매우 큰 효과를 발휘했다.

그 당시 신우파를 비롯한 보수세력이 영향력을 크게 확대할 수 있었던 주요한 이유는 급격한 사회 변화로 인해 발생한 가치관의 혼란과 이에 따른 윤리적, 도덕적 갈등이었다. 미국 사회에서 1960년대는 전통적 가치관을 고수하는 사람들에게 무척 고통스러운 시기였다. 월남전 반대운동과 관련해 기존의 권위를 전면적으로 부인하는 새로운 풍조가 나타났을 뿐 아니라, 낙태, 동성애 혹은 마약과 관련해 전통적인 가족제도, 전통적인 윤리·도덕을 중시하는 사람으로서는 경악을 금치 못할 일들이 연이어 일어났기 때문이다. 따라서 전통적 가치관을 고수하는 사람들에게는 점차 붕괴되어 간다고 느끼는 가족제도를 다시 일으켜 세우고 사회의 윤리적·도덕적 기반을 재확립하는 것이 무엇보다 시급하고 중요한 과제가 아닐 수 없었다.

이와 같은 불안 심리가 대중적 차원에서 보수주의운동이 본격화되는 시발점이 되었다는 사실은 맥거(L. McGirr, 2001)가 쓴 *Suburban*

*Warriors*라는 책에 자세히 설명되고 있다. 이 책은 1964년 3월 캘리포니아 주의 오렌지카운티Orange county에 거주하는 킬즈마이어E. Kielsmeier라는 평범한 주부가 다가오는 대통령 선거에서 강경 보수주의자 골드워터B. Goldwater를 공화당 후보자로 만들기 위한 운동을 벌이는 모습에 대한 묘사로 시작하고 있다. 이어서 이와 같은 풀뿌리 보수주의운동이 점차 조직화되어 가면서 세를 불려 결국 아무도 무시하지 못할 당당한 보수세력의 일원으로 부상하는 과정을 설명한다.

이 풀뿌리 보수주의운동은 미국 사회의 사회적, 문화적 측면에서의 변화에 관심의 초점을 맞추고 있다는 점에서 사회-문화적 보수세력socio-cultural conservatives이라고 부를 수 있다. 이들과 앞에서 말한 신우파가 동일한 집단은 아니지만 둘 사이에는 많은 공통점이 있다. 구태여 양자 사이의 관계를 설정하려고 한다면, 사회-문화적 보수세력이 신우파라고 불리는 좀 더 광범한 집단의 주축을 구성한다고 말할 수 있을 것이다.

앞 절에서 논의한 바 있는 경제적 보수세력과 이 사회-문화적 보수세력이 주로 관심을 갖는 영역에는 상당한 차이가 있는 것이 사실이다. 그러나 이와 같은 차이에도 불구하고 이들은 범보수세력으로 결집될 수 있는 강력한 공통분모를 갖고 있었다. 그것은 바로 모든 문제의 근원이 진보세력과 이에 의해 장악된 정부에 있다는 공통 인식이다.

경제적 보수세력은 진보적 정부의 지나친 개입과 사회복지 지출을 미국 기업 경쟁력 약화의 주요인으로 꼽고 있었다. 또한 사회-문화적 보수세력은 자유분방한 진보적 이념이 가족제도와 윤리적·도덕적 기반의 약화를 가져온 주요인이라고 생각했다. 이렇게 진보세력과 민주당을 공통의 적으로 인식한다는 점에서 두 집단은 공통분모를 갖고 있었고, 이를 기반으로 해서 범보수세력으로 단결될 수 있었던 것이다.

여기에 제3의 보수세력이 합세함으로써 보수대연합은 미국의 정치와 사회를 좌우할 수 있는 막강한 영향력을 구축하게 된다. 이 제3의 보수세력이란 다름 아닌 근본주의적fundamental, 복음주의적evangelical 개신교 목회자들을 중심으로 결성된 종교적 보수세력이다. 버먼(W. Berman, 1998)이 '신종교우파'New Religious Right라고 부른 이 집단은 세속적인 신우파와 매우 긴밀한 관계를 갖고 있지만, 종교적 신념이 보수주의적 견해의 기초가 된다는 그 자신의 고유한 특성을 갖고 있다.

1960년대와 70년대 초의 급변하는 인종적, 사회적, 문화적 여건하에서 근본주의적 개신교도들을 자극하는 여러 가지 일들이 일어났다. 낙태 자유화, 학교에서의 기도 금지, 음란물과 마약의 범람, 동성애자 운동 등이 그 예인데, 그들은 이와 같은 변화로 인해 미국의 가족제도와 윤리적·도덕적 기반이 심각한 위협에 직면하게 되었다고 생각했다.

이에 더해 민주당 행정부가 취한 일련의 조처가 이들의 분노를 자극하기도 했다. 예를 들어 연방통신위원회Federal Communications Commission는 종교적 방송 프로그램의 면허를 동결함으로써 복음주의적 목회자들의 활동무대를 제약하는 조처를 취했다. 또한 국세청IRS은 인종차별을 하는 학교에 대한 면세지위를 박탈하는 조처를 취했는데, 이 조처를 통해 일부 개신교와 가톨릭 계통의 학교가 영향을 받게 된 것도 그들을 분노하게 만드는 한 원인이 되었다. 근본주의적 목회자의 대표격인 폴웰J. Falwell 목사는 국세청의 이와 같은 조처에 대해 목숨을 걸고 싸워야 한다고 선언할 정도였다. 그들은 진보적인 정치적·문화적 엘리트가 이 모든 문제의 배후에 있다고 믿었으며, 자신들도 세력화해 이들과 정치적 투쟁을 벌여야 한다고 생각했다.

1976년 카터J. Carter가 대통령에 당선될 때만 해도 그는 남침례교회Southern Baptists의 압도적 지지 덕을 톡톡히 봤다. 그러나 대통령에 당선된 후의 행적에 실망을 느낀 근본주의적 개신교단은 냉정하게 등을 돌리게 되었고, 그 이후 신종교우파는 남부와 남서부를 공화당의 표밭으로 만드는 데 결정적 기여를 하게 된다. 그 당시 주류 개신교단은 신도 수가 줄어드는 경향을 보이고 있었던 데 비해 유독 보수적인 남침례교회만은 신도 수가 늘어나는 예외적 현상을 보여 신종교우파의 세력 확장에 밑거름이 되었다.

신종교우파의 대표적 활동가는 1978년 창설된 Christian Voice에서 지도적 역할을 수행한 텔레비전 복음주의 설교자 로버트슨M. Robertson 목사와 1979년 Moral Majority를 창설한 폴웰J. Falwell 목사였다. 이들은 표면적으로 종교인이라는 직업을 갖고 있었지만 정치가를 뺨치는 정치적 성향과 수완의 소유자들이었다. 보수적 이념에 동조하는 사람들을 모집하고 조직화한 다음, 이들을 이념적 동지로 만드는 정치적 과정에서 그들은 정치가를 능가하는 천재적인 능력을 발휘했다. 그들은 텔레비전 출연과 우편 발송을 통한 캠페인을 통해 전국적 차원의 풀뿌리 네트워크를 조성하는 한편, 일선 목회자들을 통해 진보적 엘리트들에 의해 주도된 세속화의 움직임이 갖는 위험성을 홍보하는 데 주력했다.

리네쉬(M. Lienesch, 1982)는 이 신종교우파가 동원할 수 있는 사람의 숫자만 보아도 이들의 사회적 영향력이 얼마나 큰지 능히 짐작할 수 있다고 말한다. 이 집단의 지도적 인사의 발언에 따르면 5천만 명의 보수적 개신교도들과 3천만 명의 보수적 가톨릭교도 이외에도 수백만 명의 다른 종파 교인들을 동조세력으로 볼 수 있다고 한다. 그 인사가 실제의 숫자를 약간 과장해서 표현했을 것이라고 짐작할 수 있지만, 신종교우파의 동원 능력이 결코 무시할 수 없는 수준이라는 것은 전혀 의심의 여지가 없다.

뿐만 아니라 신종교우파의 지도자들은 하나하나가 모두 이념적으로 철저하게 무장되어 있을 뿐 아니라, 타협이란 것을 모르는 열정적인 운동가들이자 동시에 직업적 정치가를 빰칠 정도의 세련된 전술을 구사할 줄 아는 전략가들이었다. 자신의 입장과 다른 정치가들을 무차별적으로 공격하는 호전성으로 인해 심지어 보수성향의 정치인들조차 이들을 두려워할 정도였다. 리네쉬에 따르면, 이름이 알려지지 않은 한 레이건 대통령의 보좌관이 신종교우파를 가리켜 "이와 같은 종교와 정치의 결합은 내가 그동안 보아 온 것 중 가장 위험하고 가장 오싹한 것이다."라는 논평을 할 정도였다고 한다.

경제적 보수세력과 사회-문화적 보수세력이 손을 잡고 여기에 다시 신종교우파가 가세함으로 인해 미국 사회 전반을 아우르는 보수대연합의 결성이 이루어지게 된다. 지금까지 살펴본 것처럼 이 세 보수세력은 끈질긴 조직과 운동을 통해 자신의 영역에서 막강한 영향력을 구축한 집단들이다. 이들이 미국 사회의 보수화라는 공통의 목표하에 결집해 진보세력에 선전포고를 한 순간 이미 승부는 결정이 된 셈이나 다름없는 형국이었다. 일관된 목표의식도 없고 단결된 힘을 발휘할 준비조차 되어 있지 못한 진보세력은 이 막강한 보수대연합의 적수가 될 수 없었기 때문이다.

보수주의운동은 자신의 정치적 신념의 실현 수단으로 공화당을 선택했고, 이 전략에 따라 공화당에 진입해 주도권을 장악하기 위한 싸움을 벌였다. 크루그먼(P. Krugman, 2007a)은 1964년 강경 보수주의자인 골드워터B. Goldwater가 공화당의 대통령 후보로 뽑힌 것은 공화당 내에서 보수주의운동이 주도권을 장악했음을 뜻한다고 해석한다. 종전에는 아이젠하워D. Eisenhower류의 온건 보수세력이 공화당의 주도권을 갖고 있었으며 골드워터 같은 강경파는 비주류에 속해 있었다. 비주류의 골드워터가 대통령 후보로 뽑혔다는 것은 공화당 내부의 세력 판도에 변화가 일어나 강경 보수세력이 주도권을 장악했다는 뜻이다. 그러나 선거에서 골드워터가 대패함에 따라 아직까지는 보수주의운동이 미국 사회 전체를 휘어잡기에는 역부족이라는 사실이 드러나게 되었다.

공화당의 주도권을 장악한 보수주의운동이 선거에서 승리를 거둔 첫 번째 사례로 꼽을 수 있는 것은 1966년 캘리포니아 주지사 선거에서 레이건R. Reagan이 당선된 일이다. 그러나 1968년과 1972년 두 차례에 걸쳐 공화당의 닉슨R. Nixon이 대통령에 당선된 것을 보수주의운동의 승리를 의미하는 것으로 해석하기는 어렵다. 그가 보수주의운동의 전략을 효율적으로 활용해 선거에서 승리를 거둔 것은 사실이지만, 보수주의운동의 정치적 목표까지 수용한 것은 아니었기 때문이다.[5] 대통령에 당선된 그는 오늘날의 시점에서 보면 민주당 출신의 대통령도 감히 생각하기 어려울 정도의 진보적인 정책을 계속 내놓았다. 당시의 사회적 분위기에 편승해 자신의 정치적 가치를 크게 만들려는 의도가 그 밑에 깔려 있었다고 볼 수는 있지만, 어찌 되었든 보수주의운동의 관점에서 본다면 크게 실망스러운 결과가 아닐 수 없었다.

보수주의운동의 입장에서 볼 때 닉슨에 이어 등장한 포드G. Ford 대통령도 실망스럽기는 마찬가지였다. 그러나 그들이 공화당 안에서 발휘하는 영향력은 점차 커져 1970년대 후반에 이르러서는 완전히 주도권을 장악하기에 이른다. 1980년의 대통령 선거에서 레이건이 거둔 압승은 이제 그들이 미국 사회 전반을 좌우할 수 있는 확고한 위치를 구축했음을 보여 주는 좋은 증거다. 미국의 승자독식정치는 공화당의 주도권을 장악한 바로 이 강경 보수세력에 의해서 만들어진 작품이라고 말할 수 있다.

지금까지 살펴본 것처럼 1970년대 말에 이르면 보수세력은 엘리트 차원에서의 보수주의운동과 풀뿌리 차원에서의 보수주의운동이 연합전선을 구축해 막강한 전투력을 갖추게 된다. 이 보수주의운동의 구성원 하나하나가 세상을 바꾸겠다는 뚜렷한 목표의식과 열정으로 무장되어 있었기에 이 집단의 힘은 한층 더 커질 수 있었다. 뿐만 아니라 보수주의운동은 조직화의 측면에서도 탁월한 능력을 발휘해 고립되고 산만한 조직의 진보세력을 압도하고 있었다. 진보세력은 제대로 힘조차 써보지도 못하고 보수세력에게 정국의 주도권을 넘겨줄 수밖에 없었다.

앞에서 소개한 *Suburban Warriors*는 캘리포니아 주의 평범한 중산층 시민들이 지역 사업가들의 지원을 등에 업고 진보세력의 독주체제를 무너뜨리기 위해 일어서는 모습을 생생하게 묘사하고 있다. 이들은 미국의 전통과 가치를 수호한다는 목표하에 단결하여 학습 그룹을 조직하고, 보수서적을 주로 취급하는 서점을 여는가 하면, 학교 이사회 진출을 시도하는 등의 다양한 활동을 벌인다. 저자는 이들을 '부엌식탁 활동가'kitchen-table activists라고 부르는데, 이들이 바로 1960년대 초만 하더라도 아무런 존재감이 없던 보수세력을 다시 정국을 주도하는 중심세력으로 부활하게 만든 주역들이라고 소개한다.

이 책에서 묘사하고 있는 자생적 보수주의운동은 각기 다른 세계관, 우선순위, 그리고 전략을 갖고 있는 다양한 집단으로 구성되어 있다. 때로는 내부적 갈등을 겪기도 하지만, 이들은 많은 이슈에 대해 공통된 견해를 갖고 있어 '진보 집단주의'liberal collectivism의 타도라는 공동의 목표를 위해 단결할 수 있었다는 것이 저자의 설명이다. 그들이 말하는 진보 집단주의는 공공의 복지와 사회적 정의라는 명분으로 정부가 경제적, 사회적, 문화적 측면에서의 개입을 강화해온 것을 가리키고 있다. 이와 같은 풀뿌리 보수주의운동이 20세기 미국 정치에서 발생한 가장 의미심장한 변화라고 말할 수 있는 보수의 부활을 가져온 원동력이라는 것이 저자의 주장이다.

보수주의운동가들의 결집된 힘이 얼마나 큰 영향력을 발휘했는지는 리히트먼(A. Lichtman, 2008)의 *White Protestant Nation*이란 책에서도 잘 설명되어 있다. 이 책은 2000년 11월 21일 대통령 선거가 끝나고 2주가 지났는데도 당선자가 확정되지 않은 상황에서 공화당의 부시G. W. Bush 후보 지지자들이 플로리다 주 마이애미-데이드카운티Miami-Dade county에서의 재검표를 저지하기 위해 벌인 시위에 대한 묘사로 시작하고 있다. 고작 1/5의 재검표가 완료되었을 뿐인데도 민주당의 고어A. Gore 후보자가 157표를 더 얻은 것으로 드러나, 만약 예정대로 재검표가 완료되면 플로리다 주가 고어 후보 쪽으로 가고 그 결과 그가 대통령에 선출될지도 모르는 긴박한 상황이었다.

부시 후보 선거대책본부는 재검표를 저지한다는 전략을 세우고 급히 150명의 시위대를 구성해 재검표 현장을 덮치게 만들었다. 그중에는 플로리다 주 밖에서 동원한 공화당원도 포함되어 있었으며, 선거대

책본부 요원은 물론 공화당 의원들의 보좌관들도 다수 포함되어 있었다. 이들은 재검표 현장을 습격해 공포 분위기를 조성함으로써 재검표 작업이 순조롭게 진행되는 것을 방해했다. 이렇게 공화당측이 거의 난동에 가까운 행동으로 재검표 작업을 방해했다면, 상대방인 민주당측도 이에 맞서 재검표 작업이 순조롭게 진행되도록 나름대로 어떤 조처를 취했어야 했다. 그러나 그 현장에서 민주당측을 대변하는 목소리나 행동은 전혀 찾아볼 수 없었다는 것이 리히트먼의 지적이다.

그 일이 있은 후 3주 후에 미국 연방대법원은 플로리다 주의 재검표를 중단시켰고, 부시 후보는 537표의 리드를 그대로 지켜 플로리다 주를 차지하고 결국 대통령에 당선되었다. 리히트먼은 그날 시위에 참여한 150명의 열혈 보수주의자들이 이미 대통령 선거를 부시의 승리로 만들어 놓은 셈이라고 평한다. 이 사례를 보면 보수세력이 진보세력에 비해 동원 능력이 더 뛰어났고 조직된 힘을 훨씬 더 효과적으로 발휘했을 뿐 아니라, 한층 더 열정적이며 정권을 장악하기 위한 욕심도 상대적으로 더 강했다는 것을 알 수 있다.

보수세력과 이를 대변하는 공화당이 갖는 상대적 우위는 이런 점들에 국한되어 있는 것이 아니었다. 이들은 기업과 재단의 재정지원을 이끌어 내는 능력에서도 우위에 있었으며, 직접 우편을 발송하는 방식으로 풀뿌리 차원에서 기금을 모으는 데도 탁월한 능력을 발휘했다. 뿐만 아니라 당파적 싱크탱크와 시민단체로 구성된 네트워크를 조직하고 활용하는 능력의 측면에서도 진보세력을 압도했다. 나아가 보수성향의 지식인을 적극 후원해 이념전쟁의 전사로 양성한다는 점에서도 이런 측면에서 이렇다 할 노력을 기울이지 못한 진보세력과 좋은 대조를 이루었다. 보수성향의 지식인들은 뉴딜New Deal과 위대한 사회Great

Society로 대표되는 진보주의에 맹렬한 공격을 가함으로써 이들이 더 이상 미국 사회를 이끌어 가는 지도 이념이 될 수 없다는 믿음을 대중의 마음속에 심어 놓았다.

자신의 아이디어를 적절하게 포장해 일반 대중에게 마케팅하는 능력의 측면에서도 진보세력은 보수세력의 적수가 되지 못했다. 보수세력은 자신의 정치적 언어를 교묘하게 프레임해 대중적 호소력을 높임으로써 진보세력과의 논쟁에서 상대방을 줄곧 수세에 몰리게 만들었다. 그들의 주장에 따르면 그동안 진보세력이 추진해온 정책은 국민을 행복하게 만들지 못할 뿐 아니라, 윤리와 도덕을 타락시키고 미국을 위대하게 만드는 데 기여했던 제도와 전통을 허물어뜨리는 결과를 가져왔다. 보수세력과 공화당은 이와 같은 메시지를 효과적으로 전 국민에 유포함으로써 자신들만이 무너져 가는 미국의 사회와 경제를 바로잡아 예전의 건강한 상태로 되돌릴 수 있는 유일한 대안임을 납득시키는 데 성공했다.

보수세력에 유리하게 돌아간 시대적 상황

보수세력과 공화당이 드디어 정국의 헤게모니를 잡게 된 것은 그들 자신의 뛰어난 정치적 능력 덕분이 컸지만, 이에 못지않게 당시의 상황이 그들에게 매우 유리한 방향으로 전개되었던 덕도 컸다. 1970년대에 들어서면서 보수세력은 영향력을 크게 확대할 수 있는 좋은 기회를 맞게 되는데, 여기에는 몇 가지 그럴 만한 이유가 있었다. 그 이유로서 첫 번째로 꼽을 수 있는 것은 그 당시 미국 경제가 직면해 있던 어려운 처지였다. 그때는 물가 불안과 고용 불안이 동시에 발생하는 스태그플

레이션stagflation으로 인해 민생의 어려움이 가중되고 있던 때였다.

1960년대 전반까지만 해도 1%대에 머물고 있던 물가상승률은 후반에 들어오면서 점차 높아지기 시작해, 1970년대에 들어오면서는 5%대 이상의 물가상승률이 거의 일상화되었다. 특히 1974년과 1979년에는 11%대로 치솟았고, 1980년에는 13.5%로 1920년대 이래 최고의 수준으로 뛰어올랐다. 물가상승률과 더불어 실업률도 함께 고공행진을 계속해 1974년에서 1975년에 이르는 기간 동안 9%대로 뛰어 올라 1940년대 이래 가장 높은 수준에 이르게 되었다. 종전에는 물가상승률이 높을 경우 실업률이 그리 높지 않아 물가와 고용의 불안이 동시에 발생하지는 않는 것이 일반적인 상황이었다. 그러나 스태그플레이션이 일어나면서 미국 경제는 물가 불안과 고용 불안이라는 원투펀치를 맞고 비틀거리기 시작했다.

뿐만 아니라 제2차 세계대전의 상처에서 회복한 유럽 여러 나라들과 일본의 약진으로 인해 세계에서 미국 경제가 차지하는 비중도 계속 하강추세를 보이고 있었다. 1950년에는 전 세계의 총생산량 중에서 미국이 차지하는 비중이 40%였는데, 1970년에는 23%의 수준으로 떨어졌다. 또한 전 세계의 무역에서 미국이 차지하는 비중이 1950년에는 20%였는데, 1970년에는 그 절반인 11% 수준으로 떨어졌다. 자신이 세계 제일이라는 자부심을 갖고 살아온 미국 사람들에게 이와 같은 미국 경제 비중의 상대적 위축은 큰 심리적 타격이었다. 그들의 머릿속에는 이러다가 미국이 2등 국가로 전락하게 되는 것이 아니냐는 위기의식이 머리를 들기 시작했다.

미국 기업들의 생산성 향상 속도가 느려지고 이에 따라 국제경쟁력이 약화되는 것도 미국 국민의 큰 걱정거리였다.[6] 기업과 재계 지도자들은 문제의 원천이 노동조합과 정부에 있다고 보았으며, 신우파는 이에 전적으로 동의하고 있었다. 노동조합의 과도한 임금인상 요구로 인해 원가상승 압력이 가중되는 데다가, 정부는 너무 많은 규제와 너무 높은 세금으로 기업활동을 위축시켰기 때문에 미국 기업들이 활력을 잃을 수밖에 없다는 것이 그들의 주장이었다. 또한 그들은 케인즈적인 복지국가를 추구하는 과정에서 인플레이션이 걷잡을 수 없이 심화되었다는 시각을 갖고 있었다.

설상가상으로 1960년대 미국 사회 전체를 전쟁터처럼 만든 월남전 반대운동과 이와 함께 나타난 히피문화의 돌풍으로 인한 사회적, 문화적 혼란은 주류 백인들을 더욱 큰 불안으로 몰아넣었다. 바로 얼마 전까지만 해도 미국이 막강한 경제력과 군사력을 갖고 있는 것은 물론 윤리적, 도덕적으로도 다른 나라의 모범이 될 수 있다는 자부심을 갖고 있었던 미국 국민에게 이와 같은 상황은 큰 충격이 아닐 수 없었다. 손을 놓고 그대로 보고만 있는다면 머지않아 몰락의 길을 걷게 될지도 모른다는 위기의식에 사로잡혀 있는 그들로서는 이 위기를 타개할 수 있는 대안세력을 찾는 것이 무엇보다 급한 과제였다.

그 당시 미국 국민 사이에는 오랜 기간 동안의 진보적 정치에 대한 피로감이 누적되어 있었을 뿐 아니라, 많은 사람들이 그 진보적 정치의 피해자라는 의식을 갖고 있었다. 존슨L. Johnson 대통령의 '위대한 사회'Great Society 프로그램은 그동안 소외되었던 빈곤층, 노인, 그리고 소수인종을 사회 주류에 합류시키려는 통합의 정치를 추구했지만, 그 과정에서 오히려 다수의 평범한 서민들을 소외시키는 불행한 결과를 가져왔다. 소수인종의 권익을 보호하기 위한 민권입법civil rights legislation은 위대한 사회의 트레이드마크와도 같은 존재였지만 서민계층의 백인들에게는 별 의미를 갖지 못했다. 또한 빈곤층은 아니지만 부유하다고도 할 수 없는 서민들의 눈에는 자신이 낸 세금으로 정부의 도움을 받을 만한 자격도 없는 사람들에게 복지 혜택을 쏟아붓는 것 역시 납득할 수 없는 일로 비칠 수밖에 없었다.

일부 백인 중산층과 근로계층은 자신들을 진보적 정치의 피해자로 인식하고 공공연히 반기를 들기 시작했다. 소수인종의 권익을 보호하기 위한 민권법안이 줄지어 뒤를 잇는데도 인종간의 갈등은 오히려 더 커지고 있었으며, 대도시를 중심으로 한 사회적 혼란과 범죄는 계속 증가추세에 있었다. 또한 소수인종을 보호한다는 명분으로 도입한 소수집단우대정책Affirmative Action이 백인들을 역차별하는 결과를 가져왔다는 불만이 들끓기 시작했다. 뿐만 아니라 스스로의 노력 부족으로 인해 가난해진 소수인종의 빈곤층에게 '너무나도 관대한' 복지 혜택을 주기 위해 그리 부유하지도 않은 자신이 더 무거운 세금 부담을 져야 한다는 사실이 그들로서는 받아들이기 힘든 일이었다. 그들에게 존슨 대통령이 내건 위대한 사회의 건설이라는 구호는 '빛 좋은 개살구'일 수밖에 없었다.

이런 상황에서 모든 문제의 근원이 무책임한 진보세력과 민주당에 있으며, 이 위기를 타개할 능력을 가진 유일한 집단은 바로 보수세력과 공화당이라는 주장은 엄청난 설득력을 갖고 있었다. 퍼주기식 사회복지를 청산하고, 세율을 크게 낮춰 주며, 기업을 옥죄는 규제를 철폐함으로써 경제를 바로 되살릴 수 있다는 주장은 사람을 솔깃하게 만들었던 것이 사실이다. 그때까지 그런 정책을 본격적으로 실험해 본 사례가 없었기 때문에 근거 없는 기대가 더욱 컸을 수도 있다. 더군다나 수많은 싱크탱크와 수많은 지식인들이 한입으로 그것만이 미국 경제를 되살릴 수 있는 유일한 해법이라고 자신 있게 말할 뿐더러, 언론까지 그 말이 맞다고 맞장구를 치고 있는 것이 아닌가?

엄격한 행동의 기준을 정립해 사회의 윤리적, 도덕적 기반을 되살리고, 엄정한 법과 질서의 집행을 통해 안전한 사회를 만들겠다는 공약이 갖는 대중적 호소력도 마찬가지로 컸다. 근본주의적 목회자들이 전국을 돌며 도덕적 재무장의 필요성을 부르짖고 다니는 상황에서 이 공약은 바로 그 시대적 요구에 딱 들어맞는 적절한 것으로 받아들여졌다. 또한 범죄의 소굴이 되어 가는 대도시에서 생명의 위협마저 느끼며 살아가야 하는 서민들에게 '법과 질서'law and order라는 말은 마치 복음처럼 들렸을 가능성이 크다.

한마디로 말해 당시의 시대적 상황은 보수세력과 공화당이 내걸고 있는 공약과 절묘하게 맞아떨어졌다. 더군다나 보수세력은 동원과 조직의 측면에서 비상한 능력을 갖고 있었을 뿐 아니라, 자신의 어젠다를 포장해 마케팅하는 데에도 뛰어난 소질을 갖고 있었다. 진보적 정치에 대해 심한 피로감과 실망을 느끼고 있는 대중에 파고들어 자신만이 나락으로 떨어지려 하는 미국 사회를 구할 유일한 대안임을 설득해, 그들을 지지세력으로 확보하는 데 아무런 어려움을 느끼지 않았다. 특히 과도한 사회복지지출에 불만을 갖고 있는 데다가, 소수인종에게 너무 관대한 정책도 마음에 들지 않고, 미국 사회가 점차 타락해 간다고 느끼는 백인 근로계층에서 열광적인 지지를 얻었다.

보수세력과 공화당은 진보적 정책에 대한 대중의 불만을 부추기기 위해 자극적인 발언을 서슴지 않았으며, 때로는 교묘한 언사로 인종간의 갈등을 부추기기도 했다. 예를 들어 헤리티지재단의 렉터R. Rector는 "실패한 미국의 5.4조 달러짜리 빈곤과의 전쟁"이라는 자극적 제목의 글에서 지난 30년 동안 엄청난 돈을 쏟아부어 벌인 빈곤과의 전쟁이 대실패로 돌아갔다고 단언했다. 그에 따르면 그 5.4조 달러는 제2차 세계대전에서 사용한 전쟁비용보다 70%나 더 큰 금액이며, 미국 전체의 상업적 기반시설을 모두 구입하고도 남는 금액이라고 한다. 보수세력과 공화당은 임신한 어린이, 무위도식하는 복지수혜자, 폭력과 마약으로 가득 찬 도시빈민가 등의 부정적 이미지를 총동원해 복지정책이 가져온 사회적 병폐를 부각시키는 전략을 구사했다.

그중 압권은 1976년 대통령 선거 중 레이건 후보가 행한 연설에서 복지지출이 얼마나 낭비되고 있는지를 고발한다며 예로 든 '복지여왕' welfare queen의 이미지다.[7] 그는 자극적인 언사를 모두 동원해 시카고 남부지역에 사는 한 여성 복지수혜자가 복지제도에 대해 끔찍한 사기를 저지르고 있다고 고발했다.

> "그는 80개의 이름과 30개의 주소를 갖고 있으며, 12개의 사회보장카드를 갖고 있습니다. 뿐만 아니라 가공의 죽은 남편 4명을 내세워 퇴역군인연금까지 챙기고 있습니다. 게다가 그는 자신의 사회보장카드로 연금을 받기도 합니다. 그는 메디케이드Medicaid와 푸드스탬프food stamp의 혜택을 받기도 하며, 이름 하나하나에 대해 따로 복지 혜택을 챙기고 있습니다. 세금이 부과되지 않는 그의 현금 소득은 15만 달러가 넘습니다."
>
> She has eighty names, thirty addresses, twelve Social Security cards and is collecting veteran's benefits on four non-existing deceased husbands. And she is collecting Social Security on her cards. She's got Medicaid, getting food stamps, and she is collecting welfare under each of her names. Her tax-free cash income is over $150,000.

크루그먼(P. Krugman, 2007a)이 지적하고 있듯, 레이건의 발언에 등장하는 시카고 남부지역의 복지여왕은 실제로 존재하지 않는 가공의 인물이다. 레이건은 민주당이 주도한 복지정책을 공격하는 한편 인종 갈등을 부추겨 백인 지지층을 확보하는 이중의 목적을 위해 이 가공의 복지여왕을 등장시켰다. 그의 연설에서 그 복지여왕이 어떤 인종에 속한다고 언급한 부분은 눈에 띄지 않는다. 그러나 그가 복지여왕으로 지목하고 있는 사람이 흑인이라는 사실을 모르는 사람은 없었다.

진실에 기반해 있는지의 여부와 상관없이 그의 연설은 당시의 미국 사회에 엄청나게 큰 파문을 일으켰다. 복지여왕의 비유가 너무 헤픈 복지정책과 그것의 혜택으로 무위도식하는 흑인이라는 대중의 선입견과 꼭 맞아떨어졌기 때문에 많은 사람들이 진실 여부를 따질 생각도 하지 않은 채 그대로 믿어 버리고 말았다.

공화당에 의한 정국 주도권의 장악

복지정책을 집중적으로 공격하면서 다른 한편으로 인종적 갈등을 부추기는 공화당의 영리한 전략은 진보세력의 핵심인 뉴딜연합New Deal coalition을 구성하는 하나의 중심축을 무너뜨리는 결정적인 성과를 가져다 주었다. 진보세력이 오랜 기간 동안 정국의 주도권을 장악할 수 있었던 것은 진보적 지식인, 근로계층, 소수인종, 그리고 남부로 구성된 뉴딜연합의 힘 덕분이었다. 이 중 남부 주민들은 민주당의 진보적 이념에 완전히 동조하지는 않으면서도 남북전쟁의 여파로 인해 민주당의 강력한 지지자가 되어 있는 상황이었다.

그러나 남부에는 아직도 흑인에 대한 편견이 많이 남아 있었고, 따라서 흑인을 편드는 것처럼 보이는 진보정치에 대해 무언가 불편한 심정을 갖고 있었다. 공화당은 바로 이 점을 파고들어 뉴딜연합의 한 중심축이었던 남부를 민주당에서 떼어내 자기편으로 끌어들이는 데 성공했다. 이와 같은 남부전략Southern strategy이 큰 성공을 거두어 민주당 편이었던 남부가 공화당의 흔들리지 않는 지지세력으로 바뀜에 따라 양당 사이의 균형추는 공화당에게 압도적으로 유리한 방향으로 기울게 된다. 1980년대 이래 공화당이 계속 정국의 주도권을 거머지게 된 결정적 원인 중 하나를 바로 이 남부의 태도 변화에서 찾을 수 있다.

민주당의 든든한 보루였던 남부가 돌연 공화당의 열렬한 지지로 전환한 데는 두 가지 요인이 중요한 역할을 했다. 하나는 남부의 백인 근로계층이 진보대열에서 이탈해 나간 것인데, 그들은 자신의 계급적 이해관계를 초월해 보수적인 공화당을 지지하는 이례적인 태도를 보였다. 이렇게 남부의 백인 근로계층이 진보대열을 이탈해 공화당 지지자로 변모하게 된 데는 공화당의 집요한 공작이 중요한 역할을 했다.

프랭크(T. Frank, 2005)는 미국에서 가장 가난한 주의 하나인 캔자스Kansas가 2000년 대통령 선거에서 부시 후보에게 80%를 넘는 표를 던진 이유가 과연 무엇이었는지 묻고 있다. 그의 결론은 공화당이 계급적 반감class animus과 총기나 낙태 같은 문화적 갈등cultural wedge 이슈를 이용해 근로계층 백인들을 끌어들여 뉴딜연합을 대신하는 새로운 지배적 정치적 연합을 결성하는 데 성공한 것이 주요한 이유라는 것이다.

이와 같은 프랭크의 분석 결과에 대해 바텔즈(L. Bartels, 2006)는 현실의 데이터와 부합하지 않는다고 비판한다. 예를 들어 백인 근로계층이 경제적 이슈보다 문화적 이슈에 더욱 많은 관심을 갖고 있으며,

이로 인해 그들이 공화당 지지로 돌아섰다는 프랭크의 분석 결과는 사실과 다르다고 비판하고 있다. 그러나 그 자신도 남부의 백인 근로계층이 공화당 지지로 태도를 바꾼 것만은 사실이라고 인정한다. 프랭크는 백인 근로계층이 공화당 지지로 태도를 바꾼 것이 마치 전국적인 현상인 것처럼 말하지만, 바텔즈는 이 현상이 남부에 국한된 현상이라고 말하는 점에서만 차이를 보이는 것이다. 어찌 되었든 이처럼 남부의 백인 근로계층이 공화당 지지로 돌아서게 되면서 이제 민주당은 남부를 더 이상 자신의 표밭으로 기대할 수 없게 되었다.

남부가 공화당의 열렬한 지지세력으로 전환한 데에 중요한 역할을 한 또 하나의 요인은 신종교우파에 속하는 근본주의적 목회자들의 맹렬한 활약이다. 남부는 원래부터 근본주의적 개신교의 교세가 강해 보수성향이 강한 지역인데, 1970년대 이래 정치화된 목회자들의 활약에 힘입어 공화당의 강력한 보루로서의 입지를 한층 더 굳히게 되었다. 이들은 정치와 종교의 경계선을 마음대로 넘나들었으며, 미국 사회의 타락을 가져온 장본인으로서 진보세력을 지목해 공격을 가하는 데 전혀 주저함이 없었다. 남부의 백인 근로계층이 진보에서 보수로 입장을 바꾼 데다가 남부 전체가 보수세력에 동조하게 되면서 진보세력을 떠받치는 기둥 역할을 했던 뉴딜연합은 힘없이 무너지고 만다.

공화당의 득세에 결정적인 기여를 한 또 다른 요인은 그들의 풍부한 자금 동원력에서 찾을 수 있다. 선거과정에서 텔레비전의 중요성이 점차 커짐에 따라 돈이 선거결과에 미치는 영향력이 급속하게 커졌다. 이 점에서 볼 때 기업과 부자들이 재정지원을 아끼지 않는 공화당은 압도적으로 유리한 고지를 점하고 있다. 돈이 정치판에서 무소불위의 위력을 발휘하는 것은 분명 바람직하지 않은 일이고, 따라서 정치후원금 기부행위에 대해 적절한 규제를 가해야 마땅한 일이다. 이와 같은 목적에서 1971년 제정된 법률이 바로 연방선거운동법Federal Election Campaign Act인데, 예기치 못한 허점이 발견되어 그 뒤 몇 차례의 개정을 거쳤으나 돈과 정치 사이의 고리를 단절하는 데 역부족임을 드러냈다.

버먼(W. Berman, 1998)에 따르면, 1974년의 개정은 개별 후보자에게 정치후원금이 전달되는 과정에 관한 개혁을 시도했으나 오히려 공화당이 득세하는 결정적 계기를 마련해 준 격이 되었다고 한다. 의회는 1972년 닉슨재선위원회와 관련된 추문에 대한 대응책으로 개인이 특정 후보자에게 기부할 수 있는 금액을 1천 달러로 한정하는 동시에 정치행동위원회political action committee; PAC로부터의 직접적 기부금에 대해서는 5천 달러의 한도를 설정하는 것을 주 내용으로 하는 개정안을 통과시켰다. 그러나 1976년 버클리 대 발레오*Buckley v. Valeo* 소송에서 연방대법원이 기업으로 하여금 정치적 목적에서 직원들로부터 자금을 거둘 수 있게 허용하는 판결이 나오면서 기업이 주도하는 PAC는 솜씨 좋은 정치꾼들에 의해 선거결과를 좌우하는 결정적인 무기로 진화하게 되었다는 것이 버먼의 평가다. 그는 이 판결로 인해 기업이 정치에 관여할 수 있는 문이 활짝 열렸고, 이에 따라 공화당은 정국의 주도권을 장악할 수 있는 절호의 찬스를 맞게 되었다고 논평했다.

버먼은 1974년만 해도 노동조합의 PAC가 201개였는 데 비해 기업의 PAC는 89개에 불과했다고 말한다. 그러나 1976년에는 기업의 PAC가 433개로 급증해 224개로 늘어난 노동조합의 PAC를 수적으로 압도했다. 1980년에는 기업의 PAC가 무려 1,204개로 늘어나 6년 동안의 짧은 기간 동안 10배 이상의 높은 증가율을 보였다. 정치후원금 지원규모를 보더라도 기업에 의한 기부금이 노동조합의 기부금에 비해 압도적으로

〈표 4－2〉 **집단별 정치기부금의 변화 추이** (단위: 백만 달러)

년도	기업	노동조합	이념단체	개인
1978	66.5	31.8	8.3	NA
1980	93.4	35.3	13.1	NA
1982	106.7	43.2	22.9	NA
1984	122.4	48.4	28.3	NA
1986	111.4	54.2	34.0	NA
1988	152.3	58.0	32.9	NA
1990	139.4	52.7	22.4	NA
1992	263.1	62.4	26.7	459.8
1994	262.7	63.6	30.4	353.6
1996	407.7	71.8	33.5	536.5
1998	357.3	65.5	37.8	407.2
2000	669.7	104.7	54.0	817.6
2002	615.5	96.1	68.6	719.3
2004	769.4	101.6	77.1	1,014.2
2006	631.7	88.9	67.1	703.0

자료 : Jeff Manza(2012), p.149

더 큰 것을 볼 수 있다. 〈표 4－2〉에서 볼 수 있는 것처럼, 1978년 이래 기업의 기부금이 노동조합의 기부금에 비해 훨씬 더 큰 추세가 계속되어 왔으며, 시간이 흐름에 따라 그 격차가 더 커져 2006년에는 무려 7배의 수준에까지 이르렀다는 것을 알 수 있다.

이렇게 압도적으로 규모가 큰 기업의 정치후원금이 주로 어디로 흘러들어 갔는지는 구태여 말할 필요조차 없다. 1976년만 해도 기업의 정치후원금은 민주당과 공화당에 거의 비슷한 크기로 나누어져 흘러들어 갔다는 것이 버먼의 설명이다. 그러나 1978년에 이르면 기업들의 태도가 돌변해 자신의 이익을 대변해줄 공화당에게 집중적인 지원이 시작된다. 절대적 규모에서는 기업의 정치후원금보다 더 큰 개인의 정치후원금이 주로 어디로 흘러들어 갔는지에 대해서도 의문을 가질 필요가 없다. 개인 기부자들의 핵심이 부자들인 것은 의심의 여지가 없는 일이고, 이들이 어느 쪽을 더 열렬히 지지할 것인지는 너무나도 뻔한 일이기 때문이다.

공화당은 기업과 부자들로부터의 기부금만으로 만족하지 않고 직접적 우편 발송 등 다양한 방법으로 정치후원금을 모아 튼튼한 재정적 기초를 다질 수 있었다. 1977~1978년에 공화당이 받은 정치후원금은 8,450만 달러로 고작 2,540만 달러를 얻는 데 그친 민주당을 큰 차이로 압도했다. 1979~1980년에 오면 공화당이 1억 6,950만 달러였는 데 비해 민주당은 3,720만 달러에 그쳐 양당 사이의 격차는 한층 더 커졌다. 선거에서 돈이 차지하는 비중이 점차 커지면서 자금력이 풍부한 공화당이 누리는 우위도 점차 커질 수밖에 없었다.

바텔즈(L. Bartels, 2008)는 계량분석을 통해 1952년부터 2004년에 이르는 기간 동안 치러진 대통령 선거에서 선거자금 지출액의 차이가 선거결과에 미친 영향이 얼마나 큰지 측정해 보았다. 그는 각 선거에서 공화당 후보가 민주당 후보에 비해 얼마간 더 많은 선거자금을 지출한 것이 사실이라면 이 차이로 인해 두 당 후보가 같은 금액을 지출한 경우에 비해 더 많은 표를 얻을 수 있을 것이라는 추정으로부터 출발하고 있다.

바텔즈의 분석 결과에 따르면 5번의 대통령 선거에서 공화당이 더 많은 선거비용을 지출함으로써 추가적으로 얻은 표가 4% 포인트 이상이었으며, 1968년과 2000년의 대통령 선거에서는 패배할지도 몰랐던 상황에서 더 많은 선거자금을 지출함으로써 승리를 거두었다고 한다. 그 기간 동안 치러진 14번의 선거에서 공화당 후보가 더 많은 선거자금을 지출함으로써 평균적으로 3.5% 포인트의 추가적 표를 얻었다는 것이 그가 내리고 있는 결론이다.

지금까지의 논의와는 전혀 다른 맥락에서 공화당이 정국의 주도권을 장악하게 된 이유를 설명하는 사람도 있다. 브룩스-브래디(C. Brooks and D. Brady, 1999)는 1952년부터 1996년에 이르는 기간 동안에 치러진 대통령 선거에서의 투표성향을 분석한 결과 소득수준의 상승이 공화당에게 유리한 구도를 형성했다는 결론을 얻었다. 일반적으로 소득이 높고 낮음에 따라 사회복지제도나 연방정부의 역할에 대한 의견이 달라지게 마련이고, 소득이 높을수록 더 작은 연방정부의 역할과 더 적은 사회복지지출을 선호하는 경향이 있다. 다시 말해 소득이 높아지면서 보수성향이 좀 더 강해지는 경향을 보이고, 따라서 보수적 정책을 추구하는 공화당을 지지할 가능성이 커진다는 것이 그들의 해석이다. 그들의 분석 결과는 1952년 이래 가계소득의 증가는 언제나 공화당 대통령 후보에게 유리하게 작용했음을 보여 주고 있다.

지금까지 살펴본 것처럼, 1960년대 이래의 여러 가지 상황이 공화당의 필연적 승리를 가져오게끔 되어 있었다. 정국의 주도권을 되찾겠다는 강한 의지, 그리고 탁월한 동원과 조직의 능력, 기업과 근본주의 개신교단의 열성적 지원, 그리고 극심한 사회적, 문화적 혼란에 대한 우려 등 그들의 승리에 기여한 요인들이 한둘이 아니다. 그런데 공화당이 승리한 배경에는 상대방인 진보세력과 민주당의 무능력과 비전의 결여가 그런 요인들 못지않게 중요한 역할을 했음을 발견할 수 있다.

매시(D. Massey, 2005)는 보통의 유권자가 원칙에 입각한 발언을 하는 공화당 후보와 분명한 신념이 없는 것처럼 보이는 민주당 후보 사이에서 어느 쪽에 표를 던지겠느냐고 묻는다. 민주당은 어떤 뚜렷한 목표의식을 갖고 있는 것 같지도 않고, 일반 대중과 소통할 수 있는 능력도 갖추지 못한 무기력한 정당이 되어 버리고 말았다는 것이 그의 평가다. 자신만의 분명한 비전이나 메시지도 없이 그저 공화당을 따라하기에 급급한 모습으로 유권자들을 감동시킬 수 있겠느냐는 것이다. 민주당은 대중에게 진보적인 정책이 자신의 이해관계에 최대한으로 부합한다는 점을 쉬운 말로 풀어 설명함으로써 그들의 마음을 사로잡았어야 했는데 그렇게 하지 못한 것이 최대의 패인이라고 지적한다. 즉 진보세력이 주도하는 미국 사회가 어떤 모습을 하고 있을지에 대한 긍정적 메시지를 전달하는 데 실패한 것이 가장 뼈아픈 실책이라는 지적이다.

민주당 지도부의 오만과 독선, 그리고 강력한 지지기반인 근로계층의 고충에 대한 냉담한 태도도 공화당을 도와준 격이 되었다. 사실 민주당이 주도한 사회복지정책과 인종평등정책은 백인 근로계층의 희생과 양보를 요구하는 것이었고, 그렇다면 이들에 대한 적절한 배려와 보상이 뒤따라야 마땅한 일이었다. 그러나 민주당 지도부는 이들의 불만에 귀 기울이지 않았고, 때로는 오히려 그들을 꾸짖는 오만함까지 보였다. 공화당은 이 틈을 타서 민주당의 엘리트들이 자신은 안전지대에서 살고 일하는 부유층이면서 근로계층에 세금 부담을 안겨줄 정책이나 만들어내고 있는 무책임한 위선자라는 선전으로 이들 사이를 갈라놓는 교묘한 홍보전을 펼쳤다.

공화당은 남부에 아직도 남아 있던 흑인에 대한 반감을 이용해 백인 근로계층과 흑인 사이를 갈라놓는 전략도 효과적으로 구사했다. 백인 근로계층으로 하여금 민주당의 엘리트에게 반감을 갖도록 부추기는 데 그친 것이 아니라, 흑인에게도 반감을 갖도록 부추김으로써 자기편으로 끌어들이려는 전형적인 '분열시켜 정복하는'divide and conquer 전략을 구사한 것이다. 민주당은 이와 같은 공화당의 전략에 적절하게 대응하기는커녕 오히려 그들의 전략에 말려들어 패배를 자초하는 결과를 가져왔다. 매시가 적절하게 지적하고 있듯 민주당의 무력하기 짝이 없는 대응으로는 공화당의 전면 공격을 막아내는 것이 불가능했다.

뿐만 아니라 진보세력과 민주당은 결코 만만치 않은 적수인 보수세력과 공화당을 과소평가하는 치명적 실수를 저지르기도 했다. 그들이 맞서 싸워야 했던 보수세력과 공화당은 통일된 목적의식으로 무장되어 있을 뿐 아니라, 협조와 조정이 잘 이루어지고, 게다가 재계의 전폭적 지원에 힘입어 엄청난 자원을 보유하고 있는 무서운 집단이었다. 진보세력과 민주당은 무자비하고, 결의에 차 있으며, 잘 준비된 상대방과 싸움을 벌이게 된다는 사실을 인식하고 나름대로 대비책을 마련해 놓고 있어야 마땅한 일이었다. 그러나 민주당은 리더십의 결여로 인해 단결된 힘을 전혀 발휘하지 못했고, 오히려 자중지란에 휩싸여 갖고 있는 능력마저 제대로 발휘하지 못할 때가 많았다.

레이건혁명과 승자독식정치의 등장

1980년 레이건혁명Reagan Revolution을 계기로 이제 보수세력과 공화당은 정국의 주도권을 완전히 장악하게 되었다. 완벽한 승리를 거둔 이들은 어느 누구의 눈치를 볼 필요조차 느끼지 않았다. 오히려 민주당 의원들이 이들의 눈치를 보아야 하는 형국이었다. 레이건 대통령이 주도한 1981년의 대대적 감세정책이 공화, 민주 양당의 압도적 지지를 얻어 순항할 수 있었던 것을 보면 그 당시 민주당은 공화당과 맞서 싸울 의지마저 버렸던 것이 아닌가 하는 의심이 들 정도다. 예전의 민주당이라면 부자감세의 성격이 강한 레이건의 감세정책에 그렇게 순순히 동의하지 않았을 것이 분명했다.

과격한 보수주의운동에 의해 장악된 공화당은 과거 아이젠하워나 닉슨 대통령 때의 온건한 보수주의를 완전히 벗어던지고 타협을 모르는 강경한 보수주의 노선을 추구하고 있었다. 그와 같은 과격성은 시간이 흐를수록 점차 더 심화되어 온 것을 볼 수 있다. 대표적인 공화당의 최근 두 대통령, 즉 레이건과 부시의 정치 스타일을 비교해 보면 보수성의 강도에서 현저한 차이를 갖고 있음을 발견하게 된다. 그와 같은 차이는 강경노선을 추구하는 보수세력이 공화당에 얼마나 큰 영향력을 행사하고 있느냐의 정도에 따라 만들어졌다고 볼 수 있다. 즉 레이건이 재임하고 있을 때에 비해 부시가 재임하고 있었을 때는 강경보수세력의 입김이 더 커졌기 때문에 부시 행정부의 보수성이 상대적으로 더 두드러져 보인다고 말할 수 있는 것이다. 특히 티파티Tea Party 같은 초강경 보수세력이 공화당 내에서 영향력을 확대해 감에 따라 부시 행정부도 한층 더 강경한 보수적 정책을 추진할 수밖에 없는 상황이 되었다.

이처럼 공화당이 날로 더 강경해지는 입장을 취함에 따라 미국 정치는 심각한 양극화polarization의 양상을 보이게 되었다. 맥카티 등(N. McCarty *et al.*, 2008)을 비롯한 많은 정치학자들이 보수화와 더불어 이 양극화를 현대 미국 정치가 갖고 있는 주요한 특징으로 들고 있다. 그런데 양극화는 공화당이 더 보수적 입장을 취함과 동시에 민주당이 더 진보적 입장을 취하게 되었기 때문에 발생한 현상이 아니었다. 최근 들어 민주당의 입장이 예전에 비해 한층 더 진보적이 되었다고 볼 수 있는 이렇다 할 근거를 발견하기 힘든 것이 사실이다. 오히려 미국 사회 전체를 휩쓰는 보수주의의 바람 때문에 종전의 진보적 성향을 다소 누그러트렸다는 것이 더욱 정확한 평가가 될 수 있을 정도다. 민주당은 예전의 입장에서 별 변화가 없는데 공화당이 한층 더 우경화함으로써 빚어진 현상이 바로 미국 정치의 양극화인 것이다.

강경한 보수주의 노선을 확립한 공화당은 곧바로 승자독식정치winner-take-all politics를 실천에 옮기기 시작했다. 공화당의 입장에서 볼 때 기업과 부유층에 각종 혜택을 몰아줌으로써 미국 사회를 역사상 가장 불평등한 분배의 상황으로 몰아간 승자독식정치는 자신이 내건 이념과 상응하는 측면을 갖고 있을 뿐 아니라, 공화당이 계속 정국의 주도권을 유지하는 데도 유리한 상황을 만들기 때문에 그들로서는 당연한 선택이 될 수밖에 없었다. 보수주의자들이 미국 경제를 되살릴 유일한 길이라고 계속 부르짖어 온 감세, 정부지출 감축, 규제완화는 모두 가진 자들에게 유리한 정책들이다. 따라서 공화당으로서는 자신이 내건 이념에 충실한 정치를 하려 한다는 명분으로 승자독식정치를 정당화할 여지가 있는 것이다.

승자독식정치의 좀 더 음험한 측면은 보수세력과 공화당이 자신을 열렬하게 지원해준 재계와 부유층에 대한 보답의 성격을 갖고 있다는 점이다. 앞 절에서 설명한 바 있지만, 파웰 메모에 의해 촉발된 재계 지도자들의 각성과 단결은 보수세력의 양성을 통한 자기 이익의 확보에 주안점을 두고 있었다. 따라서 보수세력과 공화당에 대한 이들의 전폭적인 지원은 정책을 통한 반대급부를 분명히 기대하고 이루어진 것일 가능성이 크며, 이 지원을 받는 측에서도 그 사실을 잘 알고 있었을 것이다.

결국 승자독식정치는 이들 사이에서 이루어진 '주고받기'give-and-take의 성격을 강하게 내포한다고 말할 수 있다. 현재 미국의 정치가 내달리고 있는 길을 보면 미국 사회에서 금권정치plutocracy의 등장을 보게 될지도 모른다는 바텔즈(L. Bartels, 2008)의 우울한 예언이 머지않아 실현될지도 모른다는 느낌을 받게 된다. 이와 동시에 역사상 가장 불평등한 분배가 가져올 수많은 문제들과 이로 인한 심각한 사회적 갈등을 미국 사회가 과연 어떻게 풀어 나갈 것이냐에 대해서도 지대한 관심을 갖게 된다.

제5장

감세정책 실험
—과연 경제 살리기에 성공했는가?

제5장

레이거노믹스와 대처리즘으로 대표되는 신자유주의정책의 실험이 시작된 지 벌써 30년 이상의 세월이 흘렀다. 그 실험이 미국과 영국의 경제에 과연 어떤 영향을 미쳤는지 검증해 볼 수 있는 시점에 도달한 셈이지만, 그것의 공과에 대해서는 아직도 평가가 엇갈리고 있는 실정이다. 한쪽에서는 감세정책을 주축으로 한 신자유주의정책이 대규모 재정적자를 일으키고 양극화만 심화시켰을 뿐 이렇다 할 긍정적인 효과는 없었다고 평가한다. 반면에 신자유주의정책의 신봉자들은 침체했던 미국 경제에 활력을 불어넣어 주었다는 점에서 분명히 긍정적 효과가 있었다는 입장을 굽히지 않고 있다. 예를 들어 미국경제는 1990년대에 들면서 이례적인 장기호황을 구가하게 되는데, 그들은 80년대의 레이거노믹스가 이와 같은 장기호황의 기초를 쌓았다고 주장한다.

경제학에서 엄밀한 실험은 불가능하기 때문에 감세정책이 일종의 실험적 상황을 제공하지만 그렇다고 해서 그것의 효과를 명백하게 판단할 수 있는 것은 아니다. 따라서 감세정책이 전반적 차원에서 경제를 활성화시키는 데 성공을 거두었는지의 여부를 둘러싼 논쟁은 분명한 결말을 짓지 못하고 끝없이 계속될 가능성이 크다. 명확한 결론에 도달할 수 있는 좀 더 효과적인 평가의 방법은 미시적 관점에서 감세정책의 구체적 효과를 살펴보는 일이라고 생각한다. 즉 감세정책이 실제로 사람들의 노동 공급, 저축, 그리고 투자행위에 어떤 영향을 미쳤는지를 구체적으로 살펴보면 그것의 효과를 좀 더 객관적으로 평가할 수 있는 길이 열리게 된다는 뜻이다.

신자유주의정책의 신봉자들이 감세정책을 통해 경제를 활성화시킬 수 있다고 주장하는 근거는 이를 통해 노동 공급, 저축, 그리고 투자가 늘어나게 만들 수 있다는 것이다. 따라서 감세정책이 효과를 거두었다는 것을 입증하기 위해서는 세금을 깎아준 결과 실제로 노동 공급, 저축, 투자의 증가가 일어났음을 명백하게 보여줄 수 있어야 한다. 이와 같은 미시적 관점에서 감세정책의 효과를 평가해 보아야만 비로소 감세정책이 미국 경제의 활력을 되찾는 데 기여했는지의 여부를 종합적으로 평가할 수 있다. 다행스럽게 이 방면에서 수행된 실증연구는 그 수를 셀 수도 없을 만큼 많다. 따라서 이들의 연구 결과를 종합·분석해 보면 감세정책의 효과가 무엇이었는지를 비교적 소상하게 파악할 수 있다.

미국 감세정책의 역사

미국 정부뿐 아니라 세계 각국 정부는 오래전부터 감세정책을 중요한 경제정책의 메뉴 중 하나로 적극 활용해 왔다. 그러나 1970년대까지만 해도 감세정책은 케인즈경제이론의 처방에 따라 거시적 경제안정을 위한 도구로 활용되어 왔을 뿐, 신자유주의적인 공급중시경제이론 supply-side economics의 관점에서 제기된 감세정책은 그 예를 찾기 힘들었다. 다시 말해 감세를 통해 국민의 처분가능소득disposable income을 높여 소비를 증가시키는 데 감세정책의 주안점이 두어진 경우가 대부분이었다는 뜻이다. 수요측 요인이 아닌 공급측 요인이 감세정책의 주안점이 되기 시작한 것은 1980년대에 들어오면서부터였다.

1964년 Tax Reduction Act에 따라 실시된 대규모 감세는 수요측 요인에 초점을 맞춘 감세정책의 대표적 예라 할 수 있다. 이 법안에 의해 최고소득세율은 91%에서 70%로 낮춰졌으며, 법인세율도 52%에서 48%로 낮춰졌다. 기존의 소득세율과 법인세율이 너무 높아 적절한 수준으로 낮춰주는 것이 바람직하다는 인식도 작용했을 테지만, 이와 같은 감세정책의 초점이 수요 증가를 통한 경기부양에 맞춰졌다는 것은 잘 알려진 사실이다. 1964년에 5.2% 수준이었던 미국의 실업률은 1965년에 4.5%로 떨어지고, 1966년에는 다시 3.8%로 떨어졌다. 이와 같은 실업률의 감소에는 베트남전쟁 특수의 영향도 있었겠지만, 감세정책의 경기부양 효과도 상당한 작용을 했을 것으로 짐작할 수 있다.

1970년대 후반에 들어서면서 미국 경제는 활력을 잃어가기 시작했고, 이러다가는 독일이나 일본에 추월당할지도 모른다는 위기의식이 싹트게 되었다. 이런 상황을 틈타 감세정책을 통해 경제에 활력을 불어넣을 수 있다는 공급중시경제이론이 급격하게 영향력을 확대해 갔다. 이 이론을 주장하는 사람들에 따르면, 너무 무거운 세금 부담은 사람들로 하여금 열심히 일하지 않게 만들 뿐 아니라, 열심히 저축하지도 투자하지도 않게 만드는 주범이다. 미국 경제가 활력을 잃어가고 있는 것은 바로 이런 분위기 때문이며, 따라서 활력 회복을 위해서는 대대적인 감세가 필요하다는 것이 그들의 주장이었다.

레이건R. Reagan 대통령의 주도하에 1981년 제정된 Economic Recovery Tax Act ERTA-81는 사상 최대의 감세정책을 실천에 옮길 수 있는 토대를 제공해 주었다. 〈표 5-1〉에서 보는 것처럼 최고소득세율을

〈표 5-1〉 미국 조세정책의 변화 추이

년도	당시 대통령	법안명	주요 내용	비 고
1981	Ronald Reagan	**Economic Recovery Tax Act**	• 3년에 걸쳐 소득세율 전반적으로 23% 인하(최고소득세율 70%에서 50%로 인하) • 법인세제상에 가속상각 제도와 10%의 투자세액 공제제도 도입 • 소득세 인플레이션 연동 (1985년부터) • 모든 근로자에게 개인연금계좌(IRA) 개설 허용	• 당시로서는 사상 최대폭의 감세 정책
1986	Ronald Reagan	**Tax Reform Act**	• 소득세율 전반적으로 7% 인하(최고세율 50%에서 28%로 인하) • 자본이득도 보통의 소득과 같은 세율 적용 • 투자세액공제제도 철폐, 감가상각 기간 연장 • 법인세 최고세율 46%에서 34%로 인하 • Alternative Minimum Taxes 제도 신설 • IRA에 대한 혜택 축소	• 세율 인하하는 대신 각종 감면 폐지를 통해 세원 확대 • 세수중립성유지 • 소득세 수입 감소를 법인세 수입 증가로 상쇄하는 구도
1990	George H. W. Bush	**Omnibus Budget Reconciliation Act**	• 최고소득세율 28%에서 31%로 인상 • 연료세율 잠정 인상 • 각종 물품세 도입 및 강화	• 레이건 행정부하의 지출 증대로 인한 적자 발생으로 인해 증세 불가피

1993	Bill Clinton	**Omnibus Budget Reconciliation Act**	• 36%, 39.6% (최고)소득세율 구간 신설 • 35% 법인세율 구간 신설 • 연료세 인상	• 1990년대 말까지 재정적자 완전 해소 목표
1997	Bill Clinton	**Tax Relief Act**	• 5백 달러의 아동세액공제 신설 • 자본이득에 대한 세율 28%에서 20%로 인하	
2001	George W. Bush	**Economic Growth and Tax Relief Reconciliation Act**	• 소득세율 전반적 인하 (최고소득세율 39.6%에서 35%로 인하) • 아동세액공제 5백 달러에서 1천 달러로 인상 • 개인연금저축에 대한 세금우대 확대 • 상속세 점진적 축소	• 1981년 이래 최대 규모의 감세안 • 2011년까지 10년 동안 1조 6,990억 달러의 감세 규모 • 2010년까지 상속세 한시적 폐지
2003	George W. Bush	**Jobs and Growth Tax Relief Reconciliation Act**	• 자본이득에 적용되는 최고세율 20%에서 15%로 인하 • 배당금에 적용되는 최고세율을 35%에서 15%로 인하 • 자본재에 대한 가속상각 허용	• 자본이득과 배당금에 대한 세율 인하 2008년에 일몰 예정
2010	Barack Obama	**Tax Relief, Unemployment Insurance Reauthorization and Job Creation Act**	• EGTRRA 2001의 소득세율 인하조치 2년간 연장 • EGTRRA 2001과 JGTRRA 2003의 배당금과 자본이득에 대한 세율 인하조치 2년간 연장 • 1년간 사회보장세 한시적 인하 • 2010년 이후 1백만 달러 이상의 유산에 55%의 세율로 부활될 예정인 상속세를 2년 동안 5백만 달러 이상의 유산에 35%의 세율로 부활	• 2년 동안 2,820억 달러의 감세 예상 • EGTRRA 2001에 의한 상속세의 점진적 축소로 인해 2010년 1년 동안 상속세 완전 폐지

70%에서 50%로 낮추는 한편, 모든 근로자에게 개인연금계좌Individual Retirement Account; IRA 개설을 허용하는 등의 저축촉진책을 도입했다. 이와 동시에 기업의 투자를 촉진하기 위해 법인세제상에서 가속상각제도를 도입하는 한편, 10%의 투자세액공제제도를 도입하기도 했다. 레이건 행정부의 감세정책은 그 규모가 당시로서는 사상 최대였다는 점에서뿐 아니라, 공급중시경제이론의 처방에 따른 첫 번째 감세정책이었다는 점에서도 미국 감세정책의 역사에서 중요한 이정표가 되고 있다.

ERTA-81에 따른 조세수입의 감소폭은 실시 후 4년 동안 연평균 1,114억 달러에 이를 정도로 대대적인 것이었다.[1] 이는 전체 연방정부 조세수입의 13.3%에 해당하는 규모로 문자 그대로 사상 초유의 대규모 감세정책이었다. 래퍼곡선Laffer curve의 논리에 따르면, 세율을 낮춰 주면 경제활동이 활발해지기 때문에 조세수입은 오히려 늘어나게 된다. 그러나 그와 같은 일은 일어나지 않았고, 감세정책의 여파로 미국 정부는 고질적인 재정적자에 시달리기 시작했다. 감세정책이 실시된 후 5년이 되는 1986년에 재정적자는 무려 2,210억 달러에 이르는 수준으로 뛰어오르게 되었다.

흥미로운 점은 그렇게 야심적인 감세정책을 밀어붙이던 레이건 행정부가 얼마 되지 않아 그것과 반대되는 행보를 보였다는 사실이다. 바로 그 다음 해인 1982년에 제정된 Tax Equity and Fiscal Responsibility Act는 1981년도의 감세정책을 부분적으로 철회하는 내용을 담고 있다. 이에서 한 걸음 더 나아가 1984년에는 Deficit Reduction Act가 제정되었는데, 이를 통해 조세수입을 늘리기 위한 여러 가지 조치가 취해지게 되었다. 감세정책으로 인한 재정적자의 급증이 문제로 떠오르자 부득이 그와 같은 조치를 취할 수밖에 없었던 것으로 짐작되는데, 이는 감세정책을 추진했던 당사자들조차 래퍼곡선의 논리가 비현실적임을 인정하고 있었음을 뜻한다.

레이건 행정부는 1986년 두 번째의 야심적인 조세개혁 작업에 착수하는데, 그 노력은 1986년의 Tax Reform Act TRA-86로 구체화되어 나타났다. 이를 통해 최고소득세율이 50%에서 28%로 또다시 낮추어지지만, 그렇다고 해서 이 법안이 감세정책의 맥락에서 제정된 것이라고 말하기는 힘든 점이 있다. 왜냐하면 소득세 수입을 줄이는 대신에 법인세 수입을 늘려 전반적으로는 조세수입에 변화가 없도록 만든, 즉 세수중립성revenue neutrality을 갖도록 만든 데 이 법안의 특징이 있기 때문이다. 그러나 레이건 대통령은 그의 재임기간 8년 동안 최고소득세율을 70%에서 그 절반도 안 되는 28%로 낮춤으로써 소득세 체계에 지각변동에 해당하는 변화를 일으켰다.

레이건에 이어 대통령에 취임한 부시G. H. W. Bush는 선거 기간 동안 자신은 절대로 세금을 올리지 않겠다는 약속을 한 것으로 유명하다.[2)] 당시 재정적자가 계속 불어나고 있어 곧 세금을 올린다는 말이 나올까 걱정하고 있는 상황이었기 때문에 국민을 안심시키기 위해 그런 약속이 필요했을 수 있었다. 그러나 그는 대통령에 취임하자마자 그 약속을 지킬 수 없음을 깨닫고 곧바로 세금을 올리는 작업에 착수했다.

1990년의 Omnibus Budget Reconciliation Act에 따르면, 최고소득세율이 28%에서 31%로 올라가는 한편 각종 물품세가 새로 도입되거나 기존에 비해 세율을 더 높이기로 되어 있다. 이렇게 약속을 깨면서까지 증세가 불가피하다고 판단했던 것을 보면, 1981년의 감세 규모가 너무나 커서 재정건전성에 위협을 줄 정도였다는 정황을 능히 짐작할 수 있다.

이와 같은 증세 추세는 클린턴B. Clinton 행정부에 와서도 계속된다. 1993년의 Omnibus Budget Reconciliation Act OBRA-93를 통해 최고소득세율을 39.6%로 올리는 한편, 법인세에도 35%의 세율구간을 신설해 증세 기조를 한층 더 강화했다. 최고소득세율을 31%에서 39.6%로 높인 것은 부유층의 조세 부담이 너무 가볍다는 지적을 의식한 조처로 짐작이 간다. 그러나 이 법안의 기본 목표는 1990년대 말까지 재정적자를 완전히 해소하는 데 두어져 있었다. 이를 보면 클린턴 행정부 증세정책의 초점은 공평성의 회복보다는 조세수입 증대에 맞춰지고 있다는 느낌을 받는다.

레이건 행정부에서 시작된 감세혁명은 지금 보는 것처럼 1990년대에 들어오면서 일시적 후퇴를 겪게 된다. 그러나 2001년 부시G. W. Bush 행정부의 등장과 함께 감세의 열풍은 오히려 1980년대보다 한층 더 강하게 몰아치기 시작했다. 부시 행정부는 2001년과 2003년 두 차례에 걸친 감세정책을 통해 미국 조세제도의 기본구도를 완전히 바꿔놓았다. 부시 대통령으로 하여금 강력한 감세정책을 추진하도록 만든 것은 그의 신자유주의적 신념만이 아니었다. 클린턴 행정부 시절 경제의 장기호황에 힘입어 재정적자가 흑자로 반전된 것도 중요한 동기 중 하나였다.

부시 대통령을 비롯한 보수적 인사들은 정부의 비대화를 막기 위해 대대적인 감세가 필요하다고 주장했다. 그들은 흑자기조가 영속적인 성격을 갖는 것으로 오판했고, 따라서 가까운 장래에 심각한 재정적자의 문제가 다시 대두될 것이라는 점을 예견하지 못하고 있었다. 그들이 내건 구호, 즉 대규모 감세를 통해 국민에게 세금을 돌려주는 것이 공평한 일이라는 것은 그들이 당시의 상황을 어떻게 파악하고 있었는지를 잘 말해 주고 있다. 사후적으로 분명히 밝혀진 바지만, 미국 경제가 1990년대에 들어서면서 경험한 호황은 일시적인 성격을 갖고 있었고 그렇기 때문에 이에 따른 조세수입의 증가도 일시적인 것일 수밖에 없었다. 그런데도 그들은 흑자기조가 확고하게 자리를 잡은 것으로 오판하고 마치 배당금을 나눠 주듯 세금을 깎아주는 잔치를 벌였던 것이다.

2001년의 Economic Growth and Tax Relief Reconciliation Act EGTRRA-01는 최고소득세율을 39.6%에서 35%로 낮추는 한편, 개인연금저축에 대한 세금우대를 더욱 확대했다. 또한 상속세를 점진적으로 줄여나가 2010년에는 한시적으로 완전 폐지되도록 만들었다. 이를 통해 실현될 감세 규모는 2011년까지 10년 동안 1조 6,990억 달러에 이르러, 1981년 이래 최대의 감세정책이라는 평가를 받았다.

한편 2003년의 Jobs and Growth Tax Relief Reconciliation Act는 주로 자본소득에 대한 대폭 감세가 주요한 내용을 이루고 있었다. 자본이득 capital gain에 적용되는 최고세율을 20%에서 15%로 낮추는 동시에, 배당금에 적용되는 최고세율도 35%에서 15%로 낮춰 주었다. 법인세제도상에서 자본재에 대한 가속상각을 허용한 것도 자본 소유자에게 유리한 방향으로의 감세정책의 성격을 두드러져 보이게 하는 특성이었다.

흥미로운 점은 이와 같은 감세정책의 기조가 민주당 출신 대통령 오바마B. Obama하에서도 계속 유지되었다는 사실이다. 대통령 선거 기간 중 오바마가 한 발언에 비추어 보면 그가 집권할 경우 감세정책의 기조를 크게 흔들 것이 거의 분명해 보였다. 뿐만 아니라 부시 행정부가 2001년에 실시한 감세정책 중 상당 부분이 2010년에 일몰을 맞게 되었기 때문에 추가적인 입법이 없는 한 자동적으로 원래의 상태로 돌아가게 되어 있었던 상황이었다. 상식적으로 생각해 볼 때, 공화당의 '부자감세'를 비판해 오던 민주당 출신의 대통령이 일몰을 맞은 감세정책을 소생시키기 위해 추가적인 입법에 팔을 걷어붙이고 나설 리 만무한 일이다.

그러나 자신의 소신이 무엇이었든 간에 오바마로서는 당시의 급박한 경제상황 때문에 감세정책의 기조에 손을 대는 것이 불가능한 상황이었다. 2008년 글로벌 금융위기의 여진이 아직도 미국 경제를 심하게 뒤흔들어 실업률이 거의 10% 수준에 육박하고 있는 상황에서 세금을 더 거둬들임으로써 경제를 더욱 극심한 침체상태에 빠뜨릴 수 없었기 때문이다.

2010년의 Tax Relief, Unemployment Insurance Reauthorization and Job Creation Act는 부시 행정부 감세정책의 생명을 2년 동안 시한부로 연장시키는 결과를 가져왔다. 소득세율 인하와 배당금, 자본이득에 대한 세율 인하조치를 2년 동안 연장시킨다는 내용을 갖고 있었기 때문이다. 또한 2010년 이후 1백만 달러 이상의 유산에 55%의 세율로 부활될 예정인 상속세를 향후 2년 동안만은 5백만 달러 이상의 유산에 35%의 세율로 부활시키게 되었다.[3)]

이와 같은 감세정책으로 인해 오바마 행정부의 초기 2년 동안 조세수입은 2천억 달러 이상의 폭으로 줄어들게 되어, 감세폭만을 보면 부시 행정부의 감세정책에 버금가는 수준이었다. 그러나 감세정책의 배경이 되는 철학은 부시 행정부의 그것과 본질적으로 다른 것이었다. 앞에서 설명한 것처럼, 레이건 행정부와 부시 행정부의 감세정책은 공급중시경제이론에 그 철학적 기반을 두고 있었다. 즉 감세를 통해 사람들로 하여금 더 열심히 일하고 더 열심히 저축하고 투자하게끔 만듦으로써 경제에 활력을 불어넣을 수 있다는 생각이 그 기저에 깔려 있는 것이다. 반면에 오바마 행정부의 감세정책은 경기부양책의 일환으로 총수요 팽창에 주안점을 두고 있다는 점에서 큰 차이를 보이고 있다.

공급중시경제이론에 입각한 미국 감세정책의 역사는 이미 30년의 역사를 갖고 있다. 1990년대에 약간의 반전이 있었지만, 2000년대에 들어오면서 더욱 강력한 감세기조로 반전했으며 민주당이 집권한 지금 이 시점에서도 그 기조가 그대로 유지되고 있는 셈이다. 1964년까지만 해도 91%였던 최고소득세율이 1986년에는 28%로 낮춰지고 현재 39.6% 수준에 머물고 있다는 사실은 그동안의 감세정책이 얼마나 급진적인 것이었는지를 잘 말해 주고 있다.[4] 이와 같은 감세정책이 과연 기대했던 효과를 거두었을까? 지금부터 이 문제에 대한 본격적인 논의를 해보려고 한다.

감세정책의 경제적 효과

(1) 노동 공급

레이건 행정부가 ERTA-81을 통해 최고소득세율을 70%에서 50%로 낮추는 등 전 소득구간에 걸쳐 평균 23%나 되는 폭으로 세율을 낮추었을 때 가장 큰 기대를 걸었던 부분은 이를 통해 노동 공급량이 현저하게 늘어날 수 있다는 것이었다. 공급중시경제학자들이 내세운 래퍼곡선의 논리, 즉 세율을 낮춰 주면 오히려 조세수입이 늘어나는 결과가 나온다는 논리도 바로 이 점에 기초해 있었다. 즉 세율의 대폭 감소가 사람들로 하여금 더욱 열심히 일할 유인을 부여하고, 이를 통해 과세대상소득이 큰 폭으로 증가하면 조세수입이 오히려 더 커질 수 있다는 논리였다.

누진성이 매우 강한 소득세를 부과할 경우 고소득자는 열심히 일해 보았자 모두 세금으로 뺏길 테니 여가나 즐기는 것이 상책이라고 느낄 수 있다. 앞에서 언급한 것처럼 미국도 최고소득세율이 90%를 넘을 때가 있었는데, 이처럼 100달러를 더 벌었을 때 90달러 이상을 세금으로 내고 고작 10달러도 못 되는 돈만을 자기 주머니에 챙길 수 있다면 그렇게 느낄 만도 하다. 고소득자들이 세금에 대해 불평하는 것을 들어 보면, 바로 이 점을 들어 불평하는 경우가 가장 많은 것을 볼 수 있다. 소득세율을 크게 낮춰줌으로써 근로의욕을 부추겨 경제에 활력을 불어넣을 수 있다는 감세론자 주장의 근거가 바로 여기에 있는 것이다.

그러나 높은 세율의 소득세 부과가 정말로 근로의욕을 감퇴시키는 원인이 되고 있는지에 대해 체계적인 연구가 이루어진 경우는 의외로 적은 실정이다. 세율의 대폭 인하가 근로의욕을 촉진시키는 매체가 될 수 있다는 감세론자들의 주장은 믿음의 차원에서 이루어지고 있다는 느낌을 줄 때가 많다. 누진적인 소득세가 사람들의 근로의욕에 어떤 영향을 미치고 있는지를 체계적으로 분석한 몇 안 되는 연구의 대표적 예로 발로우 등(R. Barlow *et al.*, 1966)의 저서를 들 수 있다. 오래전에 수행된 연구라 여건이 많이 달라진 지금의 상황에도 그대로 적용될 수 있을까라는 의문이 있을 수 있으나, 세금 부담과 근로의욕 사이의 본질적 관계가 시대에 따라 크게 변화하지 않을 것이고 보면 그들의 연구 결과는 아직도 상당한 현실설명력을 갖는다고 볼 수 있다.

그들은 1961년 소득이 1만 달러 이상인 고소득자 957명에 대한 개인면담을 통해 누진적 소득세가 그들의 근로의욕에 어떤 영향을 미치는

지 조사해 보았다. 조사 결과를 한마디로 요약해 표현하면, 세금의 존재가 고소득자들이 얼마나 많이 일할 것인지를 결정하는 주요인은 아니라는 것이다. 세금보다는 자신이 맡고 있는 일이 얼마나 많은 노력을 요구하는지 아니면 자신의 건강 상태가 얼마나 많이 일할 수 있게 만드는지가 더욱 중요한 결정 요인으로 드러났다. 이 조사가 수행되었을 때는 최고소득세율이 91%나 되는 엄청난 정도의 누진성을 가진 소득세가 부과되고 있던 시점이었다. 그런 상황에서 대다수의 고소득자가 세금의 존재로 인해 근로의욕의 감퇴를 느낀 바 없다고 대답한 것은 의미심장한 일이라고 할 수 있다.

좀 더 구체적으로 말해, 누진적 소득세제 때문에 일하는 시간을 줄였다고 대답한 사람은 12%에 불과했다. 그러나 발로우 등은 이렇게 대답한 사람들의 상당수가 아직도 주당 60시간 이상을 일하고 있다는 사실을 지적했다. 당시 고소득자들의 주당 평균노동시간이 48시간이었던 점을 생각하면 60시간이라는 것은 상당히 강도 높은 근무라고 볼 수 있다. 그렇다면 12%의 응답자 중 소득세의 존재 때문에 정말로 노동 공급량을 줄였다고 볼 수 있는 사람은 대략 그 절반 정도에 그친다고 그들은 말한다. 결론적으로 말해 고소득자들이 극단적으로 높은 소득세율에 대해 불만을 갖고 실제로 노동 공급량을 줄여 이에 대응한다는 말은 현실과 동떨어진 주장이라는 것이다. 이는 소득세율을 대폭 내려준다 해도 노동 공급량의 현저한 증가는 기대하기 힘들다는 뜻이 된다.

감세정책이 노동 공급에 어떤 영향을 미칠 것인지를 좀 더 체계적으로 예측하기 위해서는 노동공급곡선과 관련한 실증연구 결과들을 살펴보아야 한다. 소득세율을 낮춰 준다는 것은 세금을 내고 주머니에 넣는 임금률이 더 높아지게 만든다는 것을 뜻한다. 노동 공급량이 임금률의 변화에 어떻게 반응하는지를 알면, 세율의 인하가 노동 공급량에 어떤 영향을 줄지를 예측할 수 있다. 그런데 순수하게 이론적인 관점에서 보면, 소득세율의 인하에 따른 세후 임금률의 상승이 노동 공급량을 늘어나게 할지 아니면 줄어들게 할지 잘라 말하기 힘들다. 임금률의 상승에 따른 대체효과는 노동 공급량의 증가를 가져오지만 소득효과는 노동 공급량의 감소를 가져와 세후 임금률 상승의 결과 노동 공급량이 늘어날 수도 있고 줄어들 수도 있기 때문이다.

임금률의 변화가 노동 공급량에 어떤 영향을 주는지를 분석하는 이론적 모형에 따르면, 어떤 개인은 일정하게 주어진 시간을 노동하는 데 쓰거나 아니면 여가로 소비하는 데 쓴다. 노동을 하는 이유는 이를 통해 얻는 소득으로 여가 이외의 다른 상품들을 구입해 소비하려고 하기 때문이다.

임금률이 상승한다는 것은 여가의 기회비용이 더 커진다는 것을 뜻하고, 따라서 여가가 다른 상품에 비해 상대적으로 더 비싸지는 결과가 나타난다.[5] 어떤 상품이 상대적으로 더 비싸지면 소비자는 그 상품의 소비를 줄이는데, 이것을 대체효과라고 부른다. 따라서 임금률 상승에 따른 대체효과는 여가 소비를 줄이고 노동 공급량을 늘리는 방향으로 작용한다.

이와 동시에 임금률의 상승은 소비자의 실질소득을 더 크게 만드는데, 이를 통해 발생하는 효과가 바로 소득효과다. 소득효과는 고려 대상이 되는 상품이 어떤 성격을 갖는지에 따라 달라지고, 정상재normal goods의 경우에는 소득효과로 인해 그 상품의 소비량이 더 커진다. 대부분의 상품은 소득이 늘어남에 따라 소비량이 더 커지는데, 이런 상품을 정상재라고 부른다. 반면에 소득이 늘어남에 따라 소비량이 더 작아지는 상품을 열등재inferior goods라고 부르는데, 이 경우에는 소득효과가 그 반대방향으로 나타난다. 여가는 정상재의 일종이므로 임금률이 올라가 실질소득이 더 커지면 여가 소비량이 더 커진다. 이것은 임금 상승에 따른 소득효과가 노동 공급량을 줄이는 방향으로 작용할 것임을 뜻한다.

이처럼 임금률의 상승에 따른 대체효과는 노동 공급량의 증가를 가져오지만 소득효과는 노동 공급량의 감소를 가져오기 때문에 노동 공급량이 늘어날 수도 있고 줄어들 수도 있다. 따라서 감세정책의 결과 세후 임금률이 더 높아질 때 이로 인해 노동 공급량이 어떻게 변화할지는 이론적으로 예측할 수 없고, 실증연구에 의해 밝혀질 수밖에 없다. 만약 추정 결과 노동공급곡선이 보통의 공급곡선처럼 우상향하는 모양을 갖는 것으로 드러난다면 감세정책이 노동 공급량을 늘리는 결과를 가져올 것을 기대할 수 있다. 그리고 노동 공급의 임금률탄력성이 더 큰 양(+)의 값을 가질수록 노동 공급 촉진효과가 더 클 것이라고 예상할 수 있다.[6)]

그러나 지금까지 이루어진 실증연구 결과를 보면 노동공급곡선이 우상향하는 모양을 갖기는 힘든 것처럼 보인다. 노동 공급의 임금률탄력성이 거의 0에 가깝다는 실증연구 결과가 대부분이기 때문이다. 이는 노동공급곡선이 우상향이 아닌 수직선의 모양을 갖는다는 것을 뜻하고, 이것이 맞는다면 세율의 인하가 현저한 노동 공급량의 증가로 이어질 가능성은 아주 희박하다. 다시 말해 지금까지 이루어진 실증연구 결과 역시 감세론자들의 손을 들어 주지 않고 있다는 뜻이다.

이 방면에서 선구적인 업적을 남긴 연구자는 코스터즈(M. Kosters,

1969)인데, 그의 분석 결과를 보면 미국 남성 노동자의 경우 임금률이 올라갈 때 노동 공급량이 오히려 줄어드는 것으로 나타난다. 다시 말해 노동 공급의 임금률탄력성이 음(−)의 값을 갖는다는 것으로, 이것이 사실이라면 소득세율의 인하는 기대와 달리 노동 공급량이 줄어들게 만드는 결과를 가져올 수 있다. 펜카벨(J. Pencavel, 1986)이 1980년대 초까지 이루어진 관련 연구 결과를 정리한 바에 따르면, 많은 연구자들이 이와 비슷한 결론에 이르고 있다.

〈표 5-2〉에는 그가 서베이의 대상으로 삼은 여러 연구들의 분석 결과가 요약되어 있는데, 여기서 *E*는 '보상되지 않은 노동 공급의 임금률

〈표 5-2〉 미국 남성 노동자의 노동공급곡선 분석 결과

	E	mpe	E^*
Ashenfelter and Heckman (1973)	−0.16	−0.27	0.12
Bloch (1973)	0.06	−0.06	0.12
Boskin (1973)	−0.29	−0.41	0.12
DaVanzo, DeTray and Greenberg (1973)	−0.15	−0.004	−0.14
Dickinson (1974)	−0.11	0.08	−0.19
Fleisher, Parsons and Porter (1973)	−0.19	−0.23	0.04
Garfinkel (1973)	0	0	0
Greenberg and Kosters (1973)	−0.09	−0.29	0.20
Ham (1982)	−0.16	−0.11	−0.05
Hausman and Ruud (1984)	−0.08	−0.63	0.55
Kniesner (1976a)	−0.17	−0.01	−0.16
Kosters (1966)	−0.09	−0.14	0.04
Masters and Garfinkel (1977)	−0.11	−0.05	−0.06
Wales and Woodland (1979)	0.14	−0.70	0.84

자료 : John Pencavel(1986)

탄력성’uncompensated elasticity of hours of work with respect to wages을 뜻한다. 대부분의 연구 결과에서 E의 값이 음(−)인 것으로 나타나고 있음을 볼 수 있다.[7] E가 음의 값을 갖는다는 것은 노동공급곡선이 우상향하는 모양이 아니라, 뒤로 휘어진 모양을 갖는다는 것을 뜻한다.

이 표에서 *mpe*는 소득효과를 나타내고 있는 한편, E^*는 ‘보상된 노동 공급의 임금률탄력성’compensated elasticity of hours of work with respect to wages을 뜻해 대체효과를 나타내고 있다. 여기서 한 가지 주목할 점은 대체효과를 나타내는 E^*의 값도 그다지 크지 않을 뿐 아니라 심지어 음(−)의 값으로 나온 경우도 적지 않다는 사실이다. 소득세의 부과가 노동 공급에 관한 결정을 교란시켜 발생하는 초과부담은 바로 이 E^*의 값과 밀접한 관계를 갖는데, 이것의 값이 작다는 것은 초과부담이 별로 크지 않다는 것을 뜻한다. 다시 말해 감세론자들의 주장과 달리 소득세의 부과가 노동 공급에 관한 결정을 교란시키는 데서 나오는 효율성의 상실폭이 실제로는 그리 크지 않다는 뜻이다.

감세론자의 입장에서 볼 때 이와 같은 실증연구 결과는 매우 실망스러운 것이 아닐 수 없다. 그들이 감세의 당위성을 부르짖는 배경에는 소득세율을 대폭 낮춰줌으로써 노동 공급을 촉진해 경제에 활력을 불어넣을 수 있을 뿐 아니라, 초과부담을 크게 줄여 효율성을 높일 수 있다는 논리가 깔려 있기 때문이다. 그런데 펜카벨이 정리한 바에 따르면, 대부분의 실증연구 결과가 노동공급곡선이 우상향하는 모양을 갖지 않는다고 말할 뿐 아니라, 소득세 부과에 따른 초과부담도 그리 크지 않다는 것이다. 이는 소득세율을 대폭 낮춰준다 해도 경제에 별다른 이득이 생기지 않는다는 뜻으로, 감세론자들로서는 매우 실망스러운 연구 결과가 아닐 수 없다.

이런 상황에서 기존의 연구 결과에 문제가 있다고 주장하는 하우즈먼(J. Hausman, 1981, 1985)의 등장은 주목의 대상이 되었다. 그에 따르면 기존의 연구들은 부적절한 방법론 때문에 잘못된 결론에 이르고 있으며, 적절한 방법론에 따라 다시 분석해 보면 노동공급곡선은 우상향하는 모양을 갖고 있을 뿐 아니라 소득세 부과에 따른 초과부담도 매우 크다는 것을 확인할 수 있다고 한다. 그는 기존의 연구들이 조세의 존재를 제대로 고려하지 않고 노동공급곡선을 도출했기 때문에 잘못된 결론에 이르게 되었다고 지적한다. 소득세의 부과는 분석 대상이 되는 대표적 개인의 예산집합이 독특한 성격을 갖게 만드는데, 이 점을 적절하게 고려하지 못했다는 말이다.

하우즈먼은 미국의 경우 소득세 부과로 인해 줄어드는 노동 공급량의 크기가 8.2%에 이른다는 계산 결과를 제시했다. 또한 소득세 부과로 인한 초과부담이 조세수입의 22.1%나 되는 규모라는 계산 결과도 제시했다. 만약 그의 분석 결과가 맞는 것이라면 감세정책은 노동 공급을 촉진한다는 점에서뿐 아니라 조세부과로 인한 초과부담을 줄여 효율성을 제고한다는 점에서도 상당히 긍정적인 효과를 갖게 된다. 소득세 부과로 인한 노동 공급량의 감소가 그다지 큰 편이 아니며, 이로 인해 발생하는 초과부담의 크기도 그 정도까지 크지는 않다는 기존의 연구 결과에 반기를 들고 나섰다는 점에서 그의 연구는 사람들의 많은 관심을 끌었다.

그러나 뒤이어 나온 연구 결과를 보면 오히려 하우즈먼의 방법론에 더 많은 문제점이 있는 것으로 드러났다. 매커디 등(T. MaCurdy *et al.*, 1990)은 어떤 이유에서 기존의 연구들과 하우즈먼의 연구가 체계적으로 다른 결과를 내고 있는지를 정밀하게 분석해 보았다. 그 결과

하우즈먼의 접근법은 일정한 제약이 충족되는 것을 요구하고 있는데, 그와 같은 제약은 분석 결과를 이미 일정한 방향으로 결정하는 역할을 한다는 사실을 밝혀냈다. 이 점에서 볼 때 하우즈먼의 추정 결과는 방법론상의 특성에 의해 인위적으로 만들어진 성격이 강하며 현실을 충실하게 대변해 주는 것으로 볼 수 없다는 결론에 이르게 된다.

헤크먼(J. Heckman, 1983)도 매커디 등과 비슷한 근거를 들어 하우즈먼의 접근방식에 문제점이 있다고 비판한다. 그는 추정과정에서 소득효과를 나타내는 계수 β가 음(−)의 값을 갖는다는 제약을 부과했는데, 이것은 적절치 못한 일이라는 것이 헤크먼의 지적이다. 하우즈먼의 추정 결과 소득세 부과에 따른 대체효과가 상당히 큰 것으로 드러났는데, 만약 이 제약을 부과하지 않았다면 거의 0에 가까운 대체효과밖에 얻지 못했을 것이라고 말한다. 하우즈먼은 여가가 정상재의 성격을 갖기 때문에 그런 제약을 부과하는 것이 정당화될 수 있다고 주장하지만, 그것은 전혀 설득력이 없는 주장이라고 잘라 말하고 있다. 다른 논문에서 헤크먼(J. Heckman, 1993)은 하우즈먼의 접근방법이 경제학계에서 더 이상 관심의 대상이 되지 못한다는 극단적인 평가까지 서슴지 않고 있다.

지금까지 살펴본 노동 공급에 관한 실증연구 결과에 따르면 소득세율을 대폭 낮춰준다 해도 노동 공급량이 상당한 폭으로 증가할 가능성은 그리 크지 않다. 노동 공급의 임금률탄력성이 음(−)의 값을 갖는다는 연구 결과가 많은 상황인데, 그렇다면 세율의 인하는 오히려 노동 공급량을 줄어들게 만들 수도 있다. 그럼에도 불구하고 공급중시경제학자들은 감세정책을 통해 근로의욕을 획기적으로 촉진시킬 수 있다는 주장을 굽히지 않았다. 그러나 이들의 주장은 어떤 구체적 이론이나 실증연구 결과의 뒷받침을 받지 못하고 있다.

흥미로운 점은 감세정책에 가장 호의적이라고 할 수 있는 하우즈먼의 실증연구 결과를 그대로 적용하더라도 1980년대에 이루어진 조세제도 개혁의 노동 공급 촉진효과는 그리 크지 않다는 결론이 나온다는 사실이다. 하우즈먼-포터바(J. Hausman and J. Poterba, 1987)는 하우즈먼의 추정치를 이용해 ERTA-81과 TRA-86이 얼마나 큰 폭의 노동 공급량 증가를 가져올지 계산해 보았다. 그 결과 ERTA-81은 0.4%, 그리고 TRA-86은 0.9%의 노동 공급 촉진효과를 갖을 것이라는 결론을 얻었다. 이는 최고소득세율을 70%에서 50%로 낮추고, 이어서 다시 28%로 대폭 낮춘 결과치고 그리 인상적이지 못한 것이 아닐 수 없다.

보즈워스-버틀리스(B. Bosworth and G. Burtlees, 1992)는 두 차례의 대폭적 세율 인하가 이루어진 1980년대에 노동 공급량이 상당한 폭으로 증가했다는 점은 인정했다. 그들의 분석에 따르면 남성 근로자의 경우 1981년에서부터 1989년의 기간 동안 5.1%의 폭으로 노동 공급량이 증가한 것으로 나타났다. 그러나 이것 모두가 감세정책의 결과라고 보기는 힘들다는 점을 지적했다.

감세정책의 논리에 따르면 근로의욕 촉진효과는 고소득계층에서 가장 현저하게 나타나야 한다. 그러나 노동 공급의 변화를 계층별로 구분해서 보면, 최하위 20%에 속하는 계층에서 19.4%에 이르는 노동 공급량의 증가가 나타나 다른 소득계층보다 월등하게 더 큰 것으로 나타났다. 이에 비해 최상위 20%에 속하는 사람들의 노동 공급량 증가폭은 3.6%에 지나지 않았다.

가장 큰 폭으로 세율이 인하된 최고소득계층에서는 노동 공급량이 별로 늘어나지 않은 반면, 세율 인하의 혜택을 별로 받지 못했던 최저소득계층에서 가장 큰 폭의 노동 공급량 증가가 일어났다는 사실은 감세정책의 논리에 의문을 제기할 충분한 이유가 될 수 있다. 실제로 1980년대에 일어난 노동 공급량 증가의 주요인은 감세정책이 아닌 다른 것이었을 가능성이 크다.

흥미로운 점은 이렇게 최저소득계층의 노동 공급량이 큰 폭으로 늘었어도 그들의 근로소득은 크게 늘어나지도 않았다는 사실이다. 보즈워스-버틀리스는 1980년대에 걸쳐 시간당 실질임금률이 최상위 20%를 제외하고는 모든 소득계층에서 하락추세를 보였다는 점을 지적한다. 이 사실을 생각해 보면 감세정책이 고소득계층에게만 이득을 가져오고 저소득계층에게는 이렇다 할 이득을 가져다 주지 못했다는 주장에 일리가 있음을 깨닫게 된다.

(2) 국민저축

1970년대 이래 미국의 국민저축률이 크게 떨어져 자본축적의 속도가 급격히 낮아지고 이에 따라 기업들의 생산성 향상이 둔화되는 문제가 대두되기 시작했다. 이와 같은 국민저축률 하락의 주요한 원인은 개인저축의 부진에 있었던 것으로 해석되고 있는데, 사실 이와 같은 국민저축과 개인저축의 동반 하락은 미국뿐 아니라 많은 나라에서 공통적으로 관찰될 수 있는 현상이었다. 경제학자들과 정책 담당자들은 개인저축을 촉진시킬 방안에 대해 많은 토론을 했지만, 뾰족한 방법을 찾지 못하고 있는 상황이었다. 그중 가장 많은 관심을 끌고 있었던 것은 조세상의 특혜를 주는 저축상품이었고, 이에 따라 IRA라든가 401(k) 같은 세금우대 연금상품이 특별한 관심의 대상이 되었다.[8)9)]

레이건 행정부는 개인저축의 획기적 증대를 목표로 하여 ERTA-81을 통해 모든 근로자에게 IRA 개설을 허용하는 조치를 취했다. 모든 근로자가 세금우대를 받는 연금저축에 가입할 수 있게 만듦으로써 개인저축이 크게 늘어나게 만들 수 있다는 생각에서 그와 같은 조치를 취한 것이다.

겉으로 드러난 성과만 본다면 이 정책은 상당한 성과를 거두었다고 말할 수 있다. 이 정책이 나오기 직전인 1981년에는 고작 50억 달러 수준에 머물고 있던 IRA의 연간 저축액이 1982년에 280억 달러로 뛰어오르고 1986년에는 다시 380억 달러로 뛰어오른 것을 볼 수 있었기 때문이다. 그리하여 1986년에 이르러서는 IRA 저축이 미국 개인저축 전체의 1/4가량이나 되는 비중을 차지하게 되었다.

흥미로운 점은 레이건 행정부가 TRA-86을 통해 IRA에 대한 혜택을 축소하자 바로 그 다음 해에 세금우대를 받는 연금저축액이 무려 62%나 되는 폭으로 감소했다는 사실이다. 그 이후 IRA 연금저축은 계속 낮은 수준에 머물러 1994년에는 IRA의 연간 저축액이 고작 77억 달러밖에 되지 않는 정도였다. 그래블(J. Gravelle, 1991)에 따르면, 1986년에는 소득세 납부자의 15%가 IRA 연금저축에 가입하고 있었으나 1994년에는 그 비율이 4% 미만으로 급격하게 떨어졌다. 이를 보면 조세제도상의 변화가 IRA 연금저축이라는 특정한 형태의 저축에 대해서 매우 큰 영향을 주고 있다는 것을 알 수 있다. 그렇다고 해서 조세정책이 개인저축 혹은 국민저축에 많은 영향을 주었다는 결론이 바로 도출되어 나오는 것은 아니다.

경제학자들은 ERTA-81이 과연 미국의 개인저축과 국민저축에 어떤 영향을 주었는지를 둘러싸고 열띤 논쟁을 벌였다. 앞에서 말한 것처럼, 세금우대 연금상품인 IRA의 가입요건을 완화해 주자 그것의 저축액이 크게 뛰어올랐던 것은 사실이다. 그러나 IRA 저축액이 증가했다 해서 반드시 개인저축 그리고 여기서 한 걸음 더 나아가 국민저축이 증가했다는 것을 뜻하지는 않는다. 그래블이 지적하고 있듯, IRA 연금저축 증가의 재원은 다음과 같은 여러 경로를 통해 마련될 수 있다.

(1) (세금우대에 의한) 조세납부액의 감소
(2) 기존의 저축을 IRA로 전환
(3) 대출 증가
(4) 새로운 저축을 IRA에 투입
(5) 소비지출 감소

이 중에서 개인저축 혹은 국민저축의 증가에 진정으로 기여하는 것은 오직 소비지출 감소 하나뿐이다. 기존의 저축을 IRA로 전환하거나 새로운 저축을 IRA에 투입하는 것은 개인저축 그 자체의 크기에 아무런 영향을 미치지 못한다. 대출을 받아 IRA에 투입하는 것 역시 저축과 부채가 상쇄되기 때문에 개인저축에는 아무런 변화를 가져오지 못한다. 세금을 절약한 부분을 IRA에 투입하는 것은 개인저축을 더 크게 만들지만, 국민저축까지 크게 만들지는 못한다. 왜냐하면 늘어난 개인저축이 세금 징수액 감소로 인한 정부저축 감소로 상쇄되어 국민저축에는 아무런 변화가 생기지 않기 때문이다.

결국 문제의 핵심은 IRA를 통한 저축 유인의 제공이 민간부문의 소비를 감소시키는 결과를 가져오는지의 여부에 있다. 일부 경제학자들은 실제로 그런 일이 일어나 ERTA-81을 통한 저축촉진정책이 효과를 발휘했다는 평가를 내리고 있다. 이들에 따르면 1980년대 초반에 관찰될 수 있었던 IRA 저축액의 증가는 대부분이 소비지출 감소에 의해 충당되었고, 이는 개인저축과 국민저축에 순증가가 일어났다고 볼 수 있는 근거가 된다.

그러나 훨씬 더 많은 숫자의 경제학자들이 이와 반대로 IRA 저축액의 증가에도 불구하고 개인저축이나 국민저축의 순증가는 일어나지 않았다는 연구 결과를 제시해 좋은 대조를 이루고 있다. 그들은 ERTA-81이 개인저축의 순증가를 가져왔다는 결론에 이르고 있는 연구들이 공통적으로 방법론상에 문제를 갖고 있음을 지적한다. 좀 더 정교한 방법으로 IRA와 개인저축 사이의 관계를 분석해 보면 IRA가 개인저축의 순증가를 가져왔다고 보기 힘들다는 결론에 이른다는 것이 그들의 주장이다. 즉 실제로는 IRA 저축 증가의 대부분이 소비의 감소가 아닌 다른 경로, 예를 들어 다른 형태의 저축을 IRA로 전환한 것 등에 의해 이루어졌다는 뜻이다.

엥겐 등(E. Engen *et al.*, 1996)은 IRA를 통한 저축이 다른 형태의 저축과 좋은 대체재가 된다고 인식하는 사람에게는 개인저축의 순증가가 일어나지 않을 것이라고 지적한다. 이미 갖고 있는 다른 형태의 저축이나 저축하려고 마음먹은 돈을 세금우대를 노려 IRA로 돌리는 효과만 내게 되기 때문이다. 만약 IRA를 통한 개인저축의 순증가가 일어난다면 그것은 IRA와 다른 형태의 저축이 좋은 대체재가 아니라고 인식하는 사람에 한정될 것이다. 그렇다면 어떤 특성을 가진 사람들이 IRA와 다른 형태의 저축이 좋은 대체재라고 인식하는 집단에 속하게 될까? 엥겐 등은 우선 나이가 59세를 넘어 IRA를 중도해지 해도 벌칙을 받지 않는 데다가, 다른 형태의 저축을 많이 보유하고 있는 사람이 그런 집단에 속할 가능성이 높다고 말한다.

그런데 1983년에서 1985년 사이에 이루어진 IRA 저축의 70% 정도가 이런 특성을 가진 사람들에 의해 이루어졌다는 것이 엥겐 등의 지적이다. 뿐만 아니라 이 기간 동안 매년 IRA의 상한선까지 저축한 사람들의 78%가 바로 이런 특성을 가진 사람들이라고 한다. 이는 그 기간에 이루어진 IRA 저축의 대부분이 IRA와 다른 형태의 저축이 좋은 대체재라고 인식하는 집단에 의해서 이루어졌음을 뜻한다. 그렇다면 IRA 저축 증가의 대부분이 다른 형태의 저축을 IRA로 전환함으로써 이루어졌다는 뜻이며, 소비지출 감소에 의한 개인저축 순증가는 별로 없었다는 말이다.

슬렘로드(J. Slemrod, 1990)는 조세제도 변화에 대해 납세자들이 보이는 반응의 양상에도 일종의 위계질서hierarchy와 비슷한 것이 존재한다고 말했다. 다시 말해 여러 가지 반응이 일정한 순서에 따라 나타나는 것을 공통적으로 발견할 수 있다는 뜻이다. 그에 따르면 조세제도상의 변화가 생겼을 때 가장 빨리 나타나는 민간부문의 반응은 어떤 경제행위와 관련된 시점timing의 조정이라고 한다. 예를 들어 6개월 후부터 자본이득에 적용되는 세율이 올라간다는 발표가 나오면 미리 앞당겨 자본이득을 실현함으로써 높은 세율을 회피하려고 하는 것이다. 그다음 순서로 나타나는 반응은 금융적financial 혹은 회계적accounting 성격을 갖는 조정이라고 한다. 예를 들어 세금 부담을 줄이기 위해 자산 포트폴리오를 재조정한다든가 회계장부 작성 방식을 조정하는 등의 일을 한다는 뜻이다.

슬렘로드는 조세제도상의 변화가 생겼을 때 노동시간을 줄이거나 소비지출을 줄이는 것 같은 실질적인real 경제행위의 조정이 가장 마지막으로 나타난다고 말한다. 다른 성격의 조정에 비해 실질적인 경제행위의 조정이 어렵기 때문에 그런 반응이 뒤에 뒤쳐져서 나타나는 것이라고 볼 수 있다. 그렇다면 지금 우리가 고려 대상으로 삼고 있는 저축에 관한 결정의 경우에도 시점의 조정이나 금융적 혹은 회계적 성격의 조정이 우선적으로 나타날 가능성이 크다. 예를 들어 IRA가 아닌 다른 형태의 저축을 IRA로 전환하거나 신규 저축을 IRA에 넣는 등의 반응이 우선적으로 나타날 가능성이 크다는 말이다.

반면에 소비지출을 줄이는 것 같은 실질적 경제행위의 조정은 가장 늦게 그리고 가장 적은 폭으로 나타날 것이라고 예측할 수 있다. 엥겐 등(E. Engen *et al.*, 1996)은 바로 이 점을 들어 IRA가 소비지출을 줄여 개인저축의 순증가를 가져오는 결과를 냈을 가능성이 희박하다고 지적했다.

ERTA-81이 개인저축의 순증가를 가져왔다는 결론을 도출하고 있는 연구들은 대체로 1980년대 후반과 1990년대 초반에 집중되어 발표되었다. 바로 그 뒤를 이어 지금 보는 것처럼 이 연구들이 갖는 문제점을 지적하는 논문들이 줄지어 발표되었고, 이와 동시에 실제로 일어난 개인저축의 증가폭은 매우 작다는 것을 밝히는 실증연구 결과가 줄을 이었다.

그 대표적 예가 애터내시오-들레이르(O. Attanasio and T. DeLeire, 2002)의 연구인데, 이들에 따르면 국민저축의 순증가에 기여한 것으로 인정할 수 있는 것은 아무리 크게 잡아도 IRA 저축의 9%를 넘지 못한다고 한다. 이는 IRA 저축의 대부분이 다른 형태의 저축을 IRA로 전환한 것임을 뜻하며, 소비지출의 감소를 통해 이루어진 것은 아주 작은 부분만을 차지한다는 말이다. 현재 상황을 보면 ERTA-81이 IRA의 확대를 통해 개인저축 혹은 국민저축의 순증가에 기여한 바는 거의 없다는 것이 거의 정설로 받아들여지고 있다.

그런데 감세정책은 지금까지 본 것과는 다른 경로를 통해서도 개인 저축 혹은 국민저축에 영향을 줄 수 있다. 앞에서 설명한 것처럼, 70%였던 최고소득세율은 레이건 행정부하에서 28%의 수준으로 급격하게 낮아졌다. 이는 이자소득에 적용되는 소득세율도 똑같이 낮아졌다는 것을 뜻하고, 따라서 투자자들의 세후 이자율 혹은 세후 수익률은 예전에 비해 두 배 이상의 수준으로 높아지게 되었다.[10)]

상식적으로 생각할 때 이와 같은 세후 이자율의 상승은 사람들로 하여금 좀 더 많은 저축을 하게 만드는 유인으로 작용할 수 있다. 그러나 엄밀하게 말하면 세후 이자율의 상승은 대체효과와 더불어 소득효과를 만들어 내는데, 저축이 증가하게 만드는 방향으로 작용하는 것은 대체효과뿐이다. 이자율의 변화가 저축행위에 미치는 영향을 분석하는 이론적 모형은 어떤 소비자가 현재소비와 미래소비 사이의 선택을 한 결과로 저축의 크기가 결정된다고 본다. 예를 들어 현재 갖고 있는 소득을 현재소비로 쓰고 남은 부분을 저축하는데, 이를 통해 미래소비를 더 크게 만들고 싶기 때문이라는 것이다.

감세를 통한 세후 이자율의 상승은 현재소비의 기회비용을 더 크게 만드는 결과를 가져온다. 이자율이 r, 소득세율이 t라고 할 때, 세후 이자율은 $(1-t)r$이 된다. 따라서 1원을 현재소비로 쓰지 않고 저축하면 미래소비가 $[1+(1-t)r]$원만큼 늘어날 수 있다. 세후 이자율이 상승한다는 것은 현재소비를 1원 늘렸을 때 희생해야 하는 미래소득이 더 커진다는 것을 뜻하고, 이는 현재소비의 기회비용이 그만큼 더 커진다는 뜻이다. 그 결과 소비자는 현재소비를 줄이는 반응을 보이는데, 이것이 바로 대체효과다. 현재의 소득이 일정한 상황에서 현재소비가 줄어든다는 것은 저축이 늘어난다는 것을 뜻해, 대체효과는 저축을 늘리는 방향으로 작용한다.

그런데 세후 이자율의 상승에 따른 소득효과는 오히려 저축을 줄이는 방향으로 작용한다. 세후 이자율의 상승은 소비자의 실질소득을 더 크게 만드는데, 이는 정상재인 현재소비의 증가로 이어지게 된다. 따라서 세후 이자율 상승에 따른 소득효과는 대체효과와 달리 저축을 줄이는 방향으로 작용한다. 결론적으로 말해 세후 이자율의 상승이 저축의 증가를 가져올 것이라는 상식적 견해는 엄밀한 이론적 뒷받침을 받지 못한다는 뜻이다. 이론적으로만 보면 세후 이자율의 상승이 저축을 줄이는 결과를 가져오는 것을 배제할 수 없다.

저축행위에 대한 계량경제학적 분석 결과를 보면 이자율과 저축 사이에 정(+)의 관계가 성립하고 있는 것으로 나타난다. 이는 소득효과보다 대체효과가 더 크다는 뜻인데, 문제는 저축의 이자율탄력성 크기에 대해 다양한 견해가 존재한다는 데 있다. 즉 이것이 상당히 크다는 분석 결과가 나와 있는 반면, 거의 0에 가까울 정도로 작다는 분석 결과도 나와 있어 과연 이것의 실제 크기가 얼마인지에 대한 판단이 매우 어려운 실정이다. 보스킨(M. Boskin, 1978)은 저축의 이자율탄력성이 매우 큰 값을 갖기 때문에 소득세율을 낮춰 줌으로써 저축을 상당한 폭으로 증가시킬 수 있다고 주장했다.[11] 레이건 행정부가 두 차례에 걸쳐 소득세율을 대폭 낮추면서 내심 이런 효과를 기대했을 가능성이 크다.

그러나 얼마 뒤에 나온 프렌드-하스브룩(I. Friend and J. Hasbrouk, 1983)의 연구 결과는 보스킨의 주장을 정면으로 반박하고 있는 것이어서 우리의 관심을 끈다. 이들은 가계저축의 이자율탄력성이 통

[그림 5-1] 개인저축과 세금우대저축의 변화 추이(1980~1995년)(대 GDP 비중, %)

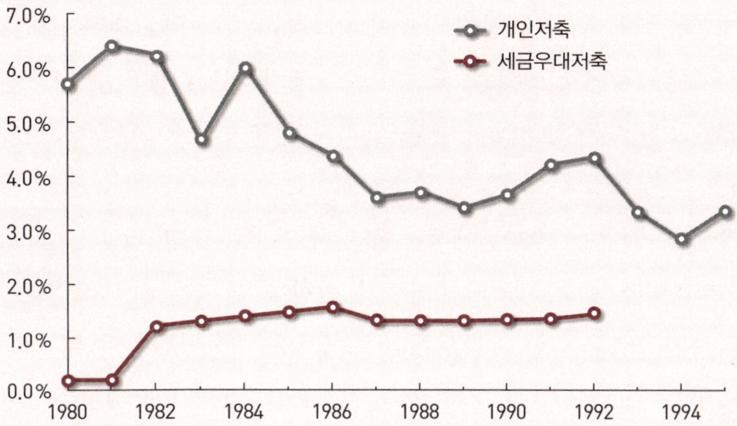

자료: Eric Engen *et al.*(1996)

계적으로 무의미할 정도로 작거나 아니면 심지어 음(-)의 값까지 가질 수 있다는 분석 결과를 제시했다. 분석에 사용된 이자율의 시리즈, 기간, 소비함수에 따라 이자율탄력성의 값이 달라질 수 있으나 통계적으로 유의한 양(+)의 값을 갖는 경우는 거의 없다는 것이 그들의 지적이다. 반면에 통계적으로 유의한 음의 값을 갖는 경우는 자주 관찰될 수 있다고 한다. 이는 감세정책을 통해 세후 이자율을 높여줌으로써 저축을 촉진시킬 수 있다는 주장이 적절한 실증분석 결과의 뒷받침을 받지 못하고 있음을 뜻한다.

사실 감세정책이 개인저축에 어떤 영향을 주었는지는 이렇게 이론적으로만 따져볼 문제가 아닐지 모른다. 오히려 실제로 감세정책이 채택된 전후로 개인저축이 어떤 추이를 보이며 변화했는지를 관찰하는 것이 더욱 좋은 방법일 수 있다. 물론 현실에서는 감세정책 말고도 개인저축에 영향을 줄 수 있는 많은 변화가 일어날 수 있고, 이에 따라 개인저축의 추이에 영향이 오게 마련이다. 그러나 다른 요인들의 영향은 단기적인 것이므로 장기적 관점에서 개인저축의 변화 추이를 관찰해 보면 감세정책의 영향을 비교적 정확하게 알아낼 수 있을 것이다.

[그림 5-1]에는 1980년에서 1995년에 이르는 기간 동안 미국의 개인저축과 IRA 등의 세금우대저축이 변화해 온 추이가 보여져 있다. 이를 보면 IRA를 통한 세금우대와 소득세율 대폭인하를 통한 세후 이자율 상승에도 불구하고 미국의 개인저축은 1995년에 이르기까지 전반적인 하향추세를 보여온 것을 알 수 있다. 세금우대저축에만 한정해서 보면 어느 정도 증가했다고 말할 수 있을지 모르지만, 전체적인 개인저축의 경우에는 1995년의 저축률이 1980년에 비해 거의 절반 수준으로 떨어졌다. 이를 보면 감세정책이 개인저축을 증가시키는 데 거의 아무런 효과를 내지 못했다고 결론을 내려도 무방하리라고 생각한다.

여기서 한 가지 주의할 점이 있는데, 설사 감세정책이 개인저축을 어느 정도 증가시키는 결과를 가져왔다 해도 국민저축까지 동시에 증가한다는 보장이 없다는 사실이다. 감세정책은 조세수입의 감소를 가져오고, 이에 따라 정부저축이 줄어들어 개인저축의 증가를 상쇄하기 때문이다. 더군다나 [그림 5-1]에서 보는 것처럼 개인저축 그 자체가 감소추세를 보여 왔다면, 감세정책이 국민저축의 증가를 가져올 가능성은 무척 희박할 수밖에 없다. 그럼에도 불구하고 일부 보수적인 경제학자들은 감세정책이 국민저축의 증가를 가져온다는 주장을 굽히지 않는데, 그들의 주장은 감세정책이 경제에 활력을 불어넣어 오히려 조세수입이 증가할 것이라는 논리에 기초해 있다.

아우어박(A. Auerbach, 2002)은 감세정책이 경제행위에 영향을 미치고 그것이 다시 조세수입에 영향을 미칠 수 있다면 조세수입이 늘어날 수도 있음을 감안한 모형을 통해 감세정책의 효과를 분석해 보았다. 그는 이와 같은 분석 방식을 '동적평가'dynamic scoring라고 부르는데, 공급중시경제이론의 논리를 수용했을 때 어떤 결과가 나오는지 보자는 의도가 그 밑에 깔려 있다. 그는 부시 행정부의 EGTRRA-01에 따른 감세정책의 효과를 분석 대상으로 삼았는데, 시뮬레이션 결과를 보면 장기적으로 국민저축의 감소를 가져오는 것으로 드러난다고 말한다. 동적평가를 도입한 결과 조세수입 감소폭이 줄어드는 효과가 나타나기는 했지만, 그렇다고 해서 국민저축의 감소추세 그 자체를 막지는 못했다는 것이 그의 결론이다.

현재 상태에서 감세정책이 국민저축의 증가에 기여하는 바가 거의 없다는 것은 거의 정설로 굳어져 있다고 보아도 무방하다. 1980년대와 2000년대 두 차례에 걸쳐 감세정책의 열풍이 세차게 휩쓸고 간 미국 경제의 국민저축률이 땅바닥에 떨어진 채 회복의 기미조차 보이지 않는 것을 보면 상황을 어느 정도 짐작할 수 있다. 보즈워스(B. Bosworth, 1989)는 1980년대의 경험을 정리하면서 한계세율을 낮춰 세후 이자율을 높여줌으로써 저축을 촉진시킬 수 있다는 믿음은 헛된 것으로 드러났다는 결론을 내렸다. 국민저축 증가라는 관점에서 보면 재정적자를 줄임으로써 정부부문이 저축을 까먹는 일을 막는 것이 더욱 시급한 과제라는 것이 그의 지적이다.

(3) 투자

지금까지 살펴본 것처럼 조세제도상의 유인이 노동 공급과 저축을 획기적으로 늘리는 역할을 할 가능성은 별로 크지 않다. 이론적인 관점에서 보면 소득세율 인하에 따른 소득효과가 노동 공급이나 저축을 오히려 줄어들게 만들 수 있어 기대한 효과가 나온다는 보장이 없다. 뿐만 아니라 실증연구 결과를 보아도 감세론자의 주장이 별 설득력이 없다는 것을 알게 된다. 그러나 투자의 경우에는 문제를 일으키는 소득효과가 존재하지 않을 뿐더러 실증연구의 결과도 감세정책이 상당한 효과를 낼 것으로 기대할 수 있는 가능성을 보여 주고 있다.

홀-조겐슨(R. Hall and D. Jorgenson, 1967, 1971)은 '자본의 사용자비용'user cost of capital이라는 개념에 기초해 투자가 조세제도상의 유인에 민감하게 반응한다는 사실을 밝혀냈다.[12] 또한 한계실효세율 marginal effective tax rate을 중심축으로 하는 킹-풀러톤(M. King and D. Fullerton, 1984)의 실증연구 역시 조세가 투자행위에 상당한 영향을 미치고 있음을 시사해 주고 있다. 사실 이윤극대화를 추구하는 기업은 개인과 달리 조세제도상의 작은 변화에도 아주 민감한 반응을 보일 가능성이 크다. 따라서 투자의 기회비용을 낮춰 주거나 수익률을 높여 주는 조세제도상의 유인을 통해 기업들로 하여금 더 많은 투자를 하도록 유도할 수 있다는 기대를 걸 만하다.

그러나 조세제도상의 투자유인이 자본의 사용자비용을 낮추거나 한계실효세율을 낮추는 결과를 가져온다 할지라도 이와 같은 변화가 실제로 투자의 현저한 증가로 이어진다는 보장은 없다. 예컨대 투자유인 덕분에 자본의 사용자비용이 큰 폭으로 떨어진다 하더라도 기업들이 어떤 이유로 인해 투자를 별로 늘리지 않는 반응을 보일 수 있기 때문이다.[13] 일반적으로 가격의 하락은 수요량의 증가를 가져온다고 알려져 있지만 가격탄력성이 아주 작을 때는 수요량의 증가가 별로 일어나지 않는다. 이와 비슷한 이유로 자본의 사용자비용과 관련된 탄력성의 크기에 따라 투자 수요가 사용자비용의 변화에 별 반응을 보이지 않을 수도 있는 것이다.

이 탄력성을 '자본스톡의 사용자비용탄력성'user cost elasticity of the capital stock이라고 부르는데, 많은 연구들이 이것의 크기가 1과 같다는 가정하에서 분석을 진행하고 있다. 콥-더글러스Cobb-Douglas생산함수를 상정하는 것이 일반적인데, 이 생산함수하에서는 사용자비용탄력성이 자동적으로 1의 값을 갖기 때문이다. 따라서 조세제도상의 투자유인책이 자본의 사용자비용을 낮추는 결과를 가져온다는 분석 결과만 얻으면 이것이 바로 투자 증가로 이어진다는 결론이 나왔던 것이다. 그러나 자본스톡의 사용자비용탄력성의 실제 크기가 1과 같다는 보장이 없으며, 실증연구의 결과를 보면 1보다 아주 작은 값을 갖는 경우가 많은 것으로 나타난다. 만약 이것이 사실이라면 투자유인으로 인해 자본의 사용자비용이 크게 낮아졌다 해도 이것이 투자의 현저한 증가로 이어지는 것을 기대하기 힘들다.

마이크로 데이터micro data를 이용한 치린코 등(R. Chirinko *et al.*, 1999)의 추정 결과에 따르면, 자본스톡의 사용자비용탄력성은 0.06에서 0.56 사이에 이르는 구간의 한 값을 갖는다. 그들은 0.25가 가장 그럴듯하다고 생각되는 값이라고 말하는데, 이것은 많은 사람들이 가정하고 있는 1과 상당한 차이가 나는 값이다. 이보다 더 큰 값을 갖는다는 결론을 내고 있는 연구들이 있기는 하지만, 거의 모두가 집계 데이터aggregate data에 기초하고 있어 여러 가지 문제점을 안고 있다는 것이 치린코 등의 지적이다. 즉 집계 데이터는 그 성격상 동시성, 자본시장의 마찰, 이질적 기업 등의 문제가 발생하게 되어 있어 추정 결과에 편의bias가 생길 수밖에 없다는 것이다.

굴즈비(A. Goolsbee, 1997)는 지금까지 수행된 자본스톡의 사용자비용탄력성에 관한 실증연구 결과를 종합해 보면 도출되어 나온 값이 대략 0에서 0.4 사이에 있다고 말한다. 그는 조세제도상의 투자유인이 실제로 기업의 투자 증가로 이어졌다는 것을 설득력 있게 보여 주는 연구 결과를 찾아보기 힘들다고 말하는데, 그 주된 이유를 이렇게 낮은 사용자비용탄력성에서 찾고 있다. 어떤 투자유인이 자본의 사용자비용을 낮추는 결과를 가져온다는 것만을 확인하는 것으로서 그것이 실제로 투자촉진 효과를 갖는다는 결론으로 이어질 수는 없다는 것이 그의 지적이다. 아무리 큰 폭으로 자본의 사용자비용이 떨어진다 해도 사용자비용탄력성이 작다면 실제로 투자는 별로 늘어나지 않을 것이기 때문이라는 것이다.

그렇다면 사용자비용탄력성이 이처럼 낮은 값을 갖는 이유는 과연 무엇일까? 우선 생각해 볼 수 있는 이론적 가능성은 요소 사이의 대체탄력성이 작아 자본의 사용자비용이 작아지더라도 자본으로의 대체가 쉽지 않다는 점이다. 즉 생산기술의 특성상 자본으로의 대체가 어렵기 때문이라는 것으로 설명할 수 있다는 뜻이다.

그런데 굴즈비는 현실에서의 사용자비용탄력성이 낮은 이유로 이보다 더 중요한 것이 있다고 말한다. 그는 기업들의 투자에 대한 수요 그 자체는 조세제도상의 투자유인에 매우 민감하게 반응한다는 점을 인정하고 있다. 투자유인의 제공으로 인한 자본의 사용자비용 하락은 투자

수요의 증가를 가져오는데, 그렇다고 해서 바로 투자가 증가되는 것은 아니라는 것이 그의 주장이다.

굴즈비는 (단기에서의) 자본재 공급곡선이 우상향하는 기울기를 갖는다는 사실에 주목한다. 따라서 투자에 대한 수요 증가는 자본재 가격의 상승을 가져오게 되는데, 공급곡선이 가파른 기울기를 가질수록 가격 상승폭이 더 커진다. 따라서 공급곡선이 상당히 가파른 기울기를 갖는 경우 투자유인 제공에 따른 투자 수요의 증가는 자본재 가격을 올리는 데만 주로 효과를 발휘하고 투자량에는 별 영향을 주지 못하는 것으로 귀결될 수 있다. 바로 여기에서 자본스톡의 사용자비용탄력성의 값이 낮은 주요한 이유를 찾을 수 있다는 것이 그의 해석이다. 그렇다면 투자유인의 제공으로 인한 혜택이 주로 자본재를 공급하는 기업들에게로 돌아가고 실제로 투자를 수행하는 기업에게는 별로 돌아가지 않는다는 말이 된다.

그의 추정 결과에 따르면, 10%의 투자세액공제를 허용하는 경우 자본재의 가격은 3.5%에서 7.0%에 이르는 폭으로 상승한다고 한다. 또한 어떤 특별한 자본재의 경우에는 가격 상승폭이 이보다 더 크게 나타나기도 한다는 것이 그의 말이다. 가격 상승폭은 자본재를 구입하는 기업들이 투자유인을 활용할 수 있는 기회가 많은 산업에서 특히 현저하게 나타난다고 한다. 그리고 해외로부터 수입한 자본재와의 경쟁이 별로 없는 산업, 그리고 밀려 있는 주문량이 많은 산업에서 가격 상승폭이 특히 큰 것을 관찰할 수 있다고 한다.

이런 상황에서 조세제도상의 투자유인은 투자촉진 효과를 별로 내지 못하면서도 상당한 비용을 초래하고 있다는 것이 굴즈비의 전반적 평가다. 예를 들어 1986년 폐지되기 이전의 투자세액공제제도는 1994

년 달러로 연간 3백억 달러에 이르는 조세수입 감소를 가져왔는데, 이것은 단일항목으로는 가장 큰 규모의 조세지출tax expenditure에 해당한다고 지적한다.[14] 가속상각제도 역시 큰 폭의 조세수입 감소를 가져와 투자촉진을 위한 조세정책이 재정적자 발생에 중요한 역할을 한 것으로 짐작할 수 있다. 뿐만 아니라 자본재를 생산·공급하는 기업에게 의도하지 않은 거액의 지대rent를 가져다주는 결과를 빚었다는 점도 고려되어야 한다고 말한다. 그것이 가져다주는 편익을 비용과 대비시켜 비교해 볼 때 투자촉진을 위한 조세정책은 그리 높은 점수를 받을 수 없다는 것이 굴즈비의 결론이다.

투자촉진을 위한 조세정책을 평가할 때 또 한 가지 중요하게 고려해야 할 점은 기업의 투자행위가 조세 이외의 여러 요인에 영향을 받는다는 사실이다. 커민즈 등(J. Cummins *et al.*, 1994)은 조세정책이 투자에 영향을 줄 수 있는 것은 사실이지만, 실제로는 다른 요인들이 상대적으로 더 큰 영향을 준다고 지적한다. 따라서 투자촉진을 염두에 둔 조세개혁이 구체적으로 투자에 어떤 영향을 줄 것인지는 단정해 말하기 힘들다는 것이 그들의 주장이다. 이는 조세제도상의 유인을 부여함으로써 투자를 원하는 수준으로 끌어올릴 수 있다는 생각이 근거 없는 낙관론임을 지적한 것으로서, 귀담아들어야 할 중요한 메시지를 내포하고 있다.

이와 비슷한 지적은 보즈워스-버틀리스(B. Bosworth and G. Burtless, 1992)의 논문에서도 찾아볼 수 있다. 그들은 1980년대 몇 차례에 걸친 조세제도 개혁의 경험에 비추어 볼 때, 조세가 투자행위에 상당한 영향을 준다는 점은 확인되었다고 인정했다. 그러나 투자에 영향을 주는 다른 중요한 정책수단과 제대로 조율되지 않은 조세제도상의 투자유인책은 기대한 효과를 가져올 수 없었다는 것이 그들의 지적이다. 예를 들어 1980년대 초 투자를 촉진한다는 명분으로 수행된 대규모 감세정책은 큰 폭의 재정적자를 가져왔고, 이로 인한 실질이자율의 상승은 투자를 위축시키는 결과를 가져왔다는 것이다. 그들이 관찰한 바에 따르면, 실질이자율의 투자위축 효과가 조세제도상의 투자유인책이 발휘한 효과보다 더 컸을 가능성이 있다고 한다.

1980년대 두 차례에 걸쳐 레이건 행정부에 의해 수행된 조세개혁은 조세정책이 투자행위에 어떤 영향을 미치는지를 분석할 수 있는 좋은 실험적 상황을 제공해 주고 있다. 흥미로운 점은 투자에 미칠 것으로 기대되는 영향의 측면에서 ERTA-81과 TRA-86이 상반된 성격을 가졌다는 사실이다. 1981년의 조세개혁은 과감한 투자유인을 제공한다는 특징이 두드러졌던 반면, 1986년의 조세개혁은 이 투자유인의 상당 부분을 철회하는 성격을 갖고 있었다. 이런 상반된 성격 때문에 이 두 차례에 걸친 조세개혁은 특별히 흥미로운 관찰 대상이 될 수 있다.

1983년과 1984년에 걸쳐 투자가 전례 없이 빠른 속도로 증가하는 현상이 나타나자 감세론자들은 드디어 투자유인이 기대하던 효과를 발휘하기 시작했다고 환호했다.[15] 그러나 이와 같은 투자의 급격한 증가가 전적으로 감세정책의 효과라고 보기에는 어려운 측면이 있었다. 당시의 독특한 미국 경제의 상황이 그와 같은 투자의 급증을 가져왔을 가능성이 컸기 때문이다.

1980년에서 1982년에 이르는 기간 동안 극심한 불황에 시달리던 미국 경제는 1982년 말에 들어서면서 회복국면에 들어섰는데, 이때 일어난 투자의 급격한 증가는 이와 같은 회복세와 맞물려 있을 가능성이 컸다. 불황국면에서 아주 낮은 수준으로 떨어졌던 투자가 회복국면에서 반등을 시작한 데다가 생산의 증가가 투자를 견인하는 역할을 했을 것으로 짐작할 수 있는 것이다.[16)]

코커 등(R. Corker *et al.*, 1989)의 실증연구 결과는 이와 같은 짐작이 틀리지 않았음을 명백하게 보여 주고 있다. 그들은 1980년대 초의 급격한 투자 증가가 일반적인 거시경제모형의 틀 안에서 충분히 설명할 수 있는 현상이라고 말한다. 즉 회복국면에서 생산의 빠른 증가가 일어난 것이 투자 증가의 주요한 원인이었으며, 조세정책이 투자행위에 영향을 준 것을 주요한 원인으로 보기는 힘들다는 것이다. 조세정책이 미친 영향이 통계적으로 유의한 것으로 드러나기는 하나, 잘해 보았자 부수적인 역할밖에 하지 못했다고 보아야 한다는 것이 그들의 입장이다. 그즈음 일어난 투자 증가를 감세정책의 성과라고 말하는 것은 너무 성급한 판단이라는 뜻이다.

보즈워스(B. Bosworth, 1985) 역시 조제제도상의 투자유인이 그때 일어난 투자 증가의 결정적 원인이었다는 견해에 의문을 표시하고 있다. 그는 어떤 특정한 자본재에 대한 투자에 주어지는 조세상 혜택과 그것의 투자 증가율 사이에 별 상관관계가 존재하지 않는다는 점을 지적했다. 예를 들어 자동차나 컴퓨터에 대한 투자에는 세금 감면폭이 그다지 크지 않았는데도 이 방면의 투자가 급격히 증가한 것을 볼 수 있다고 한다. 또한 상업용 건물과 산업용 건물에 대해 똑같은 정도로 큰 폭의 세금 감면을 해주었는데도 상업용 건물에 대한 투자는 증가한 반면 산업용 건물에 대한 투자는 감소했다는 사실도 지적한다. 그는 자본의 사용자비용에 미치는 영향이란 측면에서 볼 때 조세보다는 자본재 가격의 변화라든가 자금조달 비용의 변화 같은 다른 요인들이 더 중요한 요인이었다고 본다.

조세가 기업들의 투자행위에 영향을 미치는 결정적인 변수가 아니라는 사실은 1986년에 이루어진 레이건 행정부의 두 번째 조세개혁의 경험에서 더욱 뚜렷하게 나타난다. 앞에서 설명한 바 있지만, TRA-86은 소득세 수입을 줄이는 대신에 법인세 수입을 늘려 세수중립성을 유지하는 성격을 갖고 있었다. 그런 특성 때문에 기업의 투자가 크게 위축되리라는 예상이 지배적이었다. 그러나 조세개혁이 이루어진 후 투자가 크게 줄어들지도 않았고, 투자의 내용을 보아도 이론적 예상과 상반되는 사례가 많이 발견되었다. 다시 말해 감세론자의 주장과 달리 조세제도상의 투자유인이 기업들의 투자행위에 미치는 영향은 극히 제한적이었다는 뜻이다.

아우어박-해셋(A. Auerbach and K. Hassett, 1990)이 말하고 있듯, 1986년의 조세개혁의 효과에 대한 일반적인 예상은 기업들의 고정투자가 전반적으로 위축되는 동시에 설비투자의 감소가 특히 두드러지리라는 것이었다. 투자세액공제제도 철폐와 감가상각 기간의 연장은 법인세율의 인하로 상쇄되어 투자수익에 대한 조세 부담은 대체로 종전의 수준에 머물 것으로 예상되었다.[17] 그러나 법인세율의 인하는 기업의 모든 소득에 적용되는 혜택이기 때문에 신규 투자뿐 아니라 이미 이루어진 투자에게도 그 혜택이 돌아가는 성격을 갖는다. 반면에 투자세액공제제도 철폐와 감가상각 기간의 연장은 신규 투자에 대한 혜택만을 줄이는 성격을 갖기 때문에 TRA-86은 투자를 전반적으로 위축시키는 효과를 가질 것이라고 예상할 수 있다.

그런데 투자세액공제제도는 신규 설비투자에 주로 적용되고 있었기 때문에 이것의 철폐는 설비투자에 대한 실효세율을 높이는 결과를 가져오게 된다. 반면에 투자세액공제 혜택을 받지 못하고 있던 사업용 건물에 대한 투자는 법인세율 인하 덕택에 감가상각 기간 연장에도 불구하고 실효세율이 낮아지는 결과가 빚어질 수 있다. 이에 따라 신규투자 중 설비에 대한 투자가 줄어드는 한편 건물에 대한 투자는 늘어나는 구성비율상의 변화가 생길 것이라는 예상이 지배적이었다.

그러나 아우어박-해셋이 분석한 바에 따르면 1986년에서 1988년에 이르는 기간 동안 설비에 대한 투자는 20.5% 늘어난 반면, 건물에 대한 투자는 6.1% 줄어든 것으로 나타났다. 설비에 대한 투자가 큰 폭으로 증가한 배경을 보면 컴퓨터 관련 사무기기의 투자가 특별히 크게 늘어난 것이 중요하게 작용했음을 발견할 수 있다. 이는 당시의 투자동향 추이를 설명하는 요인으로서 조세보다는 기술적 변화가 상대적으로 더 중요한 역할을 했다는 것을 뜻한다. 이 둘을 합친 전반적 투자규모도 예상을 뒤엎고 12.6% 늘어나 조세 이외의 요인이 기업의 투자행위에 결정정인 영향을 미쳤음을 보여 주고 있다. 그들은 TRA-86이 1986년 이후 투자의 전반적 수준이나 내용을 설명해 주는 데 별 도움이 되지 않는다는 결론을 내리고 있다.

마지막으로 한 가지 고려해 볼 점은 사람들이 일반적으로 생각하고 있듯 법인세율의 인하가 투자촉진책으로서 효과적인 수단이 될 수 있느냐는 문제다. 지급이자 공제가 허용되는 법인세는 중립성을 갖기 때문에 기업의 한계투자와 관련된 결정에 영향을 미치지 않는다는 스티글리츠(J. Stiglitz, 1973)의 주장에 따르면 법인세율의 인하는 투자를 촉진시키는 효과를 갖지 못한다.

한계투자계획을 실행에 옮길지의 여부는 투자에서 얻는 수익이 기회비용을 초과하는지의 여부에 의해 결정된다. 그런데 이 둘 사이의 차이는 바로 법인세의 부과 대상이 되는 이윤과 같다. 이 이윤에 법인세가 부과된다 해서 양자 사이의 관계가 바뀌는 것은 아니기 때문에 법인세의 존재는 투자 여부에 관한 결정에 아무런 영향을 미치지 않는다. 이 관점에서 본다면 법인세율을 인하한다 해서 투자가 늘어날 하등의 이유가 없다는 결론에 이르게 된다.

홀-조겐슨(R. Hall and D. Jorgenson, 1971)은 1964년 법인세율이 52%에서 48%로 낮아진 것이 투자에 어떤 영향을 미치는지를 직접 분석해 보았다. (이자 공제가 허용되는 상황하에) 법인세에서 허용하는 감가상각이 경제적 감가상각과 똑같다면 법인세율의 인하는 자본의 사용자비용에 아무런 변화를 가져오지 않을 것이고 따라서 투자에 아무런 영향을 미치지 않을 것이다. 그러나 그 당시 미국의 법인세제하에서 허용하는 감가상각은 경제적 감가상각을 초과하고 있었다. 다시 말해 관대한 감가상각 공제를 허용해 주고 있었다는 뜻인데, 이런 상황에서는 법인세율의 인하가 자본의 사용자비용을 더 크게 만드는 역할을 한다.

그들이 계산한 바에 따르면 그와 같은 법인세율의 인하는 자본의 사용자비용을 대략 1% 더 크게 만드는 결과를 가져왔고, 이에 따라 모든 형태의 투자가 작은 폭으로 감소한 결과가 나타났다. 법인세율의 인하가 자본의 사용자비용에 어떤 영향을 주는지 파악하려면 우선 이자나 감가상각에 대해 얼마나 관대한 공제를 허용해 주고 있는지를 알아야 한다. 법인세율을 내리면 당연히 투자가 증가하리라고 믿는 사람들이 있지만, 엄밀하게 따져 보면 그와 같은 믿음은 무지에 기초해 있는 것임을 알 수 있다.

지금까지의 논의를 종합해 보면 조세제도상의 투자유인이 투자에 어느 정도의 영향을 미치는 것은 사실이지만, 그 영향의 범위는 상당히 제한적이라는 결론에 이르게 된다. 현실에서는 조세 이외의 많은 요인들이 기업의 투자행위에 영향을 주고 있어, 조세제도상의 변화가 자본의 사용자비용 혹은 한계실효세율을 어떤 방향으로 변화시키는지만을 보고 투자에 대한 영향을 예측하기는 어려운 현실이다.

투자유인의 제공과 관련해 발생하는 막대한 조세수입의 감소에 비추어볼 때 별로 확실치도 않은 투자촉진 효과를 노린 조세정책은 그리 바람직하지 않을 수 있다. 더군다나 그와 같은 조세수입 감소가 재정적자로 이어지고 그것이 다시 실질이자율의 상승으로 이어진다면 오히려 투자를 위축시키는 역설적인 결과까지 초래할 수 있다. 이 점에서 볼 때 감세론자들의 근거 없는 낙관론은 이렇다 할 설득력을 갖지 못한다고 말할 수 있다.

보수파의 반격 – NTR 접근방법

지금까지 살펴본 것처럼 감세정책을 직접 실행에 옮긴 후 무엇이 일어났는지를 분석해 본 결과는 민간부문의 노동 공급, 저축, 투자 중 그 어느 것도 감세론자의 주장과 일치하는 반응을 보이지 않은 것으로 드러났다. 사상 유례없는 대대적인 감세에도 불구하고 노동 공급량은 별로 늘어나지 않았으며, 민간저축은 더 낮은 수준으로 떨어지는 한편, 투자의 증가도 일시적 현상에 그쳤을 뿐 다시 떨어지기 시작했던 것이다. 압도적 다수의 실증연구들에 의해 감세정책이 기대했던 효과를 내지 못했음이 입증되었는데도, 감세론자들은 이에 굴하지 않고 감세정책이 미국 경제를 회생시키는 데 중요한 역할을 했다는 주장을 굽히지 않았다.

감세정책의 도입이 일종의 실험적 상황을 만들어 낸 것은 사실이지만, 완벽한 실험의 상황과는 거리가 멀었다. 주변 여건이 수시로 변화하는 데다가 감세정책 이외의 다른 경제정책들이 줄지어 도입되기 일쑤다. 따라서 경제에 어떤 변화가 나타났을 때 이것이 감세정책의 효과인지 아닌지의 여부를 정확하게 판단하는 것은 거의 불가능에 가까운 일이다. 1990년대에 미국 경제가 이례적인 장기호황을 구가하게 되었지만, 이것이 과연 어떤 상황의 변화 혹은 어떤 정책의 채택 덕분에 가능해졌는지를 알아낸다는 것은 무척 어려운 일일 수밖에 없다. 감세론자들이 1980년대에 이루어진 일련의 조세개혁 덕분에 1990년대의 번영이 가능해졌다고 강변할 수 있었던 것은 바로 이런 혼란한 상황에 힘입은 바 컸다.

그렇지만 감세정책에 찬성했던 경제학자들이 감세정책의 효과와 관련된 실증연구의 흐름을 모를 리 없었다. 정치계나 언론계의 감세론자들은 여전히 감세정책의 효과가 컸다는 주장을 굽히지 않고 있었지만, 사정을 잘 아는 경제학계의 감세론자들은 감히 그런 주장을 펼 수 없었다. 풀이 죽어 있던 경제학계의 감세론자들에게 갑자기 등장한 구원투수는 린제이(L. Lindsey, 1987)가 들고 나온 과세대상소득의 한계세율탄력성elasticity of taxable income with respect marginal tax rates; ETI이라는 개념이었다.[18] 린제이 자신도 논문을 쓸 때는 그 개념이 그렇게 많은 논의의 대상이 될지 미처 몰랐을 것이라고 짐작한다. 사실 이 논문의 주요한 목표는 조세수입을 극대화하는 소득세율의 도출에 있었고, 그것을 도출하는 과정에서 ETI를 측정하게 된 것이다.

린제이는 소득세율을 낮추면 사람들이 더 많은 소득을 과세당국에 신고하는 반응을 보이기 때문에 감세정책으로 인한 조세수입의 감소폭이 생각만큼 크지 않다는 점을 지적했다. 비록 사람들의 노동 공급량이 늘어나지 않는다 하더라도 여러 가지 이유로 과세당국에 신고하는 소득이 늘어날 수 있다는 것이다. 예를 들어 세율이 낮아지면 사람들은 더 많은 자본이득을 실현하려 하기 때문에 과세당국에 신고하는 소득이 더 커질 수 있다. 뿐만 아니라 소득세율이 낮아지면 조세 회피나 탈루 같은 행위가 줄어들기 때문에 과세당국에 신고하는 소득이 더 커질 수도 있다. 나아가 세율이 낮아지면서 소득의 형태를 비과세대상 소득에서 과세대상 소득으로 전환하는 선택을 하게 될 수도 있다.

ETI의 값이 크다는 것은 세율이 인하될 때 과세대상소득이 큰 폭으로 늘어난다는 것을 뜻하고, 따라서 ETI의 값이 매우 큰 경우 감세정책이 조세수입 증가로 이어질 가능성까지 있다. 그가 추정해낸 ETI의 값은 모든 소득계층이 똑같은 ETI 값을 갖는다는 가정을 채택했을 때 1.05에서 2.75 사이의 값을 갖는 것으로 드러났으며, 가장 그럴듯한 값은 1.6에서 1.8 사이에 있다고 한다.[19] 그러나 후속연구들에 의해 밝혀진 바에 따르면, 이것은 비현실적으로 높은 값이었다. 그의 뒤를 이어 많은 연구자들이 ETI의 값을 추정하는 작업에 착수했는데, 그들이 찾아낸 값은 거의 예외 없이 린제이의 추정치보다 훨씬 더 낮은 수준에 있었다.

이렇게 높은 ETI의 값으로 인해 린제이가 찾아낸 조세수입 극대화 소득세율도 낮은 수준일 수밖에 없었다. 그는 조세수입을 극대화하는 소득세율이 대략 35% 수준이라는 분석 결과를 도출하고 있는데, 이는 ERTA-81에 의해 최고소득세율을 70%에서 50%로 낮춰준 감세정책이 오히려 조세수입을 늘리는 결과를 가져왔을 가능성이 있음을 시사하고 있다.[20]

비록 감세정책으로 인한 노동 공급량 증가 효과가 구체적으로 입증되지는 못했다 하더라도 조세수입이 늘어나는 효과가 확인된다면 감세정책은 충분한 정당화의 근거를 찾을 수 있는 셈이 된다. 어떤 경로를 통해서든 사람들이 더 많은 돈을 벌게 되었다는 것은 경제가 그만큼 더 활발해졌다는 것을 뜻하기 때문이다. 최소한 소득세율을 대폭 낮춰줌으로써 국민이 더 행복해질 수 있을 뿐 아니라 정부의 주머니도 더 두둑해질 수 있다는 주장을 할 근거는 충분하게 마련된 셈이다.

감세정책이 오히려 조세수입을 더 크게 만들 가능성이 있음을 보여주는 수단으로서 ETI의 개념은 감세론자에게 매우 중요한 무기가 될 수 있었다. 펠드스틴(M. Feldstein, 1999)은 이에서 한 걸음 더 나아가 ETI의 개념은 현행의 소득세제도가 엄청난 크기의 자중손실deadweight loss, 즉 효율성의 상실을 일으키는 원인으로 작용하고 있음을 보여 주는 수단으로서도 사용될 수 있음을 보였다. 대부분의 실증연구가 노동공급의 임금탄력성과 저축의 이자율탄력성이 거의 0에 가깝다는 결론을 내고 있기 때문에 소득세가 일으키는 자중손실의 크기도 비교적 작다는 견해가 지배적이었다. 펠드스틴은 비록 노동 공급과 저축의 탄력성이 작은 것을 인정한다 하더라도 ETI라는 개념을 통해 소득세의 자중손실이 매우 크다는 것을 보일 수 있다고 주장했다.

지금까지의 논의를 정리해 보면, ETI가 비교적 큰 값을 갖는다면 감세정책이 조세수입의 증가를 가져올 수도 있고 조세부과로 인한 자중손실을 큰 폭으로 줄어들게 만들 수도 있다. 감세론자로서는 이 ETI라는 개념을 통해 자신들에게 불리하게 돌아가는 국면을 일거에 전환시킬 호재를 발견한 셈이었다. 레이건 행정부 감세정책의 주역 중 한 사람이라고 할 수 있는 펠드스틴이 한동안 이것의 연구에 전력을 집중했던 것은 전혀 우연이 아니다.

굴즈비(A. Goolsbee, 1999)는 린제이, 펠드스틴을 중심으로 한 일단의 경제학자들이 바로 이 ETI의 개념을 중심축으로 삼아 감세정책의 정당성을 입증하려는 움직임을 New Tax Responsiveness NTR 접근방법이라고 이름 붙였다. NTR 접근방법의 중심가설은 높은 소득세율이 조세를 거둬들이는 데 효과가 없을 뿐 아니라 큰 폭의 비효율성을 유발한다는 것이었다. 이는 감세정책이 경제의 효율성을 제고하는 데 중요한 역할을 할 수 있다는 인식으로 자연스럽게 이어진다.

그런데 감세정책을 정당화하는 근거로서 NTR 접근방법이 설득력을 가지려면 ETI의 값이 상당히 커야 한다. 린제이와 펠드스틴은 모두 1을 초과하는 비교적 큰 ETI의 값을 찾아냈지만, 그들의 뒤를 이은 후속연구에서 밝혀진 ETI의 값은 훨씬 더 작은 것이었다. 그 좋은 예가 그루버-사에즈(J. Gruber and E. Saez, 2002)의 연구인데, 이들에 따르면 ETI의 값은 고작 0.4 정도의 수준에 머무른다. 더군다나 소득의 범위를 더 넓게 정의해서 ETI의 값을 재면 이보다도 훨씬 더 작게 나온다고 한다. 이들 이외에도 많은 연구자들이 이와 비슷한 크기의 ETI 값을 찾아내고 있는 것을 볼 수 있다.

사에즈 등(E. Saez *et al.*, 2012)은 ETI 관련 연구에 대한 종합적인 논의에서 린제이와 펠드스틴의 분석 결과보다는 후속연구들의 분석 결과가 더 신빙성이 있다고 평가했다. 그 이유로 후속연구에서 좀 더 좋은 데이터와 개선된 방법론을 활용할 수 있었다는 점을 들었다. 뿐만 아니라 소득세율 변화의 영향을 평가할 때 소득분배 상태의 변화에 영향을 주는 조세와 무관한 변화의 영향을 골라내 제거할 수 있었기 때문에 더 낮은 ETI의 값을 얻게 된 점도 있다고 덧붙였다. 지금까지의 연구 결과를 종합해 볼 때 가장 신뢰할 수 있는 ETI 추정치는 0.12에서

0.4 사이의 한 값이라는 것이 그들의 결론이다.[21)]

우리의 근본적인 의문은 과연 ETI라는 개념이 조세제도 변화와 관련된 후생변화의 평가기준으로 얼마나 유용하게 활용될 수 있느냐다. 다시 말해 조세개혁과 관련된 후생평가의 방법론으로서 NTR 접근방법이 얼마나 큰 설득력을 갖는지에 대한 본질적인 의문이 제기될 수 있다는 뜻이다. 이 점에 대한 굴즈비(A. Goolsbee, 2000a)의 포괄적 의문 제기는 경청해 들을 만하다. 그는 NTR 접근방법이 설득력을 갖기 위해서는 무엇보다 우선 정확한 ETI 값의 측정이 선행되어야 한다는 점을 지적했다. 그러나 잘못된 방법론으로 인해 NTR 접근방법하의 ETI 값은 실제보다 무려 50%에서 75%까지 과대평가되는 결과가 빚어졌고, 이와 같은 근본적인 결함 때문에 그 접근방법은 이렇다 할 설득력을 갖지 못하게 되었다는 결론을 내리고 있다.

NTR 접근방법이 갖는 또 하나의 심각한 문제점은 과세대상소득에 일어난 변화 중에 조세로 인해 민간부문의 행태behavior 그 자체에 변화가 왔기 때문에 생겼다고 볼 수 없는 것이 많이 포함되어 있음에도 불구하고 이를 무시했다는 점이다. 예를 들어 세율 변화로 인해 소득이 변화했다고 할 때, 그중 대부분이 단기적으로 거래 시점을 조정해 생긴 일시적인 소득 변화의 성격을 가질 경우가 있다. 이렇게 과세대상소득의 변화에는 여러 가지 다른 이유로 인해 생긴 소득의 변화가 포함되어 있는데 이를 무시하고 한데 뭉뚱그려 ETI를 측정하고 이에 기초해 자중손실을 재는 것은 분명 문제가 아닐 수 없다.

슬렘로드(J. Slemrod, 2001)는 조세에 대한 민간부문의 반응을 다음과 같은 두 가지 범주로 나눠볼 수 있다고 말했다. 하나는 실질대체반응real substitution response으로, 조세로 인한 상대가격 변화가 사람들로 하여금 종전과 다른 소비묶음을 선택하게 만든다는 것을 뜻한다. 조세 부과의 결과 노동 공급 혹은 저축과 관련한 결정을 바꾸는 것이 그 좋은 예다. 다른 하나는 회피반응avoidance response으로 다른 소비묶음을 선택하는 것 이외의 행동을 통해 조세 부담을 줄이려고 노력하는 것을 뜻한다. 예를 들어 세금 부담을 줄이기 위해 거래의 시점을 변화시킨다거나 소득의 형태를 다른 것으로 바꾸는 일 등이 일어날 수 있는 것이다.

슬렘로드의 말에 따르면, 이 둘 중 더욱 흔하게 나타나는 것은 회피반응이며, 실질대체반응이 나타나는 경우는 상대적으로 드물다고 한다. 앞에서 자세하게 살펴본 바 있지만, 1980년대 두 차례에 걸친 대규모 조세개혁에도 불구하고 노동 공급, 저축, 투자에는 별 영향이 오지 않은 것을 보면 실질대체반응이 일어나는 경우는 비교적 드문 편임을 알 수 있다. 반면에 조세제도의 변화에 따른 회피반응은 여러 가지 방식으로 자주 일어나는 것을 볼 수 있다. 회피반응 중 가장 흔하게 나타나는 것은 거래의 시점을 변화시키는 것인데, TRA-86으로 인해 1987년부터 자본이득에 부과되는 더 높은 소득세율을 피하기 위해 1986년에 대거 자본이득을 실현한 것이 그 좋은 예다.[22)]

앞에서 지적한 것처럼 ETI의 값이 상당히 크다는 NTR 접근방법의 주장을 그대로 믿기는 힘들다. 그러나 백보를 양보해 그 주장을 그대로 받아들인다 하더라도, 높은 ETI의 값이 도출된 배경을 자세히 들여다보면 감세정책의 성과를 인정하기 어렵다는 결론에 도달하게 된다. 감세론자들은 ETI의 값이 높다는 것은 소득세율 인하가 사람들로 하여금 더욱 많은 소득을 얻도록 노력하게 만드는 효과적인 유인이 될 수 있음을 뜻한다고 해석한다. 그러나 세율 인하가 과세대상소득의 증가를 가져오는 것이 경제의 활성화에 기여한다는 것은 그와 같은 증가가 실질대체반응을 통해 이루어지는 한에서 의미를 갖는다. 예를 들어 단지 거래의 시점을 변화시키는 것 같은 회피반응에 의해 이루어진 증가라면 그것이 갖는 의미는 그리 클 수 없다.

실질대체반응에 의해 이루어진 과세대상소득의 증가를 소득창출income creation의 결과라고 말한다면, 회피반응에 의해 이루어진 것은 소득전환income shifting의 결과라고 말할 수 있다. 문제는 실제로 일어난 과세대상소득의 증가 중 소득창출에 기인한 부분과 소득전환에 기인한 부문이 각각 어느 정도의 비중을 차지하고 있느냐에 있다. 슬렘로드의 말대로 조세제도가 변화할 때 실질대체반응이 일어나는 사례는 드물고 대부분이 회피반응의 성격을 갖는다면 소득이전에 기인한 부분이 차지하는 비중이 매우 클 것이라고 짐작할 수 있다. 이것이 사실이라면 설사 ETI가 높은 값을 갖는다 하더라도 그것이 감세정책을 정당화시켜 주는 근거가 될 수 없다.

이 점과 관련해 슬렘로드(J. Slemrod, 1995, 1996)의 분석 결과는 중요한 의미를 갖는다. 그는 TRA-86으로 인해 개인소득, 특히 고소득층의 개인소득이 크게 늘어난 것이 높은 ETI의 값으로 이어졌다는 사실에 주목하고, 그런 현상이 나타난 이유가 무엇인지를 알아내는 데 연구의 초점을 맞췄다. 그가 내린 결론에 따르면, 그때 일어난 과세대상소득 증가 중 소득창출의 결과로 볼 수 있는 부분은 매우 작고 대부분이 소득전환의 성격을 갖는다는 것이었다.

소득전환의 성격을 갖는 대표적인 사례가 바로 앞에서 언급한 바 있는 실현된 자본이득의 급격한 증가다. 높아질 세율을 피해 미리 자본이득을 실현하려 했기 때문에 신고된 개인소득이 더 커진 것이라면 이

것은 당연히 소득이전의 성격을 가질 수밖에 없다. 개인소득 증가의 또 다른 주요한 원인은 고소득층이 S-기업S-corporation으로부터 얻은 소득이 272억 달러나 되는 규모로 불어났다는 데 있다. 우리가 생각하는 보통의 기업은 미국에서 C-기업C-corporation으로 분류되는 한편, S-기업으로 분류되는 기업은 조합partnership과 비슷한 성격을 갖는다. 즉 기업 활동에서 나오는 수익과 손실이 모두 주주에게 귀속되어 소득세의 부과 대상이 되며, 따라서 법인세와는 관련이 없는 기업이다.

TRA-86이 S-기업으로부터 얻은 소득의 급증을 가져온 것은 소득세의 최고세율이 22% 포인트나 되는 폭으로 낮아진 반면, 법인세율은 12% 포인트만 낮아졌다는 것과 밀접한 관련을 갖는다. 그 결과 최고소득세율은 28%로 낮아졌는 데 비해 법인세율은 34%로 낮아졌기 때문에 고소득층의 입장에서 보면 법인세보다 소득세의 적용을 받는 것이 더 유리한 상황이 조성되었다. 이에 따라 C-기업으로부터 S-기업으로의 전환이 대규모로 일어났고 그 결과 신고된 S-기업 소득이 급증하게 되었다는 것이다. 슬렘로드에 따르면 최상위 1%에 속하는 고소득층이 1984년에 신고한 S-기업 소득은 103억 달러였던 데 비해 1990년에는 400억 달러로 늘어 무려 네 배에 가까운 수준의 증가세를 보였다고 한다.

슬렘로드는 고소득층이 신고한 소득 증가 대부분이 소득전환의 성격을 갖는 또 다른 이유를 제시했다. 소득세율의 대폭 인하가 과세대상에서 제외되는 부가급부fringe benefit의 매력을 줄이는 결과를 가져왔고, 이에 따라 종전에는 부가급부의 형태로 받던 급여를 현금으로 받기를 선택했다는 것이다. 또한 보통의 소득과 자본이득 사이의 세율 차이가 없어짐에 따라 근로소득을 자본이득으로 포장해 지급할 유인이 줄어들었다는 점도 고소득층의 신고소득 증가에 한몫을 단단히 했다고 한다.[23] 이와 같은 이유로 인해 고소득층의 소득이 늘어난 것처럼 보였지만, 실질적인 의미에서 그들의 소득이 늘어났다고 볼 수 있는 근거는 별로 없다는 것이다.

만약 소득세율이 법인세율보다 더 낮은 것이 그와 같은 소득전환 발생의 주요인이었다면, 소득세 수입이 늘어남과 동시에 법인세 수입이 줄어드는 현상을 관찰할 수 있을 것이다. 고든-슬렘로드(R. Gordon and J. Slemrod, 2000)는 이와 같은 추측이 현실과 그대로 부합하고 있음을 입증했다. 그들의 분석 결과에 따르면, 두 세율 사이의 격차가 1% 포인트 커질 때마다 신고된 개인소득은 3.2% 증가하는 한편, 신고된 법인소득은 0.147% 감소한다고 한다. 이처럼 소득세 수입의 증가가 법인세 수입의 감소로 상쇄되고 있지만, ETI를 측정할 때는 이 사실이 고려되지 않고 단지 소득세에 생긴 변화에만 관심의 초점을 맞춘다는 한계가 있다.

이처럼 과세대상소득 변화의 대부분이 소득전환의 성격을 갖는다면 ETI가 높은 값을 갖는다는 근거에 기초해 감세정책의 당위성을 주장하기는 어려울 수밖에 없다. 우선 세율의 인하에도 불구하고 조세수입이 크게 줄어들지 않는다거나 심지어 늘어날 수도 있다는 주장에 문제가 발생한다. 어차피 발생할 소득을 미리 앞당겨서 실현한다거나 다른 형태로 실현될 소득을 단지 형태만 바꾸어 실현한다는 등의 이유로 조세수입이 일시적으로 증가한다 해도 다른 것에 의해 상쇄되어 버리고 말 것이기 때문이다.

굴즈비(A. Goolsbee, 2000b)는 장기에서 ETI 값이 단기에 비해 훨씬 더 작다는 분석 결과를 내고 있는데, 바로 이런 상황을 반영하고 있는 분석 결과라고 말할 수 있다. 또한 그루버-사에즈(J. Gruber and E. Saez, 2002)와 하임(B. Heim, 2009)은 소득의 범위를 넓혀 ETI를 측정하면 훨씬 더 낮은 값이 나온다고 말하는데, 이 분석 결과도 NTR 접근방법을 주장하는 사람들의 입지를 약화시키는 요인이 될 수 있다. 뿐만 아니라 과세대상소득 변화의 대부분이 소득전환의 성격을 갖는다면 현재의 소득세제로 인해 발생하는 자중손실의 크기가 엄청나다는 펠드스틴(M. Feldstein, 1999)의 주장 역시 설득력을 잃게 된다.

결론적으로 말해 감세론자들의 기대와 달리 '과세대상소득의 한계 세율탄력성'이라는 개념은 코너에 몰린 감세론자들의 구원투수의 역할을 제대로 해주지 못했다. 감세정책이 경제의 효율성을 높이는 데 크게 기여했다는 점을 설득력 있게 보여 주는 데 실패했기 때문이다. 이와 같은 목적을 위해 펠드스틴이 주도했던 NTR 접근방법에 대한 경제학계 전반의 지지가 매우 미미했던 것은 결코 이상한 일이 아니다.

우리의 관점에서 본 미국의 감세정책 실험

오래전 미국에서 이미 실패로 돌아간 감세정책의 실험이 2008년 이명박 정부의 출범과 함께 새삼스럽게 우리나라에서 재연된 것은 이해하기 힘든 일이다. 미국의 실험에서 감세정책이 어떤 긍정적 효과를 냈다는 사실을 발견했기에 우리도 똑같은 실험을 해보자고 팔을 걷어붙이고 나섰는지 궁금할 따름이다. 경제 살리기에는 감세정책이 최고라는 시대착오적인 이데올로기의 포로가 된 나머지 아무 생각 없이 채택한 정책이 아닌가라는 짐작이 간다. 만약 미국의 감세정책에 대한 철저한 사례분석을 했더라면 그런 쓸모없는 모험을 할 생각조차 하지 못했을 테니 말이다.

설사 미국의 감세정책이 어떤 긍정적 효과를 냈다 하더라도 우리나라의 감세정책은 이렇다 할 효과를 내지 못했을 것이다. 왜냐하면 세율을 고작 2, 3% 포인트 정도 내리는 정도의 감세정책으로는 국민의 선택행위에 눈에 띄는 변화를 가져올 수 없기 때문이다. 앞에서 말한 것처럼 레이건 행정부는 70%나 되는 최고소득세율을 28% 수준으로 낮출 정도로 대대적인 감세정책을 채택했다. 사람들로 하여금 더 열심히 일하거나 더 많이 저축하려는 생각이 들게끔 만들려면 이런 정도의 대폭적인 세율 인하가 이루어져야 한다. 그런데도 아무런 효과를 내지 못했는데, 고작 2, 3% 포인트 정도 세율을 내려줬다 해서 사람들의 행태가 갑자기 변화할 리 없다.

우리나라의 감세정책은 출범 초부터 '부자감세'라는 비아냥거림에 시달려 왔다. 그러나 고소득자들에게 얼마나 큰 감세 혜택을 받았느냐고 물어보면 거의 모든 사람이 별로 받지 못했다는 대답을 할 것이 뻔하다. 자신에게 돌아오는 감세 혜택이 거의 없다는 고소득자의 대답은 이로 인해 자신의 선택이 달라질 게 아무것도 없다는 생각의 간접적인 표현이라고 말할 수 있다. 애당초 우리나라의 감세정책은 홍보효과 이외의 그 어떤 실질적 효과도 기대할 수 없는 성격의 것이었다. 정부는 감세정책이 실패로 돌아갔다는 사실을 솔직하게 인정하려 들지 않았지만, 임기도 끝나기 전에 슬그머니 퇴장시켰다는 것은 그 성과가 기대 이하였다는 것을 스스로 인정했다는 뜻이다.

글로벌 금융위기의 도래와 함께 신자유주의정책에 대한 환상은 어느 정도 깨져버린 상태라고 말할 수 있다. 세계의 모든 나라들이 규제철폐와 세금 감면이 만병통치약은 아니라는 진실을 서서히 깨달아 가고 있다. 그러나 보수층과 경제계를 중심으로 우리 사회 일각에는 아직도 감세정책에 대한 미련이 강하게 남아 있는 것을 볼 수 있다. 감세는 미덕이고 증세는 악덕이라는 단순하고 맹목적인 논리를 우리 사회 이곳저곳에서 발견하게 된다. 나는 감세정책의 실상을 정확히 이해함으로써 그와 같은 단순 논리에서 벗어날 필요가 있다고 믿는다. 역사에서 제대로 교훈을 배우지 못하면 똑같은 시행착오를 거듭할 수밖에 없기 때문이다.

제6장

신자유주의적 개혁의 이상과 현실

제6장

공공부문의 개혁은 언제나 논의만 무성할 뿐 실제로 성과를 거둔 바는 거의 없다고 해도 과언이 아니다. 기회 있을 때마다 공공부문을 획기적으로 개혁해야 한다는 말이 나오고 수많은 개혁 방안이 제시되기도 했지만, 공공부문은 언제나 비효율과 비능률의 대명사처럼 여겨지는 것이 보통이다. 이와 같은 사정은 비단 우리나라뿐 아니라 세계 어느 나라에서든 공통적으로 관찰할 수 있다. 어느 나라 국민이든 간에 자신의 정부가 효율적으로 운영되고 있다고 믿는 경우는 무척 드문 것이 사실이다.

사실 어떤 조직을 개혁해 그 효율성을 획기적으로 높이는 것은 정부부문뿐 아니라 민간부문의 경우에도 무척 어려운 과제다. 잘 살펴보면 민간부문의 기업들도 수없이 많은 비효율성의 요인들을 안고 있는 것을 발견하게 된다. 기업은 마치 효율성의 대명사라도 되는 양 인식되고 있지만, 실제로는 더욱 효율적으로 만들 수 있는 여지가 생각 밖으로 클 수 있다.

기업의 경우에는 이윤이라는 효율성 평가의 명확한 잣대가 존재하기 때문에 그래도 사정이 조금 나은 편이다. 공공부문의 경우에는 그 본질상 다양한 목표를 추구하고 있기 때문에 이윤 같은 하나의 잣대를 통해 그것의 효율성을 평가할 수 없다. 이와 같이 평가기준 그 자체가 모호하기 때문에 공공부문의 효율성을 높이는 일은 출발점에서부터 난관에 직면하게 된다. 현재 효율적으로 운영되고 있는지의 여부조차 분명하게 평가할 수 없는 상황에서 좀 더 효율적인 조직으로 탈바꿈하도록 만들기 위해 무엇을 해야 할지에 대한 답을 얻기는 더욱 어려울 수밖에 없다.

더군다나 공공부문의 경우에는 서로 다른 목표를 추구하고 있는 수많은 이해당사자들이 관련되어 있어 개혁이 더욱 어려운 측면이 있다. 국민, 정치가, 관료의 이해관계가 서로 엇갈리고 있기 때문에 공공부문의 개혁에 대한 입장에서도 차이가 날 수밖에 없다. 겉으로는 모든 집단이 공공부문의 효율성을 높여야 한다는 원론적인 입장에서 동의하고 있다 할지라도, 구체적인 내용에서는 서로 다른 생각을 갖고 있을 가능성이 크다. 더군다나 어떤 집단이 공공연히 자신의 사사로운 이익을 추구하는 행태까지 보이게 되면 문제는 한층 더 복잡해진다.

최근 신자유주의적 접근방식에 기초한 공공부문의 개혁안이 마치 구원투수라도 되는 양 화려한 팡파르를 받으며 등장했다. 공공부문의 비효율성 문제는 기업을 벤치마킹함으로써 그 해법을 찾을 수 있다는 신자유주의적 아이디어가 많은 사람들의 관심을 끌게 된 것이다. 기업들이 성과급제도를 통해 조직의 효율성을 높일 수 있는 것처럼, 공공부문도 관료들의 성과를 엄밀하게 평가하고 이에 대해 책임을 지게 만드는 메커니즘을 통해 쉽게 개혁할 수 있다는 아이디어가 바로 그것이다. 미국은 교육부문에서 이 아이디어를 실천에 옮긴 바 있는데, 과연 그것이 진정한 교육개혁을 일구어 내는 데 성공했는지의 여부를 엄밀하게 검증해 볼 필요가 있다.

성과에 기초한 유인을 통한 공공부문의 개혁

기업은 경영의 효율성을 높이는 데 경쟁이라든가 유인계약incentive contract 같은 것을 활용할 수 있다. 그러나 공공부문의 경우에는 유효한 경쟁이 존재하지 않는 경우가 대부분일 뿐 아니라, 유인계약을 활용할 여지도 상대적으로 적다. 유인계약을 활용한다는 것은 성과에 기초한 유인performance-based incentives을 제공함으로써 본인-대리인 관계principal-agent relationship에서 대리인이 자발적으로 열심히 일하게 만든다는 것을 뜻한다.

그런데 이 정책이 좋은 성과를 거두기 위해서는 무엇보다 우선 성과라는 것이 무엇을 뜻하는지 분명하게 정의해 놓아야 하며, 그 성과를 객관적으로 정확하게 평가할 수 있는 기준도 마련되어 있어야 한다. 그러나 공공부문처럼 다양한 목표를 추구하는 조직의 경우에는 성과의 정의도 어렵고 그것을 정확하게 평가하는 것도 어렵다. 그렇기 때문에 유인계약을 활용할 여지가 기업에 비해 상대적으로 적을 수밖에 없는 것이다.

그럼에도 불구하고 성과에 기초한 유인을 통해 공공부문의 개혁을 추진하려는 움직임은 끊임없이 계속되어 왔다. 그것 말고는 공공부문을 획기적으로 개혁할 수 있는 다른 더 좋은 방법을 찾기가 힘들었던 사정도 이에 대한 관심을 높이는 한 이유가 되었을 것이라고 짐작한다. 성과에 기초한 유인은 1980년대 뉴질랜드, 오스트레일리아, 그리고 영국 등지에서 시작되어 다른 나라들로 확산되어간 성과중심경영performance-based management 정책에서 핵심적 역할을 수행하고 있다.[1)]이 정책을 지지하는 사람들은 공공부문 비효율성의 원인을 명백한 기준이 없어 성과에 대한 책임을 물을 수 없다는 데서 찾았다. 그들은 정부 운영의 성과가 객관적으로 측정될 수 있으며, 그 측정 결과를 활용함으로써 정부 운영의 효율성을 획기적으로 높일 수 있다고 믿었다.

1990년대에 들어오면서 미국에서도 이와 비슷한 방법으로 공공부문의 개혁을 추진하려는 움직임이 활기를 띠기 시작했다. 이와 같은 움직임은 1993년 제정된 Government Performance and Results Act로 구체화되기에 이르렀는데, 이 법률은 연방정부의 여러 기관들로 하여금 행정의 효율성을 증대시키기 위해 성과측정performance measurement 결과를 적극 활용하도록 촉구하고 있다. 이 법률의 제정과 동시에 성과에 대한 목표를 연방예산의 주요 지출항목과 연계시키는 성과주의 예산제도performance budgeting가 본격적으로 실험되기 시작했다. 과거의 프로그램 예산제도와 영기준 예산제도zero-based budgeting를 대신해 성과주의 예산제도가 효율성을 추구하는 새로운 예산제도로서 각광받기 시작한 것이다.

그런데 이와 같은 성과중심경영이 실제로 공공부문의 효율성을 높이는 데 얼마나 기여했는지에 대해서는 명확한 결론을 내리기 어렵다. 이론적으로 보면 성과에 기초한 유인을 제공함으로써 관료들의 행동을 바람직한 방향으로 유도할 수 있다는 논리에 아무 문제가 없다. 그러나 현실에서 관료들이 주어진 유인에 대해 기대한 것과 똑같은 반응을 보이리라는 보장은 없다. 자신의 이익을 먼저 챙기려 하는 관료는 그 유인에 대해 전략적으로 반응할 가능성이 높은데, 실제로 그런 일이 발생한다면 성과에 기초한 유인은 공공부문의 효율성을 높이는 데 큰 도움이 되지 못한다. 그동안 몇몇 나라에서 성과중심경영정책을 실시한 경험에 비추어 보면 그와 같은 결과가 나타날 가능성이 상당히 크다는 느낌을 받는다.

사실 민간부문에서의 유인계약도 대리인의 전략적 반응 때문에 기대했던 효과를 거두기 어려운 경우가 많다. 유인계약이 효과를 발휘할 수 있는 여건의 측면에서 볼 때, 민간부문이 공공부문보다 훨씬 더 유리한 상황에 있음은 의문의 여지가 없다. 그러나 민간부문에서의 유인계약도 그 효과를 제약하는 여러 가지 종류의 어려움에 직면하게 된다. 따라서 성과중심경영이 공공부문의 효율성을 획기적으로 높여주는 특효약이 되리라고 기대하는 것은 무리가 아닐 수 없다. 현실적으로 보아 공공부문에서 성과에 기초한 유인을 제공함으로써 관료들의 행동을 바람직한 방향으로 유도하는 것은 아주 어려운 과제가 될 가능성이 크다.

신자유주의 이념이 급격하게 영향력을 넓혀가면서 미국에서도 성과에 기초한 유인의 원칙을 적용한 정책이 각광을 받기 시작했다. 그 대표적 사례가 교육개혁의 한 방안으로 학생들에게 표준화된 시험을 치르게 하고 그 성적에 대해 학교와 교사들이 책임을 지게 하는 정책, 즉 '성과에 기초한 책임'performance-based accountability정책이다.[2)] 1980년대부터 미국 각 주에서 채택해 왔고 2000년대 초반에는 연방정부 차원에서도 채택하게 된 이 정책은 교육전문가들의 많은 관심을 끌어 왔다.

몇 개의 주에서 이 정책이 좋은 성과를 거둔 것으로 알려지면서 교육부문을 혁신할 수 있는 특효약처럼 선전되기 시작했고, 급기야 연방정부도 이를 채택하기에 이르렀다. 그러나 이 정책의 효과를 분석한 수많은 논문들은 대체로 부정적인 평가를 내리고 있는 것을 볼 수 있다. 이 정책이 교육의 질을 현저히 개선하는 데 별 기여를 하지 못했을 뿐 아니라, 학교와 교사들의 전략적 행위로 인해 부작용을 낳는 사례도 많이 발견되었다는 것이다. 그 정책이 좋은 성과를 거두었다는 쪽으로 결론을 내고 있는 연구 결과가 전혀 없는 것은 아니다. 그러나 부정적인 쪽으로 결론을 내고 있는 연구 결과에 비하면 그 숫자가 엄청나게 적은 것이 사실이다.

'텍사스의 기적'과 NCLB 정책의 탄생

부시G. W. Bush 대통령은 후보 시절, 자신이 텍사스 주지사로 재임했던 시절 교육개혁에 성공해 소위 '텍사스의 기적'Texas Miracle을 만들어 냈다는 사실을 부각시켜 자기야말로 미국 교육을 개혁할 적임자임을 자처했다. 그리고 대통령으로 취임하자마자 텍사스 주와 비슷한 방식으로 개혁을 추구하는 No Child Left Behind NCLB 법안을 통과시키기 위해 전력을 기울였다.

부시 대통령은 이 법안의 서문에서 미국의 수많은 아동들이 낮은 기대수준, 지식의 결여, 그리고 자신감의 상실로 인해 경쟁 대열에서 뒤처지고 있는 현실을 지적하고, 그와 같은 교육개혁을 통해 어느 누구도 경쟁 대열에서 뒤처지지 않게 만들 것임을 다짐하고 있다. 바로 그와 같은 다짐을 반영하는 NCLB 정책은 부시 행정부가 추진한 교육개혁의 상징처럼 여겨지고 있다.

이 NCLB 정책의 핵심을 구성하는 것은 '성과에 기초한 책임'이라는 원칙이다. 이 정책하에서 각 학교는 책임을 지고 모든 학생들이 높은 수준의 교육을 받을 수 있게 만들어야 하며, 주정부는 학생들의 학업성취 수준을 높이는 데 성공한 학교와 실패한 학교에게 적절한 포상과 제재를 가할 수 있는 체제를 준비해 놓도록 요구되고 있다. 학업성취의 수준은 학생들이 해마다 치르는 표준화된 시험standardized test의 평균 성적에 의해 평가되며, 연방정부의 자금을 받는 학교는 매년 이 성적을 어느 정도로 향상시키겠다는 약속을 해야 한다. 만약 어떤 학교의 실제 성과가 Adequate Yearly Progress AYP라고 부르는 이 성과개선 목표에 미달하면 그 학교는 열악한 성과를 거둔 학교로 간주되어 이에 상응하는 조처의 대상이 된다.

예를 들어 4년 연속 AYP 달성에 실패하면 그 학교는 '시정조치'corrective action가 필요한 학교라는 불명예스러운 명칭을 받게 되는데, 그 시정조치라는 것은 교직원의 대폭 교체, 새로운 교과목의 도입, 수업 시간 연장 등을 포함한다.[3] 5년 연속으로 실패하게 되면 학교 전체를 재편하는 계획이 만들어지며, 6년째까지도 실패하면 그 계획이 실행에 옮겨지게 된다. 이 경우 학교가 폐쇄될 수도 있고, 민간회사가 학교를 운영하게 될 수도 있고, 주정부의 교육청이 학교를 직접 운영하게 될 수도 있다.

이와 같이 성과가 나쁜 학교는 제재를 받는 반면에 좋은 성과를 거둔 학교는 예산상의 보너스를 받는 혜택을 누리게 된다. 그리고 학교뿐 아니라 개별 교사에게도 성과에 따른 보상과 제재가 적용된다. 바로 이 성과에 기초한 유인을 제공함으로써 학교와 교사로 하여금 자발적으로 열심히 학생들을 가르치려 노력하게 만들 수 있다는 데 NCLB 정책의 주안점이 있다. 신자유주의적 색채를 강하게 띠고 있던 부시 행정부로서는 이와 같은 방향으로 교육부문의 개혁을 추구하는 것이 아주 자연스러운 선택이었다. 성과에 기초한 유인만이 게으름을 피우는 학교와 교사를 분발하게 만들 수 있는 유일한 방법이라는 생각은 신자유주의적 개혁 구상과 아주 잘 어울리는 것이기 때문이다.

그런데 연방정부가 마치 백지 위에 그림을 그리듯 아무 것도 없는 상황에서 머리를 짜내 NCLB 정책을 만들어낸 것은 아니었다. 실제로는 주정부 차원에서 이와 비슷한 정책이 오랜 기간 동안 실시되어 왔고, 부시 행정부에 의해 연방정부 차원에서도 이를 도입하기에 이른 것이다. 1980년을 전후해 몇 개의 주정부가 표준화된 시험을 실시하기 시작했고, 이와 같은 움직임이 다른 주들로 확산되어 가면서 2000년 즈음에는 전국적인 추세가 되었다. 케인-스테거(T. Kane and D. Staiger, 2002)에 따르면, 2000년 봄 현재 40개 주가 표준화된 시험 성적으로 학교의 성과를 평가하는 제도를 실시하고 있었으며, 20개 주는 이에서 한 걸음 더 나아가 이 성과 평가의 결과에 기초해 금전적인 상과 벌을 주었다고 한다.

여러 주에서 실시된 교육개혁 프로그램 중 NCLB 정책과 여러 가지 점에서 가장 비슷한 성격을 갖는 것은 플로리다 주의 'A플러스 프로그램'A-Plus Program이다. 이 프로그램은 읽기, 쓰기, 수학 세 부문에서 학업성취도를 측정하는 Florida Comprehensive Assessment Test FCAT의 성적에 기초해 마치 대학에서 학점을 부여하듯 각 학교에 A등급으로부터 F등급에 이르는 성적을 매긴다. 만약 어떤 학교가 4년 동안 두 번에 걸쳐 F를 받으면 그 학교 학생은 다른 공립학교나 사립학교로 전학할 수 있는 기회를 갖게 된다.[4] F등급이라는 평가는 그 자체가 불명예스러울 뿐더러, 이를 두 번 받아 학생이 모두 빠져나가면 결국 폐교의 위협에까지 직면하게 될 수 있다.

이와 같은 강력한 유인이 적용되는 상황에서 학교와 교사가 F등급을 피하기 위해 필사적인 노력을 하리라는 것은 당연한 일이다. 이에 따라 교육의 질도 현저하게 개선되기를 기대할 수 있다는 것이 플로리다 주정부의 논리다. 라우즈 등(C. Rouse *et al.*, 2007)의 연구에 따르면 플로리다의 학교들에서 실제로 그런 일이 일어났다고 한다. 그들은 2002년 여름 F등급을 받은 학교들이 그 뒤 곧바로 더 좋은 평가를 받게 되었으며, 그와 같은 변화는 교육의 방침과 관행을 바꾼 데 따른 본질적인 개선의 성격을 갖는다고 평가하고 있다. A플러스 프로그램에 대한 긍정적 평가는 그린(J. Greene, 2001)의 논문에서도 찾아볼 수 있는데, 그는 플로리다 주의 학교들이 보인 성과가 진정한 의미에서의 교육의 질 향상을 뜻한다는 결론을 내리고 있다.

반면에 차크라바티(R. Chakrabarti, 2007)는 겉으로 드러난 성과가 진정한 교육의 질 향상을 뜻하지 않는다는 정반대의 결론을 내리고 있어 우리의 관심을 끈다. 그에 따르면 F등급을 받은 학교는 두 번째의 F등급을 피하기 위해 전략적인 행동을 할 가능성이 크다고 한다. 학교에 대한 평가는 FCAT 성적이 일정한 커트라인을 넘는 학생들의 비율이 얼마인지에 의해 내려진다. 따라서 F등급을 받은 학교는 커트라인 바로 아래 성적을 받은 학생들에게 집중적인 교육을 하게 될 가능성이 크다. 그런 학생들의 성적이 올라가 커트라인을 넘게 됨에 따라 평가 등급이 향상될 수 있기 때문이다. 말하자면 학교와 교사들의 전략적 반응에 의해 성과가 좋아진 것처럼 보인 데 불과했다는 주장인데, 이 문제는 바로 뒤에서 심도 있게 논의해 보려고 한다.

신자유주의적 교육개혁이라는 측면에서 플로리다 주보다 더욱 많은 관심을 모은 것은 텍사스 주다. 특히 텍사스 주의 교육개혁 노력이 훌륭한 성과를 거두었다는 사실이 널리 유포되면서 '텍사스의 기적'이란 말까지 만들어지기에 이르렀다. 이렇게 텍사스 주의 교육개혁이 언론의 화려한 조명을 받게 된 것은 주지사 부시의 대통령 출마와 상당한 관련을 갖고 있다. 자신은 텍사스 주의 교육개혁을 성공적으로 이끌었고 대통령이 되면 전국의 교육을 그와 같은 방식으로 개혁하겠다고 선전하는 과정에서 언론의 집중적 조명을 받게 되었기 때문이다.

텍사스의 기적이란 말이 나온 근거는 Texas Assessment Academic Skills TAAS라는 표준화된 시험에 기초한 교육개혁 작업이 놀랄 만한 성과를 거두었다는 주정부의 자체 평가였다. 1990년에 시작된 이 시험에서 일정한 커트라인을 넘는 학생의 비율이 얼마인지에 기초해 '모범적'exemplary에서 '수용불가'unacceptable에 이르는 4등급의 평가를 받게 된다. 높은 평가를 받은 학교는 현금 보너스를 받게 되는 반면, 낮은 평가를 받은 학교는 폐교에까지 이르는 벌칙을 받도록 되어 있다. 이와 같은 강력한 유인을 부여함으로써 텍사스 주의 학교들을 근본적으로 개혁하는 데 성공했다는 것이 주정부의 자체 평가였다. 그 증거로 TAAS 성적이 크게 향상되었을 뿐 아니라, 백인 학생과 소수인종 학생 사이의 격차도 줄이는 성과를 거두었다는 통계자료를 제시하고 있다.

그러나 텍사스 주정부가 제시한 통계자료만으로 진정한 교육개혁이 이루어졌다고 말하기는 힘들다고 지적하는 사람들이 많다. 텍사스의 기적이란 말이 나오기 시작한 직후부터 많은 교육전문가들이 이 말의 진실성을 검증하는 작업에 착수한 바 있는데, 대부분의 연구 결과가 '기적'이란 표현이 과장된 것임을 지적하고 있다.

텍사스 주의 교육개혁 성과가 실제로는 그다지 훌륭한 것이 아니었다는 결론을 가장 설득력 있게 제시하고 있는 것은 바로 헤이니(W. Haney, 2000)의 논문이다. 그는 우선 백인 학생과 소수인종 학생 사이의 격차가 줄어들었다는 주장이 교묘한 통계 조작에 의해 만들어진 허상임을 지적했다. 이어서 주정부가 의기양양하게 내걸고 있는 TAAS 평균 성적의 급격한 향상도 실제로 교육의 질이 그만큼 향상되었다는 것을 뜻하지는 않는다고 주장했다.

헤이니는 만약 텍사스 주 학생들의 학업성취도에 진정한 향상이 있었다면 TAAS 이외의 평가지표상에도 그와 같은 변화의 징후가 나타나야 마땅하다고 말한다. 그가 텍사스 주 학생들의 Scholastic Aptitude Test SAT 성적을 조사해 본 바에 따르면, 1990년 이래 이렇다 할 향상의 기미를 발견할 수 없었다. 사실 텍사스 주 학생의 SAT 성적은 1970년 이래 줄곧 전국 평균수준을 밑돌았으며, TAAS 성적이 현저하게 올랐다는 1990년대에 들어오면서도 그 격차는 줄어들지 않았던 것이 사실이다. 이와 같은 분석 결과에 기초해 헤이니는 TAAS 성적의 향상이 진정한 교육의 질 향상을 뜻하지 않는다는 결론을 내렸다.

클라인 등(S. Klein *et al.*, 2000)은 헤이니와 비슷한 목적으로 또 다른 전국적 차원의 평가지표인 National Assessment of Educational Progress NAEP에서 텍사스 주 학생들이 어느 정도의 성적을 올렸는지 조사해 보았다. 그들은 텍사스 주에서 개발한 TAAS보다 전국적 규모의 시험인 NAEP가 학업성취도를 좀 더 정확하게 측정할 수 있다고 믿었다. 전국적인 규모로 실시되는 시험인 만큼 내용의 충실성이나 평가의 객관성에서 앞선다고 보았기 때문이다. 또한 TAAS는 학교와 교사의 평가에 반영되기 때문에 무슨 수를 써서든 성적을 올려야 하는 압력을 받을 수 있지만, NAEP의 경우에는 그런 압력이 없다는 점도 중요하게 고려되었다.

클라인 등이 밝혀낸 바에 따르면, 조사대상이 되는 기간 동안 전국적으로 NAEP 성적의 향상이 일어났다고 한다. 그런데 텍사스 주의 경우에는 교육개혁 작업이 시작된 후에도 그 주 학생들의 성적 향상폭이 전국 평균치를 밑도는 경우가 많았다. 그 기간 동안 TAAS 성적에는 괄목할 만한 향상이 있었지만, NAEP 성적상에는 이렇다 할 향상이 나타나지 않았던 것이다. 뿐만 아니라 같은 기간 동안 백인 학생과 소수인종 학생 사이의 NAEP 성적 격차가 점차 더 크게 벌어진 것으로 나타났다. 주정부는 TAAS 성적에 기초해 인종간 격차가 줄어들었다는 점을 대대적으로 선전했지만, 다른 지표를 보면 오히려 인종간 격차가 더 벌어지고 있었던 것이다.

만약 헤이니와 클라인 등이 주장하는 것처럼 TAAS 이외의 평가지표상으로 텍사스 주의 개혁 노력이 그다지 좋은 성과를 거두지 못한 것이 맞다면 TAAS 성적의 괄목할 만한 향상은 어떻게 해석해야 할까? 헤이니가 텍사스 주 교사에 대해 실시한 설문조사 결과를 검토해 보면 이 의문에 대한 답을 얻을 수 있다.

이 설문조사에서 교사들은 TAAS가 도입된 이후 자신들이 이 시험에 특별히 대비하기 위해 많은 시간과 노력을 기울였음을 실토했다. 또한 이와 같은 시험 대비 위주의 교육이 학생들의 학습능력 배양에 도움이 되기는커녕 손해를 입혔다는 점도 기꺼이 인정했다. 말하자면 학교와 교사들이 평가의 기준이 되는 시험 성적 그 자체를 위해 전력을 기울인 결과 TAAS 성적이 향상되었을 뿐이며, 이는 진정한 학업성취도 향상과 아무 관련이 없음을 교육 현장의 당사자들이 스스로 인정했다는 뜻이다.

물론 텍사스의 기적이 맞는 말이라고 두둔하는 교육전문가들도 있기는 하다.[5] 그러나 이 문제를 분석하고 있는 대부분의 연구들이 텍사스의 기적이란 말은 과장에 지나지 않는다는 부정적인 결론을 내리고 있다. 텍사스 주뿐 아니라 비슷한 교육개혁정책을 추구한 다른 주의 성과를 평가한 결과를 보아도 결론이 대체로 비슷한 방향으로 흐르는 것을 볼 수 있다. 즉 학교와 교사들이 해당 주에서 실시하는 표준화된 시험 성적 그 자체를 올리는 데만 관심을 갖고 있을 뿐 교육의 질 그 자체를 높이는 데는 아무런 관심을 보이지 않음으로써 진정한 개혁을 이루는 데 실패했다는 결론이 지배적이라는 말이다.

부작용으로 얼룩진 신자유주의적 교육개혁 실험

부시는 대통령으로 취임하자마자 그때까지 일부 주정부가 실시하고 있었던 성과에 기초한 책임 정책을 연방정부 차원에서 도입하는 작업에 착수했다. 미국의 교육을 되살리겠다는 요란한 팡파르와 함께 등장한 No Child Left Behind NCLB 법안이 바로 그와 같은 노력의 산물이었다. 그와 같은 교육개혁을 통해 어느 누구도 경쟁 대열에서 뒤처지지 않게 만들 것임을 다짐하는 NCLB 정책은 부시 행정부가 추진한 교육개혁의 중심축이 되었다. 그 당시만 해도 소위 '텍사스의 기적'에 대한 엄밀한 검증이 이루어지지 못한 때였기 때문에 국민들이 이 개혁 프로그램에 대해 거는 기대도 매우 클 수밖에 없었다.

요란한 팡파르와 함께 등장한 NCLB 정책이었지만 당초의 기대와 달리 이 정책은 미국 교육에 획기적인 변혁을 가져다주는 데 실패했다. 이 정책도 주정부 차원에서 실시되던 성과에 기초한 책임 정책이 갖고 있던 기본적인 한계에서 자유로울 수 없었기 때문이다. 주정부 차원에서 실시되던 정책이 가져온 각양각색의 부작용은 수많은 연구들에 의해 소상하게 밝혀져 있는 상황이다. 이에 비해 NCLB 정책을 직접적으로 다루고 있는 연구는 상대적으로 적지만, 주정부 차원의 정책과 똑같은 기본골격과 접근방식을 갖는 정책이기 때문에 똑같은 종류의 부작용이 발생했을 가능성이 크다. 그리고 바로 이와 같은 각양각색의 부작용이 NCLB 정책을 실패작으로 평가하는 주요한 요인으로 작용했음이 분명하다.

그동안의 연구를 통해 밝혀진 성과에 기초한 책임 정책의 부작용은 실로 다양한 양상을 보인다. 무엇보다 우선 지적할 수 있는 것은 소위 '시험맞춤교육'teaching to the test의 광범한 확산이다. 시험 성적만을 가지고 학교와 교사의 성과를 측정하는 맹목적 평가방식은 그들로 하여금 교육의 질을 높이려는 진지한 노력은 뒷전에 밀어둔 채 시험 성적 그 자체만을 올리는 데 모든 노력을 기울이게 만드는 결과를 가져왔다. 예를 들어 평가 대상이 되는 영어나 수학 위주로 커리큘럼을 짜서 다른 중요한 과목을 소외시킬 수도 있고, 영어나 수학을 가르칠 때도 시험에 출제될 가능성이 높은 부분만을 집중적으로 가르칠 수도 있다. 이 정책의 성과를 평가한 수많은 연구자들이 실제로 미국의 교육 현장에서 이와 같은 경향이 광범하게 나타나고 있음을 증언하고 있다.[6)]

일반적으로 교사들이 교육이라는 범주 안에서 수행해야 하는 구체적 과업은 여러 가지가 있다. 이 상황에서 표준화된 시험 성적만을 기준으로 해 강력한 유인을 부과하게 되면 교사는 다른 중요한 업무에 쓸 시간과 노력을 시험 준비에 재배정하는 전략적 반응을 보일 가능성이 크다. 따라서 성과에 기초한 책임 정책이 시험맞춤수업의 유행을 가져올 것임을 예상하는 것은 그리 어려운 일이 아니다. 이 정책이 실시된 이후 학생들의 시험 성적이 어느 정도 오르기는 했지만, 그것이 진정한 의미에서의 교육의 질 향상을 의미하는 것은 아니었다. 학생들의 성적이 올라갔다는 것은 시험맞춤교육이 효과를 발휘했다는 것 이상의 의미를 갖지 못하기 때문이다.

시험맞춤수업의 더욱 부정적인 사례는 수업시간에 정답을 찍는 요령을 가르쳐 준다는 데서 찾을 수 있다. 단지 시험에 출제될 가능성이 높은 부분을 집중적으로 가르치는 데 그치는 것이 아니라 정답을 찍는 요령을 가르쳐 주는 단계에 이른다면 그것은 교사들이 교육자이기를 포기했다는 것을 뜻한다. 학생들에게 진정한 배움을 주려는 것이 아니라 좋은 점수를 얻는 편법을 가르쳐 준다는 것인데, 학교에서 이런 일이 버젓이 일어나고 있다는 것은 도저히 납득할 수 없는 일이다. 그러나 학생들의 시험 성적만을 가지고 학교와 교사의 성과를 측정하는 맹목적 평가방식이 채택된 이후 미국 각처의 학교에서 이런 편법이 동원된 사례가 광범하게 관찰된 것이 사실이다.

그나마 시험맞춤수업은 성과에 기초한 책임 정책에 대한 전략적 반응의 사례 중 비교적 점잖은 편에 속하는 것이라고 할 수 있다. 시험 성적 그 자체를 올리는 데만 관심을 갖는 학교와 교사들이 그 정책에 어떤 전략적 반응을 보였는지를 분석한 수많은 논문들이 쏟아져 나온 바 있는데, 그것들을 읽어 보면 온갖 기상천외한 방법을 모두 동원해 점수를 올리려 하고 있다는 사실을 발견할 수 있다. 이런 전략적 행위가 교육의 질 그 자체를 높이려는 노력과 아무런 관련이 없음은 두말할 나위도 없다.

시험 성적이 향상된 것처럼 보이게 만들기 위해 사용하는 방법으로서 시험맞춤수업 다음으로 자주 사용된 것은 시험을 치르는 학생들의 집단을 조작하는 것이다. 특별한 사정이 있는 학생들은 시험을 치지 않아도 된다는 규정을 이용해 나쁜 점수를 받을 것으로 예상되는 학생은 미리 손을 써서 시험을 치지 않도록 만드는 수법이다.[7)] 컬른-르백(J. Cullen and R. Reback, 2006)에 따르면, 텍사스 주의 학교에서 흑인과 히스패닉 학생들의 시험면제율이 정상적인 수준에 비해 7%에서 14%에 이르는 폭으로 더 높아진 것을 발견할 수 있다고 한다. 이렇게 시험 성적이 나쁜 경향이 있는 집단이 미리 빠져나감으로써 평균 성적이 자동적으로 높아지는 효과가 나타날 수 있다.

필리오-게츨러(D. Figlio and L. Getzler, 2002)는 학교와 교사들에게 엄격한 책임을 묻는 플로리다 주에서 시험을 치르는 학생들의 집단을 조작하는 사례를 흔하게 볼 수 있다고 말한다. 즉 이 정책을 채택한 후 저소득층의 자녀나 과거에 성적이 나빴던 학생을 시험면제 대상으로 분류하는 비율이 현저하게 높아지는 현상이 많은 학교에서 발견되었다는 것이다. 필리오(D. Figlio, 2006)에 따르면, 심지어 어떤 학교에서는 시험 성적이 좋게 보이도록 만들기 위해 학생 처벌 규정까지 동원한 것으로 밝혀졌다. 예를 들어 어떤 학생에게 정학 처분을 내릴 때 정학 기간을 일부러 늘려 시험을 칠 수 없게 만드는 방법을 쓰는 것이다. 지금 보는 것처럼 학교들은 다양한 방법을 동원해 시험을 치르는 학생들의 집단을 조작하는 것으로 드러났다.

이보다 한층 더 기상천외한 방법이 동원된 사례까지 있다. 필리오-위니키(D. Figlio and J. Winicki, 2005)는 버지니아 주의 학교들이 급식 프로그램까지 활용해 시험 성적을 높이기 위해 노력했다는 사실을 발견했다. 영양학적 연구에 따르면, 포도당glucose의 섭취량이 많아짐에 따라 인식능력에 단기적 향상이 일어날 수 있다고 한다. 학교 당국은 이 사실을 이용해 시험 기간 동안의 급식 식단을 조정해 학생들로 하여금 더 많은 포도당을 섭취하도록 만든다는 것이다. 많은 포도당을 섭취한다는 것은 칼로리 섭취량이 많아진다는 것을 뜻하는데, 나쁜 시험 성적으로 인해 제재의 위협에 직면한 학교가 많이 포함되어 있는 학군일수록 학생들이 시험 기간 중 급식에서 섭취하는 칼로리가 더 높은 경향이 있는 것으로 드러났다.[8)]

흥미로운 점은 이와 같은 급식 내용의 조정이 시험 성적을 올리는 데 어느 정도 효과를 냈다는 사실이다. 필리오-위니키의 분석에 따르면, 칼로리 섭취량의 증가가 통계적으로 유의한 정도의 수학 성적 향상을 가져왔다고 한다. 한편 영어와 역사·사회 과목의 경우에는 성적 향상에 기여하는 것으로 드러났지만 통계적 유의성은 아주 작다고 한다.[9)] 이는 학생들로 하여금 100칼로리를 더 섭취하게 만듦으로써 수학, 영어, 역사·사회 과목의 합격률을 각각 7%, 4%, 7% 높일 수 있음을 뜻한다는 것이 그들의 해석이다. 이와 같은 '시험맞춤급식'은 교육의 질 향상과 아무런 관련을 갖지도 못하면서 그렇지 않아도 심각한 아동비만의 문제를 더욱 심각한 차원으로 몰고 가는 결과를 가져왔다.

단지 시험 성적을 올리려는 목적에서 동원된 갖가지 비교육적인 편법이 교육 현장을 극도로 피폐하게 만들었을 것임은 두말할 나위도 없다. 이보다 더욱 심각한 후유증은 학생들에게 모범이 되어야 할 교육자들이 비리를 저지르게 만드는 결과까지 빚게 되었다는 점이다. 학교와 교사들의 전략적 반응 중에서 가장 심각한 문제가 되는 것은 점수를 높이기 위해 저지르는 부정행위cheating다. 성과에 기초한 정책이 주는 압박감은 일선 교사와 학교로 하여금 학생들의 성적이 좋은 것처럼 보이도록 조작하기 위해 부정한 방법까지 동원하게 만들었다.

우리나라에서 일제고사가 시행되던 시절 어느 지역의 성적이 유달리 좋았고 이를 수상하게 여겨 조사해본 결과 부정행위를 통해 점수를 높였음이 드러난 바 있다. 미국의 학교들은 시험 성적과 관련해 우리의 학교들에 비해 훨씬 더 강한 압박을 받고 있기 때문에 부정행위의 유혹도 그만큼 클 수밖에 없다. 부정행위를 하는 것은 나쁘다고 가르쳐야 할 학교와 교사가 부정행위를 저지른다는 것은 어이없는 일이지만, 실제로 이런 일이 일어날 가능성을 배제할 수 없다.

언론 보도를 보면 교육 현장에서 실제로 부정행위가 저질러지는 사례가 그리 드물지 않다는 사실을 알게 된다. *Education Weeks*는 뉴욕, 시카고, 버지니아, 캘리포니아, 메릴랜드 등지에서 다양한 형태의 부정행위가 적발되었음을 상세하게 보도하고 있다.[10] 흥미로운 점은 비슷한 종류의 부정행위에 대해 어떤 지역은 교사를 처벌한 데 비해 어떤 지역은 처벌을 하지 않는 사례가 있다는 사실이다. 다시 말해 교사들이 성적을 올리기 위해 비정상적인 방법을 쓰는데도 이를 부정행위로 간주하지 않고 용인해 주기도 한다는 뜻이다. 무슨 수단을 써서라도 성적을 올려야 한다는 압력이 크다 보니 웬만큼 비정상적인 방법을 쓰는 것은 용인해 주는 풍토가 생긴 것이다.

또한 *San Francisco Chronicle*은 캘리포니아 주의 51개 학교가 부정행위로 의심되는 행동을 했다는 이유로 현금 보너스 지급 대상에서 제외되었다는 기사를 싣고 있다.[11] 그 당시 캘리포니아 주는 학생들의 시험 성적에 기초해 학교와 교사를 평가한 다음 현금 보너스를 지급하는 정책을 채택하고 있었다. 일정한 수준을 넘는 학교는 학생 1인당 67달러의 현금 보너스를 받는데, 학교는 이를 마음대로 사용할 수 있다. 그리고 좋은 성과를 올린 교사에게는 5천 달러에서 2만 5천 달러에 이르는 현금 보너스를 지급한다. 이와 같은 강력한 유인이 학교와 교사의 부정행위를 부추기는 역할을 했다는 비판이 제기되고 있는 것이다.

제이콥-레빗(B. Jacob and S. Levitt, 2003)은 좀 더 엄격한 방법에 의해 부정행위가 존재한다는 사실을 밝혀냈다. 그들은 시험 성적에 의외의 변동이 나타나거나 학생들이 제출한 답안에 특이한 양상이 나타난다면 학교측의 부정행위가 있었다는 증거가 될 수 있다고 말한다. 부정행위가 저질러지면 어떤 한 해의 성적이 급격히 상승했다가 그 다음 해에는 상승이 거의 없거나 오히려 하락하는 현상이 나타날 수 있다. 또한 교사가 답을 가르쳐 준다면 학생들이 똑같은 답을 써내거나, 쉬운 문제는 틀리면서 아주 어려운 문제는 맞추는 것 같은 특이한 양상이 나타나게 된다.

1993년에서 2000년에 이르는 기간 동안 시카고 지역의 공립학교를 대상으로 한 제이콥-레빗의 분석 결과를 보면 학교와 교사의 부정행위가 분명히 존재하는 것으로 드러난다. 그들은 해마다 전체 학급의 4~5%에 이르는 학급에서 부정행위가 일어난다는 분석 결과를 제시하고 있다. 물론 이 수치만을 갖고 부정행위가 널리 만연되어 있다는 결론을 내기는 힘들다. 그러나 성과에 대한 과도한 압박이 일부 학교와 교사로 하여금 부정행위까지 저지르게 만든다는 결론을 내기에는 충분한 근거가 될 수 있다.

2011년에는 조지아 주 아틀란타 시에서 44개 학교와 178명의 교사가 연루된 사상 최악의 성적 조작 사건이 발생해 미국 국민을 충격에 몰아넣었다.[12)] 조사대상 56개 학교 중 44개 학교가 적발되었다는 사실은 조사 범위를 확대할 경우 사건이 엄청난 범위로 확산될 수도 있음을 시사해 주고 있다. 심지어 2009년도 '올해의 교육감상'을 받았고 교육개혁가로서 전국에 이름이 알려진 전 애틀란타 시 교육감의 연루설까지 흘러나왔을 정도였다. NCLB 정책으로 인한 성적지상주의가 얼마나 심각한 교육계의 타락을 가져왔는지를 생생하게 보여 주는 사례가 아닐 수 없다.

실패로 돌아간 신자유주의적 교육개혁 실험

지금까지의 논의를 정리해 보면, 당초의 기대와 달리 성과에 기초한 책임 원칙에 기초한 교육개혁 프로그램이 미국 교육에 획기적인 변혁을 가져다주지 못했다는 결론에 이르게 된다. 이 정책을 지지하는 사람들은 학생들의 시험 성적이 어느 정도 향상되었다는 사실을 들어 긍정적 성과를 거두었다고 강변하고 있으나, 여러 사람들의 연구에 의해 시험 성적의 상승이 진정한 의미에서의 교육의 질 향상을 의미하는 것은 아니라는 사실이 밝혀졌다. 시험 성적에 기초해 보상과 제재를 가하는 정책은 학교와 교사로 하여금 교육의 질을 높이려는 노력은 뒷전에 밀어둔 채 시험 성적 그 자체만을 올리는 데 모든 노력을 기울이게 만드는 결과를 가져왔던 것이다.

교육의 성과를 단지 학생들의 시험 성적에 의해 평가할 수 있다는 발상은 너무나도 순진한 것이다. 시험 성적이 학업성취도를 정확하게 반영한다고 볼 수도 없으며, 교육은 단순하게 지식을 전달해 습득하게 만드는 것 이상의 의미를 갖고 있다. 교육의 또 다른 중요한 목표는 학생들로 하여금 주위의 사물과 사건에 대한 지적 호기심, 그리고 자신이 직면한 문제를 스스로 풀어 나가는 능력을 배양하는 데 있다. 단순히 지식을 축적하는 데 그치지 않고 창의성을 발휘하도록 북돋는 데 교육의 또 다른 목표가 있다. 뿐만 아니라 행복한 삶을 일구어 가는 방법을 가르쳐 주고 좋은 시민으로서의 자질을 키워 주는 것도 중요한 일이다. 이런 측면에서의 교육의 성과를 그 어떤 표준화된 시험으로도 측정할 수 없음은 두말할 나위가 없다.

2002년에 발효된 NCLB 정책 그 자체가 미국 교육 전반에 걸쳐 어떤 영향을 미쳤는지에 대한 본격적 연구는 아직 그리 많은 편이 아니다. 지금까지 통계자료의 축적이 미진한 탓에 심도 있는 분석이 어렵기 때문이다. 그러나 주정부 차원에서 실시된 성과에 기초한 책임 정책이 가져온 귀결에 비추어 보면 미국 교육의 획기적 전환점을 가져오게 될 것이라는 당초의 기대가 실현된다는 것은 매우 어려울 것으로 보인다. 똑같은 기본골격과 접근방식의 정책이 연방정부 차원에서 실시된다 해서 그 귀결이 크게 달라질 이유가 없기 때문이다.

오바마B. Obama 대통령은 취임한 이래 기회 있을 때마다 미국 교육이 고질적인 병폐에서 벗어나지 못하고 있는 현실을 개탄하는 발언을 계속해 왔다. 그리고 2011년의 연두연설State of the Union Address에서는 NCLB를 다른 법률로 대체할 것을 고려할 것이라고 시사했다. 이는 그와 같은 정책이 미국 교육을 개혁하는 데 별 효과를 거두지 못했다고 판단했음을 뜻한다. 만약 그와 같은 구상이 실현에 옮겨진다면 강력한 유인을 제공해 교육부문을 개혁한다는 접근법은 30여 년 동안의 실험기간을 끝내고 무대에서 퇴장하는 운명을 맞게 될 것이다.

한 가지 흥미로운 점은 우리가 미국에서 일어난 일들을 남의 일 보듯 할 수만은 없다는 사실이다. 우리 사회 일각에서도 미국과 비슷한 방식으로 교육개혁을 추진해야 한다는 얘기가 끊임없이 나오고 있기 때문이다. 반대하는 사람이 적지 않았음에도 불구하고 이명박 정부가 일제고사라고 부르는 시험, 즉 국가수준 학업성취도 평가를 강력하게 추진했던 이유가 과연 어디에 있을까? 그 시험과 관련된 구체적인 청사진은 밝힌 바 없지만 궁극적으로 미국처럼 성과에 기초한 책임 정책을 채택하기 위한 전초 작업의 성격을 가졌을 것이라고 짐작해 볼 수 있다.

미국의 교육개혁 실험에서 분명하게 드러난 것처럼, 강한 유인을 부여함으로써 공공부문을 개혁한다는 발상은 생각하는 것만큼 좋은 방법이 아니다. 특히 유인의 제공이 마치 공공부문의 비효율성을 치료하는 만병통치약이나 되는 듯 과도한 기대를 거는 것은 결코 바람직하지 않다. 공공부문의 개혁에 오히려 더 효과를 발휘할 수 있는 방법은 공공의 이익을 위해 일한다는 자부심을 느끼게 만드는 것일지도 모른다. 유인에 의해 공공부문의 개혁을 추진하려는 시도는 공직자들의 자부심에 상처를 줄 가능성이 크다. 당근과 회초리로 몰아감으로써 자부심을 빼앗아 버렸기 때문에 도덕의 표상이어야 할 학교와 교사가 부정행위를 저지르기에 이르렀던 것이 아닐까?

2016년 임기 후반기에 이른 박근혜 정부는 공기업 개혁의 승부수로 성과연봉제 채택이란 카드를 들고 나왔는데, 이것의 기본적 성격은 지금까지 살펴본 성과에 기초한 책임 원칙과 크게 다르지 않다. 다시 말해 공기업 직원들의 성과를 엄격하게 평가하고 이에 대해 책임을 지게 만든다는 신자유주의적 발상에 기초해 있는 개혁안이라는 뜻이다. 그 제도의 채택이 과연 공기업의 효율성 제고에 얼마나 큰 기여를 했는지를 제대로 평가하려면 상당한 시간이 흘러야 한다. 그러나 미국의 교육개혁 실험의 경험에 비추어 보면 정부가 기대한 만큼의 성과를 거두지 못할 가능성이 크다는 예상을 하게 만든다.

무엇보다 우선 시험 성적을 활용할 수 있는 교육부문의 경우와 달리 공기업의 경우에는 개개인의 성과를 엄격하게 평가하기 어렵다는 문제가 있다. 하나의 과업에 여러 사람이 팀을 이루어 참여하는 업무의 성격상 개개인의 성과가 엄밀하게 구분되어 평가되기 힘들기 때문이다. 또한 성과 평가의 기초가 되는 객관적 지표가 없는 상황에서 전적으로 상급자의 주관적 평가에 의존하게 되는데, 여기서 많은 문제가 발생할 수 있다. 평가의 적절성에 대한 의문이 필연적으로 제기될 수밖에 없을 뿐 아니라, 좋은 평가를 얻기 위한 눈치 보기, 비위 맞추기, 줄서기 등의 부적절한 행태가 만연할 가능성이 있다. 이런 부작용들이 일어날 것이 뻔한데도 강압적 방식까지 동원해 성과연봉제를 밀어붙이는 정부를 보면 우리 사회에 아직도 남아 있는 신자유주의의 나쁜 영향을 절감하게 된다.

신자유주의적 개혁이 기대한 만큼의 성과를 가져오지 못한 데에는 인간 본성에 대한 정확한 이해의 결여가 한몫을 단단히 하고 있다. 요즈음 새로이 각광을 받고 있는 행태경제이론behavioral economics에 따르면, 인간은 자신의 이익을 합리적으로 추구하는 단순한 존재가 아니다. 공정성을 위해 때로는 자신의 이익을 서슴없이 던져 버리기도 하고, 아무런 이득이 없는데도 단지 보람을 느끼기 위해서 어떤 일에 자신의 노력과 시간을 아낌없이 쏟아붓기도 한다.

공공부문도 궁극적으로 인간에 의해서 움직여 가는 것이라면 이와 같은 인간의 본성을 정확히 파악하고 거기에 알맞은 개혁의 방식을 찾아야 그 노력이 성공을 거둘 수 있다. 이제는 신자유주의적 개혁에 대한 집착을 버리고 인간의 본성과 부합하는 참신한 개혁의 방안을 찾아 나서야 할 때라고 생각한다.

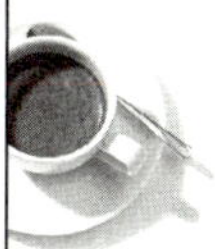

에필로그

2008년의 선거에서 민주당의 오바마B. Obama 후보가 대통령에 당선되고 민주당이 상하원을 모두 석권하는 모습을 보면서 이제 공화당의 독주시대는 막을 내렸다는 느낌을 받은 사람이 많았을 것이다. 그러나 공화당의 압승으로 끝난 2014년의 중간 선거결과는 대다수의 미국 국민이 아직도 공화당에 대한 지지를 철회하지 않고 있음을 분명하게 보여 주었다. 경제 회복의 속도가 더딘 데 대한 실망감과 외교정책에서의 몇 가지 실책이 유권자들로 하여금 민주당에게 등을 돌리게 했다고는 하지만, 바로 6년 전 민주당을 열렬히 지지해준 바로 그 사람들이 맞는가라는 의심이 들 정도로 표변한 민심을 읽을 수 있었다. 이는 일반 대중이 보수세력과 공화당에 대해 갖고 있는 신뢰가 생각 밖으로 뿌리 깊은 것임을 시사해 주고 있다.

오바마 대통령이 천신만고 끝에 도입한 사회적 건강보험제도, 즉 오바마케어Obamacare는 제대로 정착되지 못한 채 민주당의 표를 깎아 먹는 요인으로 작용하고 말았다. 크루그먼(P. Krugman, 2007a)도 그 절박성을 누누이 강조하고 있지만, 사회적 건강보험제도의 도입은 진보세력의 오랜 숙원사업과도 같은 것이었다. 여러 민주당 행정부가 사회적 건강보험제도의 도입을 추진했지만 보수세력과 공화당의 집요한 방해공작 때문에 번번이 좌절하고 말았다. 다른 나라들에서는 거의 보편화되어 있는 사회적 건강보험제도가 유독 미국에서만은 도입조차 어려운 상황에 처해 있는 것이다. 오바마케어가 제자리를 찾지 못하고 있는 것은 아직도 미국 사회에서 보수세력이 지대한 영향력을 발휘하고 있다는 사실을 생생하게 증언해 주고 있다.

미국 국민이 분배상의 불평등 심화에 대해 큰 불만을 갖고 있는 것은 사실이다. 2014년 1월에 행해진 갤럽 여론조사Gallup poll에 따르면 미국 국민 중 67%가 현재의 소득과 재산 분배상태에 불만을 갖는다는 응답을 했다고 한다. 이들 중 절반을 훨씬 넘는 응답자가 약간 불만스럽다라는 정도가 아니고 '아주 불만스럽다'very dissatisfied라고 대답했다고 하니 국민의 불만이 상당히 심각한 수준임을 알 수 있다.[1] 심지어 공화당 지지자 중에서도 응답자의 절반이 넘는 54%의 사람이 현재의 분배상태가 불만스럽다고 대답한 것을 보면 대중의 불만이 얼마나 광범위하게 퍼져 있는지 능히 짐작할 수 있다.

이 여론조사 결과를 보면 이제는 미국의 일반 대중도 자신이 살고 있는 사회에서 얼마나 심각한 불평등성이 존재하고 있는지를 분명히 인식하게 되었음을 알 수 있다. 그러나 그들이 어떤 경로를 통해 그와 같은 극심한 불평등성이 발생하게 되었는지 그 메커니즘을 정확하게 이해하고 있을 가능성은 지극히 희박하다. 보수세력과 공화당에 의한 승자독식정치가 신도금시대의 도래를 가져온 주범임을 정확하게 꿰뚫어 볼 수 있는 사람이 과연 몇이나 될까? 보수세력과 공화당의 집요한 홍보활동을 통한 자기정당화는 대중들로 하여금 현실을 제대로 인식하는 데 매우 큰 어려움을 겪게 만들고 있다.

이 홍보활동은 공화당의 공개적 TV 광고나 신문 광고뿐 아니라 보수성향 싱크탱크와 지식인을 통한 은밀한 설득작업을 통해서도 이루어지고 있다. 사실 대중에게 더욱 큰 영향력을 발휘하는 것은 표면적으로 객관성과 전문성을 가진 것처럼 보이는 싱크탱크와 지식인의 설득작업이다. 전문지식을 가진 사람들이 객관적 입장에서 발언하는 것이니 믿을 만하다는 인상을 심어줄 수 있기 때문이다. 이들은 미국 사회의 분배상태가 진보세력이 떠들고 있는 것만큼 불평등한 것은 아니라고 반론을 제기한다. 여러 가지 통계자료가 그 반론에 신빙성이 없음을 보여주면, 이번에는 불평등성이 반드시 나쁜 것은 아니고 바람직한 측면도 갖고 있음을 설득하는 작업에 들어간다.

이와 같은 홍보활동에 앞장서고 있는 사람이 바로 대표적 보수성향 경제학자인 맨큐(G. Mankiw, 2013)다. 그는 완벽한 경제적 평등이 이루어져 모두가 똑같은 소득을 얻고 있는 평등주의적 유토피아에 잡스S. Jobs가 아이팟iPod을, 롤링J. Rowling이 해리포터 책을, 그리고 스필버그S. Spielberg가 블록버스터 영화를 들고 나타나 교란을 일으킨다면 이를 어떻게 받아들여야 하느냐고 의문을 제기한다. 그가 이 의문을 제기하는 이유는 기업가적 노력entrepreneurial efforts에 대한 보상으로 인해 분배상태가 불평등해지는 것은 긍정적으로 평가할 수 있지 않느냐는 주장의 근거로 삼기 위함인 것이 너무나도 뻔하다. 그는 바로 이와 같은 변화가 지난 몇십 년 동안 미국 사회에서 일어난 변화의 전형적 특성을 단순화해 보여 주는 예라고 말한다.

비단 맨큐뿐 아니라 신자유주의적 정책에 동조하는 모든 사람들이 이와 비슷한 논리로 불평등한 분배를 정당화하고 있다. 이와 같은 논리가 옳고 그름을 떠나, 대중의 입장에서 전문가를 자처하는 사람들의 이와 같은 논리에 감히 반박하기는 어려울 것이 분명하다. 더군다나 정치나 경제에 대한 전문지식이 없는 사람으로서 보수세력과 공화당이 추구해온 승자독식정치의 진상을 정확하게 파악하는 것은 더욱 어려운 일일 것이다. 그렇기 때문에 현실의 분배상태가 불만스럽다고 생각하면서도 그 불평등성 중 얼마나 큰 부분이 보수세력과 공화당에 의해 의도적으로 초래된 것인지를 잘 모르고 있을 가능성이 크다. 분배상태가 불만스럽다고 생각하면서도 그것에 대해 직접적 책임이 있는 공화당에 대한 지지를 철회하지는 않는 이유가 바로 여기에 있다.

미국 사회에 널리 파고든 보수적 이념의 설득력은 아직도 퇴색의 기미를 보이지 않고 있다. 비록 공화당 행정부가 추진한 신자유주의정책의 실험은 대부분 실패로 돌아갔지만, 미국 국민 사이에서 보수적 이념에 대한 신뢰까지 추락한 것은 아니다. 아직도 미국 사회 이곳저곳에 보수적 이념이 미국 경제를 되살리고 미국 사회를 더욱 건강하게 만들 수 있다는 믿음이 깊게 뿌리박고 있는 것을 볼 수 있다. 공화당의 승자독식정치에서 아무런 이득도 얻지 못하는 서민계층까지도 알게 모르게 이런 믿음에 물들어 있는 상황이다.

돈이 선거결과를 좌우하는 지금의 미국 정치 상황하에서 공화당이 계속 정국의 주도권을 잡아온 데는 대중의 광범한 지지보다 부자와 기업들이 제공하는 풍부한 정치후원금이 더욱 결정적인 역할을 했을 가능성이 크다. 이와 같은 기본구도에 어떤 변화가 오려면 무엇보다 우선 돈이 선거결과를 좌우하는 현실에 근본적 변화가 생겨야 한다. 그러나 돈이 선거결과에 미치는 영향이 작아질 기미도 보이지 않거니와, 부자와 기업들이 편파적으로 공화당을 후원하는 구도에도 이렇다 할 변화의 조짐이 보이지 않는다. 정부가 정치후원금과 관련해 좀 더 강력한 규제를 실시해야 그 기본구도에 어떤 변화가 생길 수 있는데, 현행의 법질서하에서 그런 규제를 강화하는 것은 불가능에 가까운 일이기 때문이다.

예를 들어 미국 연방대법원은 2014년 4월 맥커천 대 연방선거위원회 *McCutcheon v. Federal Election Commission* 소송과 관련된 판결에서 표현의 자유가 보장되어야 한다는 이유로 개인에 의한 정치후원금의 상한선을 폐지해야 한다는 결정을 내렸다. 워터게이트Watergate 사건 이후 정치후원금과 관련된 혼탁을 막기 위해 개인이 특정 후보나 정치행동위원회에 기부할 수 있는 후원금의 상한선을 설정한 것인데, 이것이 표현의 자유를 규정한 수정헌법 제1조에 어긋난다는 이유로 상한선 폐지 판결을 내린 것이다. 이보다 4년 전인 2010년 연방대법원은 시민연합 대 연방선거위원회 *Citizens United v. Federal Election Commission* 소송에서 기업도 선거와 관련된 비용을 지출할 수 있다는 판결을 내린 바 있다. 이 두 판결이 모두 정치후원금 제도가 공화당에게 유리한 구도로 짜이도록 만드는 데 결정적인 역할을 했음은 두말할 나위도 없다.[2)]

표현의 자유라는 명분을 내걸고 있기는 하지만, 공화당을 일방적으로 편드는 편파적인 판결이라는 비판에서 자유로울 수 없는 것이 사실이다. 이 두 판결로 인해 돈 있는 사람들이 정치판을 좌지우지하는 현상이 더욱 심해질 것이며, 이 구도가 공화당에게 명백하게 유리할 것이란 점에 의문의 여지가 없다. 맥커천 대 연방선거위원회 소송에서 원고측 손을 들어준 대법원의 판결에 이의를 갖고 있는 브라이어S. Breyer 대법관은 다음과 같은 말로 이 판결이 가져올 파장을 우려했다. “시민연합 판결이 방문을 열어 준 격이라면, 이번 판결은 수문을 열어

젖힌 격이 될 것이 우려된다."If *Citizens United* opened a door, today's decision, we fear, will open a floodgate.

진보세력과 민주당에게 유리한지 혹은 불리한지를 떠나, 원칙적으로 말해 돈이 정치에 미치는 영향력을 줄이는 것이 바람직하다는 데는 의문의 여지가 없다. 그러나 최근 연방대법원이 내린 일련의 판결은 상황을 오히려 그 반대방향으로 몰아가고 있는 것이다. 따라서 돈과 정치 사이의 관계를 단절하는 것이 더욱 어려워진 처지가 되었고, 이에 따라 공화당이 누리는 상대적 우위는 더욱 강화되는 결과가 빚어졌다.

그러나 다른 한편에서는 공화당과 보수세력의 독주에 제동을 거는 역할을 하게 될 새로운 움직임이 감지되기 시작했다. 2016년 대통령 선거과정에서 거의 무명에 가까웠던 샌더스B. Sanders 상원의원이 민주당 후보 경선에서 뜻하지 않은 돌풍을 일으켰다. 그의 과격한 진보주의가 승자독식정치에 염증이 난 젊은 유권자들의 열렬한 지지를 끌어모았기 때문이다. 결국 클린턴H. Clinton이란 거대한 산을 넘지는 못했지만, 그가 주장한 진보적 어젠다를 민주당의 정강 초안에 대폭 반영하게 만드는 성과를 거두었다. 그 좋은 예가 당시 7.25달러 수준에 머물러 있던 최저임금을 생활임금living wage, 즉 최소한의 생활에 필요한 임금이라고 보는 15달러 수준으로 올리도록 노력하겠다는 약속이다. 이와 동시에 민주당은 중산층 몰락의 주요인이 노동자들의 단체교섭권 억압에 있음에 주목하여, 노동조합을 조직하고 가입하는 것을 더욱 쉽게 만들 것이라는 약속도 함께 내걸었다.

그동안 돈에 의한 정치의 포로가 되어 진보와 보수 사이에서 어정쩡한 태도를 취해 오던 민주당으로서는 뜻밖의 변신이 아닐 수 없다. 경선 막판까지 뚝심 있게 버틴 샌더스 의원을 의식한 측면이 있었을 테지만, 승자독식정치에 염증이 난 유권자들을 끌어안아야 선거에서 승리를 거둘 수 있다는 판단이 더 크게 작용하고 있었을 것이 분명하다. 이를 보면 미국 사회에서 승자독식정치에 대한 반발이 서서히 고개를 들어 가고, 이에 따라 정치적 지형에 상당한 변화가 일어나기 시작했다는 느낌을 받는다. 이와 같은 혁신의 동력이 돈에 의한 정치라는 낡은 틀을 완전히 해체하는 데까지 이를지는 지금 이 시점에서 아무도 자신 있게 예측할 수 없다. 다만 20년 이상 지속되어 왔던 보수세력과 공화당의 독주체제에 금이 가기 시작했다는 것만은 분명한 사실이라고 말할 수 있다.

미국에서 벌어지는 이 정치적 게임을 관전하면서 어딘가 불편함을 느끼게 되는 것은 행여나 우리나라에서도 돈에 의한 정치 그리고 이에 따른 승자독식정치가 발을 붙이게 되는 것은 아닌가라는 걱정 때문이다. 경제권력을 장악하고 있는 사람들이 사회적 이슈에 대한 발언을 늘려 가고 보수적 싱크탱크와 지식인을 양성해 이념전쟁의 첨병으로 활용하는 것을 보면서 파웰 메모 이후 미국 사회에서 일어나기 시작한 지각변동이 우리 사회에서도 재현되지나 않을까라는 불안한 상념에 빠지게 된다. 더군다나 우리 사회에서는 언론이 보수일변도의 편파성을 갖고 있기 때문에 만약 이념전쟁이 본격적으로 일어난다면 보수세력이 압도적 우위에 서게 될 것이 너무나 뻔하다.

일반 대중에 대한 영향력의 측면에서 본다면 우리 사회의 보수세력은 이미 상당한 성과를 거두고 있는 것처럼 보인다. 그 좋은 예가 시장의 논리에 대한 대중의 맹신인데, 이는 보수 지식인과 보수 언론의 끈질긴 설득의 결과라고 볼 수 있다. 시장은 효율적일 뿐 아니라 공정하고 공평하기까지 하다는 시장만능주의가 어느새 우리 사회를 장악하고 있다. 왜곡된 정보의 홍수 속에서 일반 대중이 시장에 대한 긍정적 평가는 오직 효율성의 측면에서만 가능하다는 진실을 제대로 파악하는 것은 거의 불가능에 가까운 일이다. 더군다나 '1원1표'의 원칙에 기초한 시장의 논리가 '1인1표'의 원칙에 기초한 민주주의의 이상과 상충할 수 있다는 사실을 알아차리기는 더욱 어렵다.

미국에서 승자독식정치가 자리를 잡고 신자유주의정책의 실험이 시작되는 과정, 그리고 그 결과 역사상 최악의 분배상태를 향해 치닫는 광경을 보면서 우리는 절대로 이런 미국의 전철을 밟지 말아야 하겠다는 믿음을 갖게 되었다. 분별없이 미국 따라 하기를 일삼는 보수 정치인들을 보면서 그들이 우리나라를 이끌어 가려 하는 방향이 과연 무엇인지 따져 묻고 싶었다. 도대체 그들은 미국의 신자유주의정책 실험이 가져온 귀결이 무엇인지는 알고 미국 따라 하기를 시도하고 있을까? 그들이 이미 한물간 신자유주의 이념에 그토록 미련을 갖고 있는 이유는 과연 무엇일까? 이와 같은 일련의 의문들이 나로 하여금 이 책을 쓰게 만든 원동력이 되었다. 남의 나라 미국에 대해 쓴 책이지만 나의 궁극적 관심은 오직 우리나라에 있음을 솔직하게 고백하고 싶다.

주 석

제1장 신자유주의의 광풍이 휩쓸고 간 미국 사회

1) F. Alvaredo *et al.*, *The World Top Incomes Database*. http://www.parisschoolofeconomics.eu/en/expertise-dissemination/wtid-world-top-incomes-database/

제2장 '신도금시대'의 도래

1) '신도금시대'(New Gilded Age)라는 말을 누가 처음 썼는지는 명확하지 않지만, P. Krugman(2002)이 그 말을 처음 쓴 사람 중 하나임은 분명하다.

2) '도금시대'(Gilded Age)라는 말은 소설가 M. Twain이 C. Warner와 함께 쓴 *The Gilded Age: A Tale of Today*라는 책에서 처음 선보였다.

3) 그들은 이와 같은 양상이 근로소득이나 총소득 어느 쪽을 놓고 보더라도 비슷하게 나타난다고 말하는데, 이는 분배상의 불평등 심화가 주로 재산이나 자본소득의 편중 때문에 나타나는 현상이라는 일부 경제학자들의 주장과 배치되는 것이다. 즉 근로소득 그 자체의 불평등 심화도 매우 급속하게 진행되고 있다는 것이 I. Dew-Becker and R. Gordon(2005)의 결론이다.

4) 이 논문은 A. Atkinson and T. Piketty eds., *Top Incomes over the Twentieth Century: A Contrast between Continental European and English Speaking Countries*란 책의 제5장에 실려 있다.

5) Table 5A.1에 제시된 최상위 10%의 소득계층이 차지하는 몫의 장기 추이는 1927년부터 시작되고 있기 때문에 이 그림의 개시 연도도 1927년이 되고 있다.

6) 최상위 10%가 차지하는 몫과 최상위 1%가 차지하는 몫을 나타내는 두 곡선이 거의 비슷한 패턴으로 변화해 온 것을 볼 수 있다. 그러나 최상위 1%가 차지하는 몫의 절대적 수준이 최상위 10%가 차지하는 몫의 절대적 수준에 비해 1/2 내지 1/3 정도로 작은 규모이기 때문에 그림에서 똑같은 폭으로 변화한 것처럼 보이지만 변화비율의 측면에서 보면 최상위 1%가 차지하는 몫 쪽이 훨씬 더 크다.

7) 지니계수(Gini coefficient)는 분배상태의 불평등한 정도를 측정하는 대표적 불평등도지수로, 완전히 평등한 분배상태에서 0의 값을 갖는 한편 완전히 불평등한 분배상태에서는 1의 값을 갖는다. 따라서 분배상태가 불평등할수록 지니계수는 더 큰 값을 갖게 된다.

8) 바로 이렇게 모든 산업에서 숙련노동자에 대한 고용이 줄어들기 때문에 노동집약적인 산업의 비중이 줄어들고 기술집약적인 산업의 비중이 늘어나면서도 일정한 비율로 존재하는 숙련노동과 미숙련노동이 모두 고용될 수 있게 되는 것이다.

9) P. Krugman and R. Lawrence(1994)는 이 나라들의 평균적인 임금수준이 미국의 88% 정도라고 말한다.

10) 이 표에는 비금융 기업의 임원들이 금융업계 기업 임원보다 더 높은 비중을 차지하는 것으로 나타나 있다. 그런데 S. Kaplan and J. Rauh(2009)에 따르면, 최상위 소득계층에서 차지하는 비중을 보면 월스트리트, 즉 금융업계 임원들이 더 크다고 한다. 이들은 J. Bakija *et al.*(2010)이 조사대상으로 한 최상위 0.1%보다 더 부유한 사람들, 즉 최상위 0.01%나 그보다 더 좁은 범위의 극소수 부자들을 대상으로 조사했기 때문에 이런 차이가 생긴 것으로 보인다.

11) 원래의 Figure 1에는 임원들의 총 보수를 나타내는 곡선뿐 아니라, 그것의 구성요소를 나타내는 두 개의 곡선이 추가되어 있었다. [그림 2-4]는 그것들을 제거하고 총 보수를 나타내는 곡선만을 남겨 만들었다. 총 보수에는 정상적 급여, 장단기 보너스, 스톡옵션의 Black-Scholes 가치가 포함되어 있다.

12) 바로 앞에서 본 [그림 2-4]는 최고경영자뿐 아니라 기업의 의사결정에 중요한 영향을 미치는 관리자(manager)급 이상의 임원을 조사대상으로 삼고 있다. 이

에 비해 [그림 2-5]는 최고경영자만을 조사대상으로 삼고 있는 차이가 있지만, 전반적인 추세 그 자체는 양자가 비슷한 것을 볼 수 있다.

13) O. Sjoberg(2008)도 미국 최고경영자 계층의 보수가 급격하게 증가한 근거로 이와 비슷한 이유를 들고 있다.

14) M. Conyon *et al.*(2009)은 미국 기업 최고경영자들이 받는 보수 중 이렇게 주식가격과 관련된 유인의 비중이 높다는 것은 그들이 그만큼 많은 위험을 부담한다는 것을 뜻한다고 말한다. 따라서 표면적으로 보아 그들이 과도하게 높은 보수를 받는 것처럼 보여도, 그중에는 위험 프리미엄의 성격을 갖는 부분이 많이 포함되어 있기 때문에 실제로는 그리 높지 않다고 주장한다. 그들은 상대적으로 보수 수준이 낮은 영국 기업 최고경영자와의 비교 분석에서 그와 같은 결론을 얻고 있다.

15) 그들은 바로 그런 이유에서 경영자권력가설이라는 이름을 붙였다.

16) 이사직은 명예를 가져다줄 뿐 아니라, 유용한 인적 관계 형성이라는 점에서도 큰 도움을 줄 수 있다. 이 점에서 볼 때 이사직에 따르는 비금전적 혜택도 상당히 크다는 것을 알 수 있다.

17) J. Hartzell and L. Starks(2003)의 분석 결과에 따르면, 기관투자가의 주식 소유 비중이 높아질수록 최고위층 임원의 보수가 경영 성과와 더욱 밀접한 관계를 갖게 되며 보수의 전반적 수준이 내려가는 경향이 있다고 한다. 이는 벱축-프라이드의 예상이 현실과 부합된다는 것을 뜻한다.

18) S. Kaplan and J. Rauh(2009)는 이런 금융업계의 전문가들을 '월스트리트의 전문가'(Wall Street professional)라고 불렀다.

19) 워싱턴합의란 원래 개발도상국의 발전 방향과 관련된 용어로 사용되는 것이지만, F. Levy and P. Temin(2007)은 미국 국내의 탈규제와 민영화 추세를 가리키는 말로 사용하고 있다.

20) J. DiNardo *et al.*(1996)도 제도적 요인이 불평등 심화의 주요한 이유였다는 분석 결과를 제시해 이들과 아주 비슷한 주장을 하고 있다.

21) N. Fortin and T. Lemieux(1997)는 1935년에서 1945년 사이에 미국의 노동시장 관련 제도에 커다란 변화가 일어났고 그와 같은 변화가 임금의 평등화를 가져왔다고 말한다. 이 시기가 C. Goldin and R. Margo(1992)가 말하는 대압축의 시기와 일치한다는 것은 전혀 우연이 아니라는 것이 그들의 견해다.

22) M. Wolf, "Regulators Should Intervene in Bankers' Pay," *Financial Times*, January 16, 2008.

23) 파산이 된 리먼 브러더스와 베어 스턴스의 최고위층 임원 5명이 파산 전 8년 동안 얻은 수입은 무려 24억 달러에 이른다는 것이 J. Hacker and P. Pierson(2010)의 지적이다. 그들은 회사가 파산한 후 이 중 단 한 푼도 토해내지 않았다.

24) 민주당이 집권했을 때 전반적인 실질소득 증가율이 상대적으로 더 높은 것도 관찰할 수 있다.

25) 구체적으로 말하면 상위 20%에 속하는 소득계층의 평균적 소득수준을 하위 20%에 속하는 소득계층의 평균적 소득수준으로 나눈 비율로 불평등성의 정도를 재고 있다.

26) 세대간 소득수준의 상관계수 값이 크다는 것은 부모와 자식의 경제적 지위가 비슷하다는 것을 뜻한다. 예를 들어 가난한 부모의 자식이 성장해 다시 가난한 사람이 될 가능성이 크다는 말이다. 따라서 사회적 이동성이 작을수록 상관계수 값은 더 크게 나타나게 된다.

제3장 승자독식정치가 어떻게 불평등의 심화를 가져왔는가?

1) 한 가지 흥미로운 점은 최상위 0.01%의 소득계층에 적용되는 평균세율이 이미 1970년대부터 급격히 떨어지고 있었다는 사실이다. 공화당 행정부의 감세정책이 본격적으로 효과를 발휘하기 이전부터 최상위 소득계층의 조세 부담은 현저하게 줄어들고 있었던 것이다.

2) 이처럼 중·저소득층이 사회보험세의 주요 부담 주체가 되는 데는 그럴 만한 이유가 있다. 이 세금은 근로소득에만 부과될 뿐 아니라, 그것도 단일세율로 일정액 이내의 근로소득에만 부과된다. 예를 들어 2014년의 경우 근로소득이 117,000달러를 초과하는 부분에 대해서는 사회보험세가 전혀 부과되지 않는다. 따라서 근로소득이 이보다 훨씬 더 높고 자본소득이 많은 부유층은 이 세금을 거의 내지 않는 결과가 빚어지는 것이다.

3) 여기서 60%라는 것은 예를 들어 100명의 사람을 가장 가난한 사람부터 배열했을 때 60번째에 해당하는 사람이라는 뜻이다.

4) 주정부 차원에서 AFDC를 수정한 형태로 운영한 사례에 대한 자세한 분석은

Y. Zylan and S. Soule, "Ending Welfare As We Know It (Again): Welfare Retrenchment, 1989~1995," *Social Forces*, 79(2000)을 참조하라.

5) 2012년 8월 9일의 CNN 보도에 따르면, 1996년에는 AFDC를 통한 현금 소득보조액이 204억 달러였던 데 비해, 2011년의 TANF를 통한 현금 소득보조액은 고작 96억 달러에 그쳐 그 절반 수준에도 미치지 못했다. 더군다나 수혜자의 숫자는 1,260만 명에서 460만 명으로 줄어 그 감소 폭이 더욱 컸다.

6) J. Ziliak(2011) 역시 사회안전망이 극빈계층에 직접적으로 정책의 초점을 맞추지 않았기 때문에 빈곤 해소에 별 도움을 주지 못했다는 평가를 내리고 있다.

7) Congressional Budget Office, "Trends in the Distribution of Household Income Between 1979 and 2007," October 2011.

8) 연방정부의 재정이 간여하기 이전의 시장소득(market incomes) 분배에서 구한 지니계수의 값이 0.479였는데, 조세와 이전지출이 개입된 후에는 그 값이 0.367로 줄어들어 정부재정이 지니계수의 값을 23%만큼 줄이는 재분배효과를 가졌다는 뜻이다.

9) T. Noah(2012)는 노동조합 조직률을 나타내는 그래프를 그리고 그 위에 중산층의 소득점유비율을 나타내는 그래프를 덧붙여 그리면 두 곡선이 거의 일치하는 것을 발견할 수 있을 것이라고 말한다.(127~128)

10) 그러나 여성 근로자의 경우에는 노동조합 가입률과 임금 격차 사이에서 체계적인 관계를 관찰할 수 없다고 한다.

11) 뒤에 자세하게 논의하겠지만, 이와 같은 기업의 태도 변화에 결정적인 역할을 한 것은 1971년에 발표된 파웰 메모(Powell memorandum)였다.

12) 오바마 정부는 최소한 연방정부에서 고용한 근로자에게만이라도 10.10달러의 최저임금을 적용하는 방향으로 우회하는 작전을 쓰고 있다.

13) 이처럼 더 높은 가격으로 소비자에게 전가시키지 않으면 기업은 이윤의 하락을 감수해야 한다. 실제로 영국에서는 최저임금제도가 실시된 이후 국민계정에서 이윤이 차지하는 몫이 줄어든 것을 발견할 수 있다는 것이 D. Metcalf(2008)의 지적이다.

14) 글래스-스티걸법안은 상업은행과 투자은행을 분리시켜 한 은행이 이 두 업무를 함께 수행할 수 없도록 금지한 규제다.

15) T. Philippon and A. Reshef, "Wages and Human Capital in the U.S. Financial

Industry: 1909~2006," *Quarterly Journal of Economics*, 127, 1551~1609 (2012)

제4장 승자독식정치 등장의 배경

1) N. Gross *et al.*, "The Contemporary American Conservative Movement," *American Review of Sociology*, 2011에서 재인용.

2) 정치평론가 모이어스(B. Moyers)가 2012년 9월 자신의 홈페이지에서 이와 같은 비유를 한 바 있다.

3) B. Moyers, "The Powell Memo: A Call-to-Arms for Corporations," September 14, 2012, BillMoyers.com.

4) W. Berman, *America's Right Turn*, 1998, p.65.

5) 예를 들어 닉슨은 인종적 갈등, 사회적 변화에 대한 우려, 해외로부터의 위협 등에 대한 호소를 통해 근로계층 백인을 공화당 편으로 끌어들이는 전략을 썼는데, 이것은 보수주의운동이 전형적으로 구사하는 전략이라고 말할 수 있다.

6) 1960년대에는 연간 생산성 상승률이 평균 3.2% 수준이었는데, 1975년에는 1% 대로 추락하게 되었다.

7) '복지여왕'이라는 말은 레이건이 그 연설에서 처음 만들어 쓴 것은 아닌 것으로 알려져 있다.

제5장 감세정책 실험 — 과연 경제 살리기에 성공했는가?

1) J. Tempalski, "Revenue Effects of Major Tax Bills," OTA Working Paper 81, 1998.

2) 부시가 1988년 8월 공화당 전국회의에서 대통령 후보 지명을 수락하면서 행한 연설 중 "Read my lips: no new taxes."라는 말은 그의 트레이드마크라고 할 만큼 유명한 발언이 되었다.

3) 앞에서 말한 것처럼 2001년의 Economic Growth and Tax Relief Reconciliation Act에 따라 2010년까지는 한시적으로 상속세가 폐지되었다. 이후 추가적인 입법이 없는 한 2001년 이전의 상속세제도, 즉 1백만 달러 이상의 유산에 55%의 세율로 과세되는 상속세제도가 부활하게 되어 있었다.

4) 재정절벽(fiscal cliff)의 위기를 맞은 오바마 행정부는 2013년 1월 최고소득세율

을 39.6%로 올리는 조치를 단행했다.

5) 여가 1시간을 더 소비하면 그만큼 노동을 함으로써 얻을 수 있는 소득을 포기해야 한다. 따라서 여가의 기회비용은 바로 임금률과 같다고 말할 수 있다.

6) 노동 공급의 임금률탄력성이란 임금률이 작은 비율로 상승했을 때 노동 공급량이 얼마나 큰 폭으로 변화하느냐를 뜻한다. 임금률탄력성이 큰 양(+)의 값을 갖는다는 것은 주어진 임금률의 상승에 대해 노동 공급량의 증가가 더 큰 폭으로 이루어진다는 뜻이다.

7) 이것이 양(+)의 값을 가져야만 노동공급곡선이 우상향하는 모양을 보이게 된다.

8) IRA는 1974년 처음으로 선을 보인 연금상품인데, 연금제도의 혜택을 받지 못하는 피고용인이 개인 차원에서 가입할 수 있는 세금우대 연금상품의 성격을 갖는다. 조세상의 우대조치는 연금저축에 돈을 넣을 때 세금이 부과되지 않을 뿐더러 저축기간 동안 발생한 이자에 대해서도 세금이 부과되지 않는 방식으로 이루어진다. 나중에 연금을 찾을 때에 되어서야 세금이 부과되며, 만기 전의 계약 해지에 대해서는 제약이 따른다.

9) IRA와 401(k)는 기본적으로 똑같은 조세상의 우대조치를 받는다는 점에서 거의 차이가 없는 연금상품이라고 말할 수 있다. 유일한 차이는 401(k)의 경우 이 프로그램을 제공하는 조직에 근무하는 피고용인만이 가입할 수 있으며, 급여에서 자동으로 공제되는 형식으로 저축이 이루어진다는 점에서만 차이가 있다. 이에 비해 IRA는 연금제도의 혜택을 받지 못하는 피고용인은 누구나 자유로이 가입할 수 있으며, 저축 금액도 일정한 한도 안에서 개인이 자유로이 결정할 수 있다.

10) 이자율이 r, 소득세율이 t라고 할 때, 세후 이자율은 $(1-t)r$이 된다. t가 0.7에서 0.28로 낮아졌다는 것은 세후 수익률이 종전의 2.4배 수준으로 높아졌다는 뜻이다.

11) M. Boskin(1978)에 따르면 당시 미국 조세제도하의 자본에 대한 과세가 자본축적을 크게 저해하고 있으며, 이로 인해 연간 5백억 달러에 이르는 후생손실이 발생한다고 한다.

12) '자본의 사용자비용'이라는 말은 '자본의 임대가격'(rental price of capital)이라는 말로 대체될 수 있는데, 여기서는 계속 자본의 사용자비용이라는 표현을 사용하기로 한다.

13) 조세제도상의 투자유인책 덕분에 한계실효세율이 떨어지는 경우에도 기업들이 나름대로의 이유 때문에 투자를 별로 늘리지 않을 수 있다.

14) 조세지출이란 것은 민간부문의 어떤 특별한 행위를 촉진하기 위해 조세상의 특혜를 부여하는 데서 생기는 조세수입의 상실분을 뜻하는 말이다.

15) B. Bosworth(1985)에 따르면, 1982년 4분기로부터 1984년 4분기까지 기업고정투자는 33%나 증가해 제2차 세계대전 이후 회복기의 비슷한 단계에서 관찰할 수 있었던 평균 증가율 15%의 두 배가 넘는 수준이었다고 한다. 특히 생산자 내구설비에 대한 투자는 무려 42%나 되는 수준으로 증가했다.

16) B. Bosworth(1985)는 그 당시 투자가 급격하게 증가한 원인으로 그 밖에도 다음과 같은 것들을 생각할 수 있다고 말한다. 우선 물가가 안정세를 보여 미국 경제의 성장 전망이 좋아졌고, 기술변화가 가속화됨에 따라 진부화된 자본재들을 교체할 필요가 커졌으며, 달러 가치가 올라감에 따라 미국 기업들은 국제경쟁력을 유지하기 위해 더 많은 투자를 해야 하는 압력을 받게 되었다는 점 등을 들고 있는 것이다.

17) 1986년의 조세개혁으로 인해 46%였던 법인세율은 34%로 낮아지게 되었다.

18) 그러나 엄밀하게 말하면 과세대상소득의 탄력성을 계산할 때 한계세율의 변화비율에 대한 과세대상소득의 변화비율로 계산하는 것이 아니라, 1에서 한계세율을 뺀 값의 변화비율에 대한 과세대상소득의 변화비율로 계산하는 것이다.

19) 소득계층별로 ETI 값이 다르다는 가정하에서는 소득이 올라갈수록 ETI 값이 더 커진다는 분석 결과를 얻었다.

20) 실제로 소득세의 수입이 늘었는지의 여부를 보고 감세정책이 조세수입의 증가를 가져왔는지의 여부를 판단할 수는 없다. 왜냐하면 국민소득의 증가로 인해 소득세 수입이 증가한 부분이 함께 섞여 있기 때문이다.

21) E. Saez *et al.*(2012)에 따르면, 다른 나라에서 측정된 ETI의 값도 대략 이 범위 안에 있다고 한다.

22) 1986년에 실현된 자본이득은 전년도에 비해 96.3%나 더 늘어난 규모였다. 그 다음 해부터 실현된 자본이득에 적용되는 세율이 높아질 것이었기 때문에 이를 피하려고 이렇게 대규모의 자본이득을 실현한 것이다.

23) 기업 임원들에 대해 지급하는 주식옵션을 줄이고 현금 급여를 늘린 것이 그 좋은 예다.

1) 이 정책은 결과를 중시한다는 뜻에서 결과중심경영(managing for results)정책이라고도 불린다. 성과중심경영정책의 기본적 성격과 구체적 적용 사례에 관해서는 J. Wholey(1999)를 참조하라.

2) 학생들의 시험 성적에 대해 책임을 지게 만든다는 뜻에서 '시험에 기초한 책임'(test-based accountability)정책이라고도 불린다.

3) 2년 연속 AYP 달성에 실패한 학교는 공개적으로 '개선이 필요한'(in need of improvement) 학교라는 명칭을 받게 되며, 문제점을 보완하는 2개년 개선계획을 세워 제출해야 한다. 그리고 그 학교 학생들은 동일 학군 안에 있는 더 좋은 학교로의 전학을 선택할 수 있다.

4) 이를 좀 더 정확하게 표현하면, 그 학교 학생들은 "사립학교로 전학했을 때 사용할 수 있는 바우처(voucher)를 받는다."가 된다. 이렇게 전학하려는 학생을 위해 바우처를 발행하는 제도를 Opportunity Scholarship Program이라고 부른다. 플로리다 주 대법원은 2006년 1월 이 프로그램에 대해 위헌 결정을 내렸다.

5) 예를 들어 J. Greene, "The Texas School Miracle Is for Real," *City Journal*, 10(2000)을 보라.

6) 시험맞춤수업으로 시험 성적 그 자체를 끌어올리려는 노력이라는 형태의 전략적 반응을 논의하고 있는 논문은 앞에서 말한 W. Haney(2000) 이외에도 D. Koretz(2002), J. Hoffman *et al.*(2001), B. Jacob(2005) 등 수없이 많다. 사실 성과에 기초한 책임 정책에 대해 논의하는 대부분의 연구들이 시험맞춤교육을 거의 기정사실로 받아들이는 경향을 발견할 수 있다.

7) 시험에서 면제되는 특별한 사정 중 가장 흔한 것은 심각한 장애를 갖고 있어 특수교육(special education)이 필요하다고 인정되는 경우다. 이 외에도 학생이 영어에 능통하지 못한데 스페인어로 된 시험이 그해에 제공되지 않는 경우, 그리고 병에 걸렸거나 결석을 한 경우도 시험면제 사항이 된다.

8) 보통 때의 평균 칼로리 섭취량이 740칼로리 내외인 데 비해 시험 기간 중에는 이것이 825칼로리의 수준으로 치솟는 것으로 나타났다.

9) 이례적으로 과학 성적은 아주 작은 폭으로 내려가는 것으로 관찰되었다. 그러나 D. Figlio and J. Winicki(2005)는 칼로리 섭취량의 증가가 전반적으로 성적

향상에 기여한다는 쪽으로 결론을 내려도 무방하다고 말한다.

10) D. Hoff, "As Stakes Rise, Definition of Cheating Blurs," *Education Week*, June 21, 2000.

11) M. May, "State Fears Cheating by Teachers−51 Schools Left Off Cash Award List," *San Francisco Chronicle*, October 4, 2000.

12) 『한국일보』, 2011년 7월 7일 자.

에필로그

1) 좀 더 구체적으로 말해 '약간 불만스럽다'라고 대답한 사람이 총 응답자의 28%였는 데 비해 '아주 불만스럽다'라고 대답한 사람은 39%에 이르렀다.

2) 공화당의 장기 집권의 여파로 연방대법원에서 보수성향 대법관이 다수를 차지하고 있기 때문에 이런 판결이 나올 수 있었음은 두말할 나위도 없다.

참고문헌

이준구, "신자유주의적 개혁의 이상과 현실," 『경제논집』 (50권 3호), 2011년 12월, 159~182.

______, "미국의 감세정책 실험: 과연 경제 살리기에 성공했는가?" 『경제논집』 (51권 2호), 2012년 12월, 207~261.

______, "미국 사회, 무엇이 '신도금시대'의 도래를 가져왔나?" 『경제논집』 (52권 1호), 2013년 6월, 1~49.

______, "미국의 승자독식정치와 그 귀결," 『경제논집』 (54권 1호), 2015년 6월, 3~74.

Acemoglu, Daron(2002): "Technical Change, Inequality and the Labor Market," *Journal of Economic Literature*, 40, 7~72.

Allan, James and Lyle Scruggs(2004): "Political Partisanship and Welfare State Reform in Advanced Industrial Societies," *American Journal of Political Science*, 48, 496~512.

Atkinson, Anthony, Thomas Piketty and Emmanuel Saez(2011): "Top Incomes in the Long Run History," *Journal of Economic Literature*, 49, 3~71.

Attanasio, Orazio and Thomas DeLeire(2002): "The Effects of Individual Retirement Accounts on Household Consumption and National Saving," *Economic Journal*, 112, 504~538.

Auerbach, Alan(2002): "The Bush Tax Cut and National Saving," *National Tax Journal*, 55, 387~407.

____________ and Kevin Hassett(1990): "Investment, Tax Policy and the Tax Reform Act of 1986," in Joel Slemrod ed., *Do Taxes Matter?*, Cambridge: MIT Press, 13~49.

Auten, Gerald and Robert Carroll(1999): "The Effect of Income Taxes on Household Income," *Review of Economics and Statistics*, 81, 681~693.

Bakija, Jon, Adam Cole, and Bradley Heim(2010): "Jobs and Income Growth of Top Earners and the Causes of Changing Income Inequality: Evidence from U.S. Tax Return Data," unpublished working paper.

Barlow, Robin *et al.*(1966): *Economic Behavior of the Affluent*, Washington D.C.: Brookings.

Bartels, Larry(2006): "What's the Matter with Kansas?" *Quarterly Journal of Political Science*, I, 201~226.

____________(2008): *Unequal Democracy*, Princeton: Princeton University Press.

Bebchuk, Lucian and Jesse Fried(2003): "Executive Compensation as an Agency Problem," *Journal of Economic Perspectives*, 17, 71~92.

____________ and __________(2004): *Pay Without Performance: The Unfulfilled Promise of Executive Compensation*, Cambridge: Harvard University Press.

____________ and __________(2006): "Pay Without Performance: Overview of the Issues," *Academy of Management Perspectives*, 20, 5~24.

Berman, William(1998): *America's Right Turn*, Baltimore: Johns Hopkins University Press.

Björklund, Anders and Markus Jäntti(1997): "Intergenerational Income Mobility in Sweden Compared to the United States," *American Economic Review*, 87, 1009~1018.

Blee, Kathleen and Kimberly Creasap(2010): "Conservative and Right-Wing Movements," *Annual Review of Sociology*, 36, 269~286.

Boskin, Michael(1978): "Taxation, Saving and the Rate of Interest," *Journal of Political Economy*, 86, S3~S27.

Bosworth, Barry(1985): "Taxes and the Investment Recovery," *Brookings Papers on Economic Activity*, 16, 1~45.

______________(1989): "There's No Simple Explanation for the Collapse in Saving," *Challenge*, July~August 1989, 27~32.

______________ and Gary Burtless(1992): "Effects of Tax Reform on Labor Supply, Investment, and Saving," *Journal of Economic Perspectives*, 6, 3~25.

Brooks, Clem and David Brady(1999): "Income, Economic Voting, and Long-Term Political Change in the U.S., 1952~1996," *Social Forces*, 77, 1339~1374.

Burtless, Gary(1995): "International Trade and the Rise in Earnings Inequality," *Journal of Economic Literature*, 33, 800~816.

Card, David(2001): "The Effect of Unions on Wage Inequality in the U.S. Labor Market," *Industrial and Labor Relations Review*, 54, 296~315.

___________ and David DiNardo(2002): "Skill Biased Technological Change and Rising Wage Inequality: Some Problems and Puzzles," *Journal of Labor Economics*, 20, 733~783.

___________ and Allan Krueger(1995): *Myth and Measurement: The New Economics of the Minimum Wage*, Princeton: Princeton University Press.

___________, Thomas Lemieux and Craig Riddell(2004): "Unions and Wage Inequality," *Journal of Labor Research*, 25, 519~562.

Chakrabarti, Rajashri(2007): "Vouchers, Public School Responses, and the Role of Incentives: Evidence from Florida," *Federal Reserve Bank of New York Staff Report* 306.

Chirinko, Robert *et al.*(1999): "How Responsive Is Business Capital Formation to Its User Cost?" *Journal of Public Economics*, 74, 53~80.

Congressional Budget Office, "Trends in the Distribution of Household Income Between 1979 and 2007," October 2011.

Conyon, Martin, John Core, and Wayne Guay(2009): "Are US CEOs Paid More Than UK CEOs? Inferences from Risk-Adjusted Pay," unpublished working paper.

Corker, Robert *et al.*(1989): "Tax Policy and Business Investment in the United States: Evidence from the 1980s," *IMF Staff Papers*, 36, 31~62.

Cullen, Julie and Randall Reback(2006): "Tinkering Toward Accolades: School Gaming under a Performance Accountability System," unpublished working paper.

Cummins, Jason *et al.*(1994): "A Reconsideration of Investment Behavior Using Tax Reforms as Natural Experiments," *Brookings Papers on Economic Activity*, 25, 1~74.

Dew-Becker, Ian and Robert Gordon(2005): "Where Did the Productivity Growth Go? Inflation Dynamics and the Distribution of Income," *Brookings Papers on Economic Activity*, 2, 67~150.

DiNardo, John *et al.*(1996): "Labor Market Institutions and the Distribution of Wages, 1973~1992: A Semiparametric Approach," *Econometrica*, 64, 1001~1044.

Edsall, Thomas(1984): *The New Politics of Inequality*, New York: Norton.

Engen, Eric *et al.*(1996): "The Illusiory Effects of Saving Incentives on Saving," *Journal of Economic Perspectives*, 4, 113~138.

Feldstein, Martin(1995): "The Effect of Marginal Tax Rates on Taxable Income: A Panel Study of the 1986 Tax Reform Act," *Journal of Political Economy*, 103, 551~572.

____________(1999): "Tax Avoidance and the Deadweight Loss of the Income Tax," *Review of Economics and Statistics*, 81, 674~680.

____________ and Daniel Feenberg(1996): "The Effect of Increased Tax Rates on Taxable Income and Economic Efficiency: A Preliminary Analysis of the 1993 Tax Rate Increases," *Tax Policy and the Economy*, 10, 89~117.

Figlio, David(2006): "Testing, Crime and Punishment," *Journal of Public Economics*, 90, 837~851.

____________ and Lawrence Getzler(2002): "Accountability, Ability and Disability: Gaming the System," *NBER Working Paper* 9307.

____________ and Joshua Winicki(2005): "Food for Thoughts: The Effects of

School Accountability Plans on School Nutrition," *Journal of Public Economics*, 89, 381~394.

Fortin, Nicole and Thomas Lemieux(1997): "Institutional Changes and Rising Wage Inequality: Is There a Linkage?" *Journal of Economic Perspectives*, 11, 75~96.

Friend, Irwin and Joel Hasbrouk(1983): "Saving and After-Tax Rates of Return," *Journal of Economics and Statistics*, 65, 537~543.

Frank, Thomas(2005): *What's the Matter with Kansas?*, New York: Holt Paperback.

Freeman, Richard(1980): "Unionism and the Dispersion of Wages," *Industrial and Labor Relations Review*, 34, 3~23.

________________(1996): "The Minimum Wage As a Redistributive Tool," *Economic Journal*, 106, 639~649.

________________ and James Medoff(1984): *What Do Unions Do?*, New York: Basic Books.

Frydman, Carola and Raven Saks(2010): "Executive Compensation: A New Evidence from a Long-Term Perspective, 1936~2005," *Review of Financial Studies*, 23, 2099~2138.

Gabaix, Xavier and Augustin Landier(2008): "Why Has CEO Pay Increase and So Much?" *Quarterly Journal of Economics*, 123, 49~100.

Gale, William and Peter Orszag(2004): "Bush Administration Tax Policy: Distributional Effects," *Tax Notes*, 104, 1559~1566.

Giertz, Seth(2007): "The Elasticity of Taxable Income over the 1980s and 1990s," *National Tax Journal*, 60, 743~768.

Gilens, Martin(2005): "Inequality and Democratic Responsiveness," *Public Opinion Quarterly*, 69, 778~796.

Goldin, Claudia and Robert Margo(1992): "The Great Compression: The Wage Structure in the United Staes at Mid-Century," *Quarterly Journal of Economics*, 107, 1~34.

Goolsbee, Austan(1997): "Investment Tax Incentives, Prices, and the Supply of

Capital Goods," *Quarterly Journal of Economics*, 113, 121~148.

________(1999): "Evidence on the High-Income Laffer Curve from Six Decades of Tax Reform," *Brookings Papers on Economic Activity*, 30, 1~64.

________(2000a): "It's Not about the Money: Why Natural Experiment Don't Work on the Rich," in Joel Slemrod ed., *Does Atlas Shrug?: The Economic Consequences of Taxing the Rich*, Cambridge: Harvard University Press, 141~158.

________(2000b): "What Happens When You Tax the Rich? Evidence from Executive Compensation," *Journal of Political Economy*, 108, 352~378.

Gordon, Roger and Joel Slemrod(2000): "Are Real Responses to Taxes Simply Income Shifting between Corporate and Personal Tax Bases?" in Joel Slemrod ed., *Does Atlas shrug?: the Economic Consequences of Taxing the Rich*, Cambridge: Harvard University Press, 240~280.

Gramlich, Edward *et al.*(1993): "Growing Inequality in the 1980s: The Role of Federal Taxes and Cash Transfers," in Sheldon Danziger and Peter Gottschalk eds., *Uneven Tides: Rising Inequality in America*, New York: Russel Sage Foundation, 225~249.

Gravelle, Jane(1991): "Do Individual Retirement Accounts Increase Savings?" *Journal of Economic Perspectives*, 5, 133~148.

Greene, Jay(2001): "The Texas School Miracle Is for Real," *City Journal*, 10.

Gross, Neil, Thomas Medvetz and Rupert Russell(2011): "The Contemporary American Conservative Movement," *American Review of Sociology*, 37, 325~354.

Gruber, Jon and Emmanuel Saez(2002): "The Elasticity of Taxable Income: Evidence and Implications," *Journal of Public Economics*, 84, 1~32.

Hacker, Jacob(2004): "Privatizing Risk without Privatizing the Welfare State: The Hidden Politics of Social Policy Retrenchment in the United States," *American Political Science Review*, 98, 243~260.

________ and Paul Pierson(2010): *Winner-Take-All Politics*, New York: Simon & Schuster.

Hall, Robert and Dale Jorgenson(1967): "Tax Policy and Investment Behavior," *American Economic Review*, 57, 391~414.

__________ and __________(1971): "Application of the Theory of Optimum Capital Accumulation," in Gary Fromm ed., *Tax Incentives and Capital Spending*, Washington, D.C.: Brookings, 9~60.

Haney, Walt(2000): "The Texas Miracle in Education," *Education Policy Analysis Archives* 8.

Hartzell, Jay and Laura Starks(2003): "Institutional Investors and Executive Compensation," *Journal of Finance*, 58, 2351~2374.

Hausman, Jerry(1981): "Labor Supply," in Henry Aaron and Joseph Pechman eds., *How Taxes Affect Economic Behavior*, Washington, D.C.: Brookings, 27~72.

__________(1985): "Taxes and Labor Supply," in Alan Auerbach and Martin Feldstein eds., *Handbook of Public Economics*, Amsterdam: North-Holland, 213~263.

__________ and James Poterba(1987): "Household Behavior and the Tax Reform Act of 1986," *Journal of Economic Perspectives*, 1, 101~119.

Heckman, James(1983): "Comment on the Hausman Essay," in Martin Feldstein ed., *Behavioral Simulation Methods in Tax Policy Analysis*, Chicago: University of Chicago Press, 70~82.

__________(1993): "What Has Been Learned about Labor Supply in the Past Twenty Years?" *American Economic Review*, 83, 116~121.

Heim, Bradley(2009): "The Effect of Recent Tax Changes on Taxable Income: Evidence from a New Panel of Tax Returns," *Journal of Policy Analysis and Management*, 28, 147~163.

Hoff, David(2000): "As Stakes Rise, Definition of Cheating Blurs," *Education Week*, June 21, 2000.

Hoffman, James *et al.*(2001): "High-Stakes Testing in Reading: Today in Texas, Tomorrow?" *Reading Teacher*, 54, 482~492.

Holmstrom, Bengt and Steven Kaplan(2001): "Corporate Governance and Merger Activity in the United States: Making Sense of the 1980s and 1990s," *Journal of Economic Perspectives*, 15, 121~144.

Jacob, Brian(2005): "Accountability, Incentives and Behavior: The Impact of High-Stakes Testing in the Chicago Public Schools," *Journal of Public Economics*, 89, 791~796.

__________ and Steven Levitt(2003): "Rotten Apples: An Investigation of the Prevalence and Predictors of Teacher Cheating," *Quarterly Journal of Economics*, 118, 843~877.

Jensen, Michael and Kevin Murphy(2004): "Remuneration: Where We've Been, How We Got to Here, What Are the Problems, and How to Fix Them," unpublished working paper.

Kane, Thomas and Douglas Staiger(2002): "The Promise and Pitfalls of Using Imprecise School Accountability Measures," *Journal of Economics Perspectives*, 16, 91~114.

Kaplan, Steven and Joshua Rauh(2009): "Wall Street and Main Street: What Contributes to the Rise in Highest Incomes," *Review of Financial Studies*, 23, 1004~1050.

Karoly, Lynn(1993): "The Trend in Inequality Among Families, Individuals, and Workers in the United States: A Twenty-five Year Perspective," in Sheldon Danziger and Peter Gottschalk eds., *Uneven Tides: Rising Inequality in America*, New York: Russel Sage Foundation, 19~97.

King, Mervin and Don Fullerton(1984): *The Taxation of Income from Capital*, Chicago: The University of Chicago Press.

Klein, Stephen *et al.*(2000): "What Do Test Scores in Texas Tell Us?" *Education Policy Analysis Archives*, 8.

Koretz, Daniel(2002): "Limitations in the Use of Achievement Tests as Measures of Educators' Productivity," *Journal of Human Resources*, 37, 752~777.

Kosters, Marvin(1969): "Effects of an Income Tax on Labor Supply," in Arnold Harberger and Martin Bailey eds., *The Taxation of Income from Capital*, Washington, D.C.: Brookings, 301~324.

Krugman, Paul(1992): "The Rich, the Right, and the Facts: Deconstructing the Income Distribution Debate," *American Prospect*, 3, 19~31.

____________(2002): "For Richer," *New York Times*, October 20, 2002.

____________(2007a): *The Conscience of a Liberal*, New York: Norton.

____________(2007b): "Republicans and Race," *New York Times*, November 19, 2007.

____________(2008): "Trade and Wages, Reconsidered," *Brookings Papers on Economic Activity*, 2008, 103~137.

____________ and Robert Lawrence(1994): "Trade, Jobs, and Wages," *Scientific American*, 270, 44~49.

Kuznets, Simon(1955): "Economic Growth and Income Inequality," *American Economic Review*, 45, 1~28.

Lawrence, Robert(2008): *Blue-Collar Blues: Is Trade to Blame for Rising Income Inequality?* Washington: Peterson Institute for International Economics.

Lee, David(1999): "Wage Inequality in the United States during the 1980s: Rising Dispersion or Falling Minimum Wage?" *Quarterly Journal of Economics*, 114, 977~1023.

Lemieux, Thomas(2008): "The Changing Nature of Wage Inequality," *Journal of Population Economics*, 21, 21~48.

____________ *et al.*(2009): "Performance Pay and Wage Inequality," *Quarterly Journal of Economics*, 124, 1~49.

Levy, Frank and Peter Temin(2007): "Inequality and Institutions in 20th Century America," unpublished working paper.

Lichtman, Allan(2008): *White Protestant Nation: The Rise of the American Conservative Movement*, New York: Grove Press.

Lienesch, Michael(1982): "Right-Wing Religion: Christian Conservatism As a Political Movement," *Political Science Quarterly*, 97, 403~425.

Lindsey, Lawrence(1987): "Individual Taxpayer Response to Tax Cuts: 1982~1984," *Journal of Public Economics*, 33, 173~206.

MaCurdy, Thomas *et al.*(1990): "Assessing Empirical Approaches for Analyzing

Taxes and Labor Supply," *Journal of Human Resources*, 25, 415~490.

Mankiw, Gregory(2008): "The Wealth Trajectory: Rewards for the Few," *New York Times*, April 20, 2008.

______________(2013): "Defending the One Percent," *Journal of Economic Perspectives*, 27, 21~34.

Manza, Jeff(2012): "Unequal Democracy in America," in David Grusky and Tamar Kricheli-Katz eds., *The Critical Inequality Debates of Our Time*, Redwood City: Stanford University Press.

Massey, Douglas(2005): *Return of the "L" Word*, Princeton: Princeton University Press.

May, Meredith(2000): "State Fears Cheating by Teachers-51 Schools Left Off Cash Award List," San Francisco Chronicle, October 4, 2000.

Mazumder, Bhashkar(2005): "Fortunate Sons: New Estimates of Intergenerational Mobility in the United States Using Social Security Earnings Data," *Review of Economics and Statistics*, 87, 235~255.

McCarty, Nolan *et al.*(2008): *Polarized America*, Cambridge: MIT Press.

McGirr, Lisa(2001): *Suburban Warriors: The Origins of the New American Right*, Princeton: Princeton University Press.

Metcalf, David(2008): "Why Has the British National Minimum Wage Had Little or No Impact on Employment?" *Journal of Industrial Relations*, 50, 489~512.

Moffitt, Robert and John Scholz(2010): "4 Trends in the Level and Distribution of Income Support," *Tax Policy and the Economy*, 24, 111~152.

Moyers, Bill(2012): "The Powell Memo: A Call-to-Arms for Corporations," September 14, BillMoyers.com.

Murphy, Kevin and Jan Zabojnik(2004): "CEO Pay and Appointments: A Market-Based Explanation for Recent Trends," *American Economic Review Papers and Proceedings*, 94, 192~196.

Noah, Timothy(2012): *The Great Divergence*, New York: Bloomsbury Press.

Pencavel, John(1986): "Labor Supply of Men: A Survey," in Orly Ashenfelter and Richard Layard eds., *Handbook of Labor Economics*, Amsterdam: North-

Holland, 3~102.

Philippon, Thomas and Ariell Reshef(2012): "Wages and Human Capital in the U.S. Financial Industry: 1909~2006," *Quarterly Journal of Economics*, 127, 1551~1609.

Phillips-Fein, Kim(2009): *Invisible Hands: The Making of the Conservative Movement from the New Deal to Reagan*, New York: Norton.

Piketty, Thomas(2014): *Capital in the Twenty-First Century*, Cambridge: Harvard University Press.

__________ and Emmanuel Saez(2003): "Income Inequality in the United States, 1913~1998," *Quarterly Journal of Economics*, 118, 1~39.

__________ and __________(2007a): "Income and Wage Inequality in the United States, 1913~2002," in Anthony Atkinson and Thomas Piketty eds., *Top Incomes over the Twentieth Century: A Contrast between Continental European and English Speaking Countries*, Oxford: Oxford University Press, 141~225.

__________ and __________(2007b): "How Progressive Is the U.S. Federal Tax System? A Historical and International Perspectives," *Journal of Economic Perspectives*, 21, 3~24.

Reynolds, Alan(2007): "Has U.S. Income Inequality Really Increased?" *Cato Institute Policy Analysis Series*, No. 586.

Rich, Andrew(2004): *Think Tanks, Public Policy, and the Politics of Expertise*, Cambridge: Cambridge University Press.

__________ and Kent Weaver(2000): "Think Tanks in the U.S. Media," *Harvard International Journal of Press/Politics*, 5, 81~103.

Rosen, Sherwin(1981): "The Economics of Superstars," *American Economic Review*, 71, 845~858.

Rouse, Cecilia *et al.*(2007): "Feeling the Florida Heat? How Low-Performing Schools Respond to Voucher and Accountability Pressure," *NBER Working Paper* 13681.

Saez, Emmanuel(2004): "Reported Incomes and Marginal Tax Rates, 1960~2000:

Evidence and Policy Implications," *Tax Policy and the Economy*, 18, 111~173.

____________, Joel Slemrod and Seth Giertz(2012): "The Elasticity of Taxable Income with Respect to Marginal Tax Rates: A Critical Review," *Journal of Economic Literature*, 50, 3~50.

Sjoberg, Ola(2008): "Corporate Governance and Earnings Inequality in the OECD Countries 1979~2000," *European Sociological Review*, 25, 519~533.

Slemrod, Joel(1990): "The Economic Impact of the Tax Reform Act of 1986," in Joel Slemrod ed., *Do Taxes Matter?: The Impact of the Tax Reform Act of 1986*, Cambridge: MIT Press, 1~11.

____________(1995): "Income Creation or Income Shifting? Behavioral Responses to the Tax Reform Act of 1986," *American Economic Review*, 85, 175~180.

____________(1996): "High-Income Families and the Tax Changes of the 1980s: The Anatomy of Behavioral Response," in Martin Feldstein and James M. Poterba eds., *Empirical Foundations of Household Taxation*, Chicago: University of Chicago Press, 169~189.

____________(2001): "A General Model of the Behavioral Response to Taxation," *International Tax and Public Finance*, 8, 119~128.

Smith, Hedrick(2012): *Who Stole the American Dream?*, New York: Random House.

Solon, Gary(1992): "Intergenerational Income Mobility in the United States," *American Economic Review*, 82, 393~408.

Stefancic, Jean and Richard Delgado(1996): *No Mercy*, Philadelphia: Temple University Press.

Stiglitz, Joseph(1973): "Taxation, Corporate Financial Policy, and the Cost of Capital," *Journal of Public Economics*, 2, 1~34.

Stolper, Wolfgang and Paul Samuelson(1941): "Protection and Real Wages," *Review of Economic Studies*, 9, 58~73.

Tempalski, Jerry(1998): "Revenue Effects of Major Tax Bills," OTA Working Paper 81.

The White House, U.S. Government, *2013 Economic Report of the President*.

Tushnet, Mark(1996): "Foreword" in Jean Stefancic and Richard Delgado eds., *No Mercy*, Philadelphia: Temple University Press.

U.S. Census Bureau, *Historical Income Tables*.

Western, Bruce and Jake Rosenfeld(2011): "Unions, Norms, and the Rise in U.S. Wage Inequality," *American Sociological Review*, 76, 513~537.

Wholey, Joseph(1999): "Performance-Based Management: Responding to Challenges," *Public Productivity & Management Review*, 22, 288~307.

Wilkinson, Richard and Kate Pickett(2009): *The Spirit Level*, New York: Bloomsbury.

Wolf, Martin(2008): "Regulators Should Intervene in Bankers' Pay," *Financial Times*, January 16, 2008.

Ziliak, James(2011): "Recent Development in Antipoverty Policies in the United State," unpublished working paper.

Zylan, Yvonne and Sarah Soule(2000): "Ending Welfare As We Know It (Again): Welfare Retrenchment, 1989~1995," *Social Forces*, 79, 623~652.

색 인

사항색인

ㄱ

ㄴ

ㄷ

ㄹ

ㅁ

ㅂ

ㅅ

ㅇ

ㅈ

ㅊ, ㅋ

ㅌ

ㅍ, ㅎ

기타

인명색인

G

H

J

K

S

T

W

Z

미국의 신자유주의 실험

2016년 11월 4일 초판 인쇄
2016년 11월 11일 초판 발행

지은이 이준구
펴낸이 김영훈
기획 영업 전영완
편 집 김병성, 전영완
펴낸곳 도서출판 문우사 MoonWoo
주 소 경기도 고양시 일산동구 정발산로 24
(장항동, 웨스턴돔타워) 2동 814호
전 화 031) 901-6542
070) 4200-6542
팩 스 031) 906-6542
이메일 moonwoosa@hanmail.net
홈페이지 www.munu.co.kr
출판신고번호 제396-2013-000113호

값 18,000원 ISBN 979-11-85994-31-4